比較議院内閣制論

比較議院内閣制論

政府立法・予算から見た先進民主国と日本

〖編〗
佐々木 毅
Takeshi SASAKI

〖執筆〗
阪野智一
Tomokazu SAKANO

安井宏樹
Hiroki YASUI

伊藤 武
Takeshi ITO

野中尚人
Naoto NONAKA

待鳥聡史
Satoshi MACHIDORI

谷口将紀
Masaki TANIGUCHI

平野 浩
Hiroshi HIRANO

加藤淳子
Junko KATO

成田憲彦
Norihiko NARITA

岩波書店

序章

議院内閣制の模索と転換

佐々木　毅

本書は先進各国の議院内閣制や議会制の実働メカニズムの生成と現状分析からなる第Ⅰ部と日本の議院内閣制を多面的に分析した第Ⅱ部からなる。この二つを内容的に結びつけているものがあるとすれば、第10章「戦後日本における国会合理化の起源とその帰結――比較から見た国会政治とその変則性の解剖」(野中尚人論文)である。第Ⅰ部は有権者から委任を受けた代表者が政治権力をどう行使するかに焦点を当てる。議院内閣制は数百人の、国民を代表する互いに平等な議員たちによる自己統治という政治的な企てであり、その多様性は避けがたいものがある。歴史的・文化的・社会的要因による規定は厳然たる事実であるが、帝国議会を例に挙げるまでもなく、外部から学び、自ら改めることも不可能ではなかった。議院内閣制のヴァラエティはそれが常に模索し、自己転換する体制であることを暗示している。ここに収録された各国の分析は遺憾なくこうしたダイナミズムの存在を伝えている。本書の密かに期するところは、日本の議院内閣制のあり方についても思考停止に陥ることなく、その改革に向けた知的エネルギーを涵養する上で一助になることである。

それでは各国の模索と自己転換の興味深い分析を各論文に従い概観してみよう。第1章「イギリス議院内閣制の変容――「政党横断モード」の浸透と議会の影響力強化」(阪野智一論文)は、ブレア改革以後の連動する一連の変容をウエストミンスター・モデルとの対比で見事に描き出している。イギリスの議院内閣制は、本人‐代理人モデルに従えば、有権者から首相・大臣に至る委任と説明責任が単線的な連鎖をなす体制と見なされてきたが、政府と議会の融合、議会多数派への権力集中と政府による議会支配といったこうした見方を支えてきた諸要素が今や大きく変貌し、政府対議会の構図も目立つようになったという。

政党の内部規律と一体性に基づく与野党対決こそがイギリスの議院内閣制の核心であったが、今や平議員の造反は珍しくなくなり、議員たちが政党の枠を超えて議会の場で政府法案に対する共同修正案を提出し、採用されるようになった。著者はこれを「与野党対決モードからの脱却」「政党横断モードの浸透」と表現している。政治の主軸が与野党一辺倒から政府対議会に移りつつあるという構造的変化である。その具体例として著者は省庁別特別委員会が各党の院内幹事のコントロールから自由に運営されるようになり、政府の法案作成に間接的な影響力を行使するようになったことを挙げている。更に上院の改革後、上院が政府法案の修正を求める政府敗北が増加傾向にある。上院を単独で支配できるグループがない中で、政党横断的結合が必須になり、マニフェストと下院の優越を定めた「ソールズベリー慣行」の権威にも黄信号が灯っている。著者によれば、上下両院で政党横断的な動きが連動しつつあるのであって、そこに従来の多数派支配とは異なる与党の平議員や野党議員の生息空間が形成されている。最後に著者は、これまで政府が審議日程のコントロールを通じて議会運営を主導してきたという伝統に鑑み、EU離脱交渉案件については政府が議事運営の主導権を掌握することができず、むしろ議会の権限強化につながったこと、その背後には政党横断的な協力があったという興味深い事実を指摘している。いずれにせよ、イギリスの議院内閣制はEU離脱問題という嵐の真っ只中にある。嵐が過ぎ去った後、どのような議院内閣制が姿を現すか、刮目して待ちたい。

第2章「ドイツにおける政府‐与党関係――「権力の三角形」概念を手がかりに」(安井宏樹論文)は、ドイツの政治的伝統に培われてきた政府・議員団・党からなる「権力の三角形」という構図に従って、ドイツの立法過程の特色を明らかにしようとしている。この三者の関係であるが、政府の頂点である首相の地位は議員団の信任に依存し、不信任に対しては、首相は解散できる(議院内閣制)。議員団の活動の場はもっぱら連邦議会である。これに対して選挙をめぐる諸々の活動を主導するのが党である。党は選挙の際の公約である選挙綱領の作成を担当する。選挙綱領は長期にわたる複雑な党内調整を経て、最後には各支部から選出された代議員からなる連邦党大会で決定される。この選挙綱領は他党との連立協議の出発点となり、これと連立協定との間に乖離がある場合には、改めて党大会での承認を必要とする。また、党は人事面でも大きな影響力を持つ。すなわち、党は首相候補を選び、議員たちの当落に大きく影響する比例名簿の順位を決めるという。

このように党の役割は日常的であるよりも選挙などの際に限定されるのに対して、政府や議員団の活動は日常性の中にある。立法過程において政府は連邦首相府を中心に法案作成を進め、議員たちは議会によって雇用された議員団直属のスタッフ(大政党の場合、約三〇〇名)を駆使して法案作成を進める。その結果、かなり多数の法案が議員から提出されていることを著者は確認している。法案は本会議で第一読会にかけられた後、委員会に付議される。委員会では修正を含めた委員会報告が作成され、それを受けて本会議で第二読会が開かれ、野党などからの修正動議なども採決される。この段階で法案に対する議員団の意思決定がなされ、いわゆる党議拘束がかけられる。第二読会で最終案が採決された後、第三読会の採決によって法案は成立する。著者によれば、成立した法案の七割から九割は政府提出法案であり、成立した議員提出法案の圧倒的多数は与党議員の提出したものであった。ここに議員団の党派性が浮き彫りになっている。

しかしドイツでは連邦議会だけで立法は完結せず、連邦参議院が次の関門となる。すべての法案が連邦参議院の同意を必要とするわけではないが、その同意が必要な法案については予め連邦参議院の多数派に目配りした内容にしておく必要がある。いずれにせよ、連邦参議院との関係は議員団の処理できる範囲を越えた政治的処理に関わる問題であり、党の登場が見られるとしている。「権力の三角形」は権力の機能的差別化によってその機能の純化を計り、日常性の中での安定した機能の発揮を保証する仕組みのように見える。党の中心的・根源的な地位はなお維持されているが、その登場は限定され、抑制されている。「常在戦場」論が頻繁に登場し、それによってすべてが右往左往するような仕組みの議院内閣制との差異は興味深く、重要なポイントである。

第3章「現代イタリア議院内閣制の制度改革——「法定の国(paese legale)」と「現実の国(paese reale)」の架橋」(伊藤武論文)は長い間にわたって議院内閣制の改革に取り組んできたが、しかし、その最後の一歩で挫折したイタリアの改革の物語を扱う。第二次大戦後のイタリアの議院内閣制は多くの課題を抱えていた。すなわち、弱い内閣(一体性のなさ、首相のリーダーシップ不足と人事権の空洞化、派閥競争の激しさと政権の不安定性)、均等な二院制の停滞(複雑な審議ルール、その日暮らしの議事日程、議員立法の容易さ、秘密投票の慣行)、政府による議会のコントロール不足、政府・議会の融合不足(多数派の政治的脆弱性、法ではなく政令による統治)といった問題群であった。議院内閣制といった大きな制度を介した調整が困難であったことは、有力者たちの間での陰での事実上の調整が随所で横行していたことと表裏一体の関係にあった。議会もそうした場として活用されていたことを意味していた。一九七〇年代から八〇年代の経済的・社会的危機を受けて、執政の強化のための政治・制度改革が始まる。すなわち、首相機能の強化(立法・予算の調整機能とそれを支える首相府スタッフの整備、小選挙区制中心の選挙制度改革と首相候補・マニフェストをセットにした選挙戦)、議会制度改革(審議日程の予測可能性の確保、多数派による審議日程のコントロールの試み、秘密投票の廃止による与党内部の「裏切り」の抑制)の試みがそれであった。いわゆる第二共和制期に入ると選挙制度改革を踏まえた左右二大陣営の競争が定着し、党首などの対内影響力が強まると共に、ユーロ導入のための財政条件の整備やEUルールの速やかな国内法化といった課題が押し寄せ、これらについては特別の立法手続きが設定された。しかし、逐条審議や修正提案・議員立法の容易さといった議会審議のルールは維持され、法案審議の負荷は軽減されていなかった。

緊急法律命令の頻繁な行使が憲法裁判所によって違憲とされたため、そこで政府が頻繁に使ったのが信任投票であった。信任投票の対象となる法案は優先的に審議され、可決されれば膨大な数に上る修正案は棄却され、審議の迅速化に寄与すると共に、政党規律が弱いイタリアでは与党議員の逸脱行動を抑制する手段にもなった。このようにして政府立法は実現可能性が高まったが、議会関係大臣が審議日程を決める会派代表者会議に出席するようになったのは政府・議会の融合を象徴している。二〇一六年一二月の国民投票において否決された憲法改正案は、均等な二院制と弱い首相・内閣という制度的伝統を払拭する長い試みの一つの決着点のはずであった。興味深いことに著者は、この否決の大きな要因が膨大な時間を要する議会の審議過程などにあることを指摘している。ここに見られるのは、議会主義(assembleasmo)――議会の自律性の高さと政府のリーダーシップの弱さを特徴とする――の見直しの試みにもかかわらず、それは政府から排除されたグループに対する利益供与ないし拒否権の許容という形でなお執拗に生き延びているということであろう。

かつてフランスはイタリアに見られたような議会主義の国であったが、第五共和制の成立と共に政府の対議会権限を強化した体制に移行した。この体制は「合理化された議会制」と呼ばれたが、それは議会による立法の適用範囲を限定したのみならず、政府による議会の強いコントロールを特徴とする。第4章「フランスの政府立法――概観・歴史的変化・日本との比較から見た特質」(野中尚人論文)は、二〇〇八年の憲法改正後の政府と国民議会との議院内閣制的枠組みの実態に焦点を当てる。そこでの焦点は極端な政府優位の権限配置がどう変わったかにある。先ず、本会議の議事日程は政府が決めるのでなく，四週のうち二週を政府枠としつつ，残りの二週は議院の決定に委ねられた。それらは政府監視や公共政策の評価に充当されることになった。当然，こうした活動を具体化する委員長会議の役割は拡大した。また，委員会活動は強化され，最低審議時間が確保されると共に，政府案を含め，実質的な修正権限を獲得した（本会議原案への採用）。それと共に委員会と本会議との機能分担が進み，本会議への過重負担の是正が進められたが，逐条審議に多大なエネルギーが割かれていることは変わりがない。

フランスの現状分析を踏まえ，著者が日本との関係で特に注目しているのは以下の諸点である。第一に，審議時間から明らかなように審議・決定機関は本会議であり，全体に関わる動議，全体討議，逐条審議，投票理由説明，最後に採決という段階を踏むことになるが，日本では本会議が短いだけでなく，こうした機能を果たしていない。そして日本では委員会は野党主導の質疑パターンに偏った形で膨張している。第二に，国民議会は膨大な情報量と活動量を伴いながら活動しており，膨大な数に上る修正案はその何よりの現れである。特に与党議員の修正案は重要な役割を果たしているが，日本では与党議員は国会から「退出」しており，国会審議の情報量，活動量にマイナスの影響を及ぼしている。第三に，議員の個人的見解を披瀝する討論の場が，会派・質疑偏重の日本では期待できない。第四に国民議会では審議日程の管理がルールに基づいて行われているが（少数派への配慮を含め），日本では案件ごとに小刻みに与野党の話し合い・取引によって決められる（日程闘争国会）。これらの諸点は第10章で体系的に展開されることになる。

第5章「アメリカ大統領制と予算編成」（待鳥聡史論文）は議院内閣制という枠組みを共有してない点で他の論文とは異質であるが，権力分立制の下で予算編成権を持つ議会がどのようにその職責を果たすかというのは，比較の視点から有意義な問いかけである。著者は議会と大統領とが民主主義的正統性をめぐる競合的競争関係に入ることになった歴史的経緯に言及しつつ、一方で憲法上予算編成権を握る議会がいたずらに各アクターの自律性に手を焼き、予算編成の全体像の明確化に困難を感じていたこと、他方で大統領・行政側にこそ予算編成を委ね、財政規模にふさわしい説明責任を担わせるべきだとの主張が高まったことを述べる。その結果が一九二一年予算・会計法として結実したが、それは財務省に予算局を設け、予算局が連邦財政の全体像を取りまとめ、大統領が予算教書として議会に送付するシステムであった。同時にそれは大統領の議会に対する優位性を明らかにした。

その後、財政問題が深刻化すると、ニクソン大統領はその原因を議会の無責任な予算編成のあり方に求め、議会を通過した一部のプログラムにつき執行留保を行った。若し執行留保が許されるならば、議会の予算編成権は空洞化し、権力分立制も侵食されてしまうということで「憲法的危機」になった。一九七四年議会予算・執行留保統制法はこの危機への議会の応答であり、予算決議制度の創設や議会予算局の設置を含む予算編成過程の自己改革と自律的な予算編成の実現を目指すとされたが、その実績は極めて限定的であったという。元来個別利益の代表であることに注力してきたという議会の伝統が根強く存続し続ける中でマクロ的な方向性を打ち出すのが困難であったところに、分極化やイデオロギー化が加わり、少数派排除の工夫が目につくようになると共に、審議の遅れや政府の閉鎖などといった事態が発生している。財政状態の悪化も加わり、予算制度の機能不全は今や明らかであると著者は結んでいる。

アメリカ議会の直面している問題は、議会の外部に大統領が存在する制度的設定の下、民主主義的正統性の担い手として過大なまでの権力を分与された議会の隘路――あるいは中途半端な位置――を示しているように見える。この大統領制の下ではかつてのフランスやイタリアのような議会主義には歯止めがかかるであろうが、議会の前には制度上行政の厚い壁が立ち塞がる。そうした中で議会が執政体制全体のバランサーとしての地位を手にすることができればベストであろうが、それは議会の実態からして望むべくもないということではなかろうか。

第Ⅱ部は議会に焦点を当てつつも、有権者と代表との関係を含め、日本の民主政のあり方を問いかける内容からなる。第6章「現代日本の代表制民主政治・序説――思想と実証をつなぐ試み」(谷口将紀論文)は、代表をめぐる規範的議論と実証的分析との架橋を視野に入れた現代日本政治分析である。著者は先ず規範的理論として、マンスブリッジの四つの代表観(約束的代表、予測的代表、独楽《こま》的代表、代用的代表)を採用するが、それは実証的分析に規範的理論を「追い付かせる」ことを目標としていたからであるとする。谷口・朝日共同調査データを基に有権者、議員、閣僚のイデオロギー位置を推定した結果、有権者全体の分布と比べ、代議士全体で右寄りのイデオロギーが過大に代表されていること、自民党の支持者と自民党議員について議員の方が右寄りで、しかも、凝集性が高いことが分かる。これらのデータは約束的代表が成立していないことを物語る。

これに対して議員と閣僚との間にはこうしたギャップはなく、約束的代表が成立しているが、首相と与党議員との間に同様の関係が成り立つかどうかについて著者は否定的である。また、時間の経過とともにもともとの議員の立場に有権者が歩み寄ることによって両者が架橋される予測的代表のパターンも見られない。残りの独楽的代表や代用的代表の存在を示唆するデータは見出せないと著者は言う。日本の現状はイデオロギーや政策位置をめぐる争いでないとしたら、どう説明すべきか。著者はストークスによりつつ、多くの人々に共有された争点について誰がそれを達成できるかをめぐる争いとしての政治(valence politics)ではないかと述べ、そうした観点から安倍政権についての興味深い解釈を示唆している。すなわち、経済政策から得た「政治的貯金」をもってイデオロギー軸での有権者からの乖離の免罪符にし、議員たちは選挙での勝利を念頭に党首を選ぶという構造である。著者によれば、エージェンシー・スラックの余地は否定すべくもないが、それが白紙委任にならないように、政権党は中位投票者の約束的代表であるべきだとの視点を見失ってはならない。そして政権交代とは政府の政策位置を中位投票者付近に復元するメカニズムに外ならない。この論稿は委任と責任との連鎖が日本ではどのような意味を持っているかを含め、日本の民主政の抱える比較政治的な新たな問題点を提起し、回答を促す刺激的な論点を提示している。

第7章「有権者の認知における議院内閣制統治の構造」(平野浩論文)は本人 - 代理人関係の連鎖、委任と責任の連鎖について、究極の「本人」である有権者が議院内閣制的統治構造をどう見ているのか、どのような「認知マップ」をもっているのかを各アクターに対する評価や信頼を手掛かりに、経済・社会政策のアウトプットとの結びつきにおいて明らかにする。具体的には小泉政権、麻生政権、菅政権が対象になる。

著者は分析の結果を踏まえ、次のような点を指摘している。第一に、「内閣評価」に対して「与党評価」の及ぼす効果が非常に大きいのに対して「国会信頼」の効果は相対的に小さいことである。すなわち、有権者の認知においては、内閣は与党の支持と委任に基づいて存立するものであり、国会の委任を存立基盤とするという認識は希薄である。これは議院内閣制にとっては見逃せない指摘である。第二に、委任・責任構造の細部については政権ごとに差異が見られ、その差異は政策的帰結と結びつけて理解された。すなわち、小泉政権期には「与党→内閣」と「与党→国会→官庁」という二つの独立的な連鎖があると見なされ、前者からは新自由主義的施策が、後者からは積極的な財政政策が帰結すると見られていた。これに対して麻生政権期には「与党→内閣」「与党→官庁→内閣」といういずれも内閣に収斂する系列がイメージされていた。そこで認知されていたのは積極的な財政政策であった。

最後に著者は事前審査制と表裏一体となった与党の国会からの「退出」・外部アクター化が有権者の認知に反映していることに言及し、与党が国会を経由せずに直接内閣を支えると共に、官庁に対しても直接影響力を持つとイメージされているという。「委任と責任の連鎖関係の中で、国会は主として野党をその統治機構の内に包摂するための場として機能しているものとイメージされている」という著者の指摘は、与党問題の裏面を鋭く突いた指摘である。

第8章「日本における財政・租税政策の比較分析と通時分析——連立政治は増税をめぐる日本の政治の何を変えたのか」（加藤淳子論文）は、増税の難しい国として日本を取り上げ、一方で租税政策の経路依存性の観点を踏まえつつ、他方で政党システムの変化がこの難しさをどう変えたかを、消費税の政治的扱いに焦点を当てて通時分析を試みたものである。著者はOECD諸国を税収構造に従って三つに分類し、累進的所得税を拡充すると共に、早くから付加価値税を導入し、高い総課税負担を支えている第一グループ、付加価値税など消費にかかる間接税を中心に総課税負担を挙げている第二グループ、低い総課税負担と所得税中心で、付加価値税の導入が遅れた第三グループに分け、日本は第三グループの一員とされる。付加価値税は早期導入国では高度成長時代にスムーズに導入されたのに対し、第三グループでは高度成長以後、財政赤字の下で導入が企てられ、付加価値税は負担を増やすだけといった政治的抵抗感が強く、税率も低いままである（経路依存性）。日本の場合、一党優位制の下にあっては増税を提案するのは自民党であり、政権を担う可能性のない野党がこれに減税で応戦するという構図が繰り返された。

この増税を難しくする構図は一九九〇年代以降の連立政権の常態化、更には二一世紀に入ってからの政権交代といった政党システムの変容によって変わったのか。著者は日本ではこの間財政租税政策をめぐる対立軸が政党間の競争を促し、政策を決定するというメカニズムが定着せず、連立政権下でもそれが変わらなかったという点で特異であったとする。この認識自体、多くの研究者の共有するところであろうが、興味深いのは、各党の政策位置の収斂への著者の注目であり、そこに超党派合意の実現可能性が見て取れる。結論的に言えば、増税の政治的な困難は変わらず、租税国家形成の経路依存性はなお温存されたことになるが、三党合意はそうした中での窮余の一策——抜け穴付きではあったが——のように見える。いわゆる対立軸問題について言えば、日本の国会は予算委員会一つとっても活動量・情報量に問題があり、所詮は選挙戦術によって容易に左右される政党政治の「底の浅さ」という問題を抱え込んでいるのではないか。従って、消費税については今後も精々のところ「〇党合意」を繰り返すこと（脱政治化すること）

がありうる姿かもしれないという印象を持った。

第9章「帝国議会と日本型議会システムの形成」(成田憲彦論文)は、帝国議会の最初の議会システムの確認とその変容、特に、与党の事前審査制や質疑中心の一問一答方式など日本型議会システムの特徴的な現象の源泉を解き明かすことを目標にしている。帝国議会は明治憲法の規定により会期は三カ月で自ら延長ができなかったし、大臣や政府委員の出席は権利とされ、議院の側からそれを求めることはできなかった(政府委員を議会審議のプレイヤーとして想定)。そこでの審議ルールには欧州各国をモデルにした三読会制が採用された。すなわち、第一読会で法案の趣旨説明と質疑を行った後、法案を委員会に付議し、委員長報告が「第一読会の続」で、ここで可決された場合に逐条的に審議するのが第二読会で、最後に法案全体の可否を問い議決を確定するのが第三読会である。但し、出席議員の三分の二の多数で読会の省略が可能であると定められていた。

現実の議会はさまざまな慣習や事実上のルールを必要とした。何よりも重要な役割を担うようになったのが政党や会派であった。例えば、国会召集前に首相官邸に政党の領袖を集め、予算案を示して了承を求めたり、各派協議会を設けて議会運営の担い手になった。かつては憲法の定めもあり、大臣たちは国会での答弁や質疑を拒否するのが珍しくなかったが、大臣は徐々に本会議や委員会に出席し、議案の説明や質疑への答弁を行うようになった。

こうした変容と併せて注目されるのが審議規則の変容、具体的には読会省略の動きである。その実質は逐条審議の省略であり、修正案の一括処理方式の採用である。逐条審議の省略の理由としては短い会期に対する負担軽減が考えられるが、著者はそれはより大きな政治の構造変化の反映ではないかという立場から、読会省略は与党を持つ政権の下の議会で起こっていることに注意を喚起する。更に、帝国議会で与党議員は発言しなくなっているという指摘も興味深い。与党の登場と共に、「法案の逐条審議で実現されていた具体的な政策論争の場としての初期帝国議会の姿は消えていった」というのが著者の見解である。

逐条審議に代わって国会審議の中心になったのは質疑であった。大臣相手の質疑は逐条審議ではなく「大体」に関わるものとなり、それは大臣が答弁に立つようになった議会の趨勢とも合致していた。質疑の対象が「大体」になるにつれて一問一答方式が始まり、時間の制限がなかった。予算委員会では国政全般を議論するようになり、やがて政争とスキャンダルの追及の場になっていった。この一問一答方式は国会の委員会中心主義に合致する形で生き延びた。新憲法の下では誰もそれを拒否できなくなったのである。

著者によれば、与党は日本に独特な概念であり、単に内閣を支持する政党といった意味ではなく、「内閣とある意味で対等の地位に立つ「なかま」としての与党であり、その「本音」を示すものとして、伊藤博文との提携交渉に際して自由党の河野広中が提示した条件がヒントになるという。すなわち、予算案は予め自由党に内示し、その同意を求めること、議会に提案すべき重要な法律案も、同一の手続きを執ること、新たな政策を立てようとする時は、予め自由党と協議し、その同意を求めることなどであった。ここに見られる「本音」の特徴は他の政党とともに議会制度の枠内で活動するよりも、「与党になり政権の内部で権力の享受と政策実現を目指すことをよしとする本音」であり、議会での支配力を背景に「議会外で影響力を行使することの方が通常の経路」となる。議会の手続きはこのもう一つのルートの前に存在感を失い、他の国では見られない議会からの「与党の退出」へとつながっていく。その結果、議会は野党が「大体」質疑で存在感を発揮する場になっていくことになる、と。

本論文は与党の事前審査制と質疑中心の審議方式という日本型議会システムの独特の要素の依って来たる由縁を帝国議会の歴史的経験に求めようとした労作である。読会省略が議会内活動の外部化（与党の台頭）と「大体」中心の質疑への移動につながっていくといった展開過程の分析は示唆に富む。第一回帝国議会が予算委員会であれだけ徹底した予算審議をしたことを思うにつけ、「国権の最高機関」の国会が「予算案を具体的にはまったく議論せず、修正もしない議会になってしまったのはなぜか」という著者の根本的疑問は多くの読者の共有するところであろう。ここに内包されている問題はこの国の議院内閣制の基本に関わる問題である。

第10章「戦後日本における国会合理化の起源とその帰結——比較から見た国会政治とその変則性の解剖」(野中尚人論文)は最初に述べたように、第Ⅰ部と第Ⅱ部とを内容的に架橋するような位置にある。著者は戦後の日本において政府立法を実現するための国会の合理化の試みが行われ、その変則的事態とされる現象はその帰結に外ならないという立論を行う。そこで変則的事態とされるのが、本会議の極端な弱体化、委員会の「本会議代替化」、討論の欠如、院内会派の党本部への「外装化」の四つである。本会議の極端な弱体化は事前審査制度の確立と委員会の本会議機能の代替にその原因が求められる。委員会の「本会議代替化」は首相の委員会への出席の日常化の他に、国会議員の委員会への自由な参加を認め、本会議で本来行うはずの党派的論争に道を開いていることに明らかである。討論は与党議員の国会からの「退出」に加え、審議ルールのために不活発である。委員会審議の大宗は質疑に充てられる。院内会派の党本部への「外装化」という変則性は、自民党の院内会派が名目化し、その主要な機能が党本部へと移管された事態を意味する。従って、党本部は議会外党組織ではないことになる。

また、著者は日本における国会合理化の制約条件を三つ挙げる。第一は政府が立法過程をコントロールするために利用できるルールの徹底的な欠如である。すなわち、他の議院内閣制では政府に認められている本会議の議事日程や議題設定をする権限、修正に関する政府の権限、時間の節約を計る緊急手続きや政府の存続を賭けて立法を促進するための信任手続きといったものが日本では欠けていた。第二に、派閥連合体であった自民党にはイデオロギーや政策選好での凝集性を期待するのは無理であった。選挙制度は個人中心の中選挙区制であり、造反行動の可能性が存在した。第三は帝国議会の遺産を継承し、各派交渉会に倣い、院の重要な決定は交渉を通じて合意形成を計ることになった。その結果、多数派の影響力は制限されることになった。

次は国会の合理化の過程である。終戦直後の議会制では個々の議員が政府や会派の規制から自由に活動を繰り広げたが、議院内閣制の運用のためには個々の議員の行動の規制が課題となり、一連の国会法の改正が行われた。それは会派規律による立法プロセス統制の試みであり、これによって戦後の「半自然状態」からの脱却が計られた。しかしながら、自民党は政策面での凝集性の弱さを払拭できず、そこで国会から「退出」して事前審査制度によって懸念の払拭を計ることになる。この「退出」作戦は自民党一党体制と党組織の充実と不可分の関係にあった。著者によれば、日本のこの経験は政府が立法を制約する権限を持たず、しかも、与党が規律保持ができない場合に相当するが、この点で日本と類似しているのはイタリアであるという。但し、イタリアでは事前審査制とは違い、緊急政令や信任投票などが多用されている。

本論文は国会の合理化（実質的には安定した政府立法が可能な状態）の観点から事前審査制の位置づけを行い、「それ以外に打開策を見出せなかった」と推測している。その結果、与党は国会から「退出」し、その分、議会は野党の活躍の場のようになり、野党は「大体」中心の質疑で政府を攻撃することで存在感を示すようになった。しかし、これだけ膨大な財政赤字を積み上げながら予算案を全く議論しない議会運営をしている体制を議院内閣制と規定していいのであろうか。政権を支える政党が国会を「退去」しているような体制を議院内閣制と呼んで差し支えないだろうか。こうした「合理化」の帰結に対する「ウンザリ」感は議員たちを含め、国民の間にも着実に広がりつつある。正に日本の議院内閣制は新たな自己転換の必要に迫られている。本論文は現状からの出口を考える際に必要な観点を網羅的とは言えないまでも明示している。例えば、立法プロセスについての政府の関与や権限をどう考えるかである。著者は議事日程の設定や信任手続きなどに言及しているが、この問題は政府と議会との関係に関する基本問題であり、これをどうするかによって全体の構図が大きく変わってくる。事前審査制をめぐる問題は複雑であるが、院内会派の党本部への「外装化」にしても政府・議会関係のあり方と一面で表裏の関係にあることは明らかである。この意味で本論文は過去について語りつつ、未来への示唆を与えている。

目　次

序　章　議院内閣制の模索と転換……佐々木　毅　v

第Ⅰ部　議院内閣制主要国とアメリカ

第1章　イギリス議院内閣制の変容……阪野智一　2
——「政党横断モード」の浸透と議会の影響力強化

第2章　ドイツにおける政府 - 与党関係……安井宏樹　30
——「権力の三角形」概念を手がかりに

第3章　現代イタリア議院内閣制の制度改革……伊藤　武　43
——「法定の国(paese legale)」と「現実の国(paese reale)」の架橋

第4章　フランスの政府立法……野中尚人　66
——概観・歴史的変化・日本との比較から見た特質

第5章　アメリカ大統領制と予算編成……待鳥聡史　97

第II部　比較から見た日本の議院内閣制と国会

第6章　現代日本の代表制民主政治・序説　谷口将紀　120
——思想と実証をつなぐ試み
第7章　有権者の認知における議院内閣制統治の構造　平野　浩　146
第8章　日本における財政・租税政策の比較分析と通時分析　加藤淳子　169
——連立政治は増税をめぐる日本の政治の何を変えたのか
第9章　帝国議会と日本型議会システムの形成　成田憲彦　201
第10章　戦後日本における国会合理化の起源とその帰結　野中尚人　229
——比較から見た国会政治とその変則性の解剖
あとがき　261

第Ⅰ部

議院内閣制主要国とアメリカ

第1章

イギリス議院内閣制の変容

――「政党横断モード」の浸透と議会の影響力強化

阪野智一

はじめに

本人 - 代理人モデルによると、イギリスの議院内閣制はこれまで、有権者から議員、議員から首相、首相から大臣へ、そして大臣から行政官僚制への委任において、委任と説明責任の単線的な連鎖として特徴づけられてきた。しかし、一九九七年に成立したブレア政権による一連の憲政改革によって、多くの拒否点と制度的なチェックが作り出され、委任と説明責任の単線的な連鎖関係は希釈化されつつある(Saalfeld 2003)。本稿の目的は、ブレア政権以降のイギリスの議院内閣制の変容をどう捉えるのかという点にある。

議会が主に果たす機能に着目したポルスビーの議会類型論によれば、イギリス議会はアリーナ議会の典型として、弱い議会と位置づけられてきた。しかし、近年、ラッセル等はこうした捉え方を批判し、政権による予測的反応(anticipated reaction)をも含め、議会が政策過程において大きな影響力を行使していることを主張している(Russell and Cowley 2015; Russell and Gover 2017)。

執政府－議会との関係に着目すると、執政府と議会の融合、議会多数派への権力集中と執政府による議会支配というのが、これまでイギリス議院内閣制の特徴とされてきた。九〇％を超える政府提出法案の極めて高い成立率に示されるように、議会は政府提出法案の形式的な追認の場であり、「法律の制定過程の最終段階において、確認と登録の作業を請け負っているにすぎない」(大山二〇〇三：三〇)とされていた。だが、近年の研究により、執政府に対する議会の影響力増大が明らかにされつつある。特にそうした方向での改革として注目されるのが、省庁別特別委員会の改革、上院改革である。そして、これらの改革に通底する執政府－議会関係の在り方が、「政党横断モード(cross-party mode)」である。以下では、省庁別特別委員会の改革、上院改革、そして造反行動の増大に示される政党一体性の低下に焦点を当て、イギリス議院内閣制の変容の諸相を考察すると共に、そこに共通して見られる「政党横断モード」の浸透とそのことによる「与野党対決モード(opposition mode)」からの脱却の動きが、対政府との関係において議会の発言力・影響力強化に繋がっていることを明らかにしたい。

一　与野党対決モードからの脱却

比較の枠組から見た場合、イギリス議院内閣制の特徴と変容は、どのように捉えられるであろうか。この点で注目されるのが、競合する多様なアクター間の相互作用という観点から、執政府－議会関係をモデル化したキングの比較分析枠組であろう。キングは議会を一枚岩と捉える見方を批判し、少なくとも次の四つの競合するアクターから構成される複雑な組織として議会を捉えるべきであるという。すなわち、政府(G)、与党平議員(GBB)、野党有力議員(OFB)、野党平議員(OBB)である。そして、これらの競合するアクターの相互作用という観点から、執政府－議会関係について、次の三つのモードが類型化される。すなわち、①与野党対決モード(opposition mode)：G vs. OFB＋

OBB、②超党派ないし政党横断モード(non-party ないし cross-party mode)：G vs. GBB＋OBB、③政党内モード(intra-party mode)：G vs. GBB である(King 1976)。

これらのうち、与野党対決モードは、イギリス議院内閣制における執政府－議会関係の古典的な形態であった。大山の言葉を借りれば、「民意代表機関としての議会の役割という視点から見れば、現代イギリス議会の任務は内閣創出によって半ば尽きている。内閣創出後の議会における審議の主目的は、有権者の目の前で政府対野党の論戦を展開すること、すなわち、政府は自らの政策の正しさを説明し、野党は代案を示しつつ政府の政策を批判することにあり、審議全体が次期選挙における有権者のよりよい選択を可能にするための情報提供の役割を担っている」とされる(大山二〇〇三：三三－三四)。そして、与野党対決モードを成立させ、維持してきたのが政党規律の確立である。与野党対決モードは、政党規律によって支えられていると言い換えてもよいであろう。政党規律によって確保された政党の一体性は、一定の安定性を持った政治権力を創出すると同時に、議院内閣制における責任の所在を担保する。政党がまとまって行動するからこそ、有権者は政党に期待もし、また罰することもできるからである(高安二〇一八：三七－三八)。こうして「選挙による独裁(electoral dictatorship)」と呼ばれるように、選挙の勝敗がそのまま政府の構成を決定し、議会で多数派を制した政権党による政府が立法過程を支配するという仕組みが定着してきた。

しかし、近年、与野党対決モードに収まらない、むしろそれを越えようとする動きがあることを見落としてはならない。キングは、イギリスの下院においては、政党内モードが実際には最も重要であるとする一方で、超党派ないし政党横断モードは、連合政権が常態化し、強力な委員会制度が存在するドイツに典型的な形態であり、そうした条件を欠くイギリスに、このモデルを適用することに対しては極めて否定的であった。「超党派であることは、大抵の場合、イギリス政治において影響力がないことを意味する」とし、対執政府との関係において、議会がほとんど影響力を持ちえないモードと位置づけた(King 1976：20)。

後述するように、議会における平議員の造反行動は、発生頻度（造反件数）と規模（造反議員の数）の両面において、近年増大しつつある。その意味で、特に政権党の政党内モードが重要であるというキングの指摘は、依然として妥当であり、指摘の重要性はむしろ高まっていると言うべきであろう。しかしながら、キングの論考が公表されて以降、イギリス議会においても超党派ないし政党横断モードは確実に展開してきている。与党平議員の造反メンバーが、採決において野党平議員、さらには野党有力議員とも連携することもありうる。まさに政党の一体性、凝集性の低下と相俟って、政党内モードの増大が、政党横断モードの展開を促していると言えよう（Russell and Cowley 2018：26）。その場合、キングが除外した、平議員だけでなく、野党有力議員も巻き込んで、与野党が一丸となって政府に対峙するという組み合わせも考えられよう（G vs. GBB＋OFB＋OBB）。そして、こうした政党横断モードの展開が、キングの指摘とは裏腹に、執政府に対する議会の影響力強化に繋がっていることに注目する必要があろう。

現代のイギリス議会においては、採決における与野党平議員の共同歩調といったインフォーマルな連携から、特定のテーマやインタレストを共同で追求する超党派の議員連盟（All-Party Parliamentary Groups）、さらにフォーマルな下院特別委員会に至るまで、様々なタイプの政党横断活動が展開されている（Russell and Gover 2017：237, Figure 9. 1）。平議員レベルでは、討論日未定動議（early day motion）の共同提出、超党派で構成される平議員議事運営委員会（Backbench Business Committee）での議事日程をめぐる審議、さらに議員提出法案（private members' bill）への支持等が挙げられるが、中でも重要なのが政府法案に対する政党横断的な修正の提出である。二〇〇五－一〇年と二〇一〇－一二年における主要政府法案について分析したラッセル等の研究によると、政府法案に対する修正のうち、与党平議員も含めた、フォーマルな形での政党横断的な修正の提出は、全体の約六分の一に上るという。政府法案の修正に成功した比率を比較してみると、政党横断的な修正の場合は、成功率が一四％であるの対して、単独の院内集団による修正の成功率は、五％でしかない。単独の院内集団による修正提出件数そのものが政党横断的な修正提出件数の三倍近くあるとはいえ、政党横断的な法案修正の達成率が相対的に高いと言えよう(Russell and Gover 2017: 241-244, 248-250)。

　イギリス議会における与野党対決モードからの脱却は、こうした現象に留まらない。政党横断モードの浸透という点で、最も重要なのが、省庁別特別委員会の改革、上院改革、そして政党の一体性・凝集性の低下である(Russell and Gover 2017: 257)。以下では、この三点についてより掘り下げて検討を加えていきたい。

二　下院省庁別特別委員会の改革と議会の機能強化

　執政府による支配からの議会の自律性、「政党横断モード」の増大という点で、まず挙げられるべき制度改革は、下院省庁別特別委員会の改革である。イギリスの下院には大別して二種類の委員会がある。法案の逐条審査を行う公法案委員会(public bill committee)と行政監視機能を担う特別委員会(select committee)である。前者は、法案毎に設置され、審査が終了すると解散する。一方後者には、ＥＵや環境保護といった、特定の省庁の枠を越えた活動や問題を取り扱う分野横断的特別委員会(cross-cutting select committee)もあるが、大半を占めているのが、各省庁に対応する形で設置され、当該省庁の政策やその履行状況を精査する省庁別特別委員会(departmental select committee)である。一九七九年の導入時には一四であったが、二〇一〇年以降は一九の省庁別特別委員会が存在する(Maer et al. 2009: 44)。

　省庁別特別委員会の設置は、「二〇世紀後半の最も重要な改革」(Norton 2005: 117)と評されつつも、次のような限界を抱えていた。委員会には閣僚や官僚を召喚する権限はない。報告書を提出しても強制力はなく、本会議で取り上げられるかどうかは政府の判断次第であった。また、委員会の委員長や委員の人選に院内幹事の意向が強く反映されるため、結果的に省庁別特別委員会は政党支配の軛《くびき》から逃れることができないでいた(梅津、オールダーマン二〇〇一：一二一―一八)。

だがその後、改革派議員やハンサード協会、憲政ユニット(Constitution Unit)等の院外のシンクタンクの地道な努力によって、省庁別特別委員会の改革が進んでいく。政府支配からの脱却、省庁別特別委員会の立法過程への影響力増大という点で、特に重要なのが、次の二つの改革である。すなわち、委員会の委員長・委員の選出方法の改革と中核的業務(core tasks)の設定である(梅津二〇一五)。以下、順に見ていこう。

委員長・委員の選出方法の改革

省庁別特別委員会の委員は、当初、一一―一四人以内の議員で構成されていたが、二〇一〇年五月の議会期から、北アイルランド委員会を除き一一人以内に抑えられることになった(HC 2017: No. 152)。一人の議員が複数の委員会を掛け持ちすることにより、委員の欠員が常態化することを避ける趣旨からである。

従来、省庁別特別委員会の委員の選出については、各党の院内幹事を主な構成員とする「選出委員会(Committee of Selection)」によって委員の原案が作成され、本会議の承認を経て決定されていた。選出委員会内では、院内幹事が自党からの委員候補者リストを準備作成するため、各党幹部の意向が色濃く反映されやすい。事実、党に批判的と見られる議員が恣意的に委員から外されることもあった。また、委員長は、形式的には委員会発足後、委員の互選により選出されることになっていたが、実際には、「通常の経路(Usual Channels)」と称される、与野党の院内幹事長間の非公式的な交渉を通じて決定されてきた。委員長は委員会の運営や調査事項の決定、調査報告書の作成等に大きな影響力を有している。委員のみならず委員長ポストに介入することで、院内幹事そして政府は、省庁別特別委員会を事実上、コントロール下に置いていたと見ることができよう。

こうした事態に対して、下院特別委員会の各委員長から構成される連絡委員会(Liaison Committee)は、二〇〇〇年三月、『バランスを変える――特別委員会と執政府(*Shifting the Balance: Select Committee and the Executive*)』と題する報告書を発表し、議会開会と同時に長老議員の中から三名を選出し、彼らを中心に特別委員会の委員選定を進めるなど、委員の選定を院内幹事の手から取り戻す改革案を提示した。しかし、これに対するブレア労働党政権側からの対応は極めて冷淡なものだった。そこで、連絡委員会は、同年七月に、『独立かコントロールか（*Independence or Control?*）』と題する報告書を著し、政府の姿勢を酷評し、さらに翌年の二〇〇一年三月には『バランスを変える——未完の任務（*Shifting the Balance: Unfinished Business*）』を発表して、改革を求めた。

その後改革への動きは停滞するが、二〇〇九年七月に設置された「下院改革に関する特別委員会（通称ライト委員会）」が同年一一月に『下院の再建（*Rebuilding the House*）』と題する報告書を公表し、そこに盛り込まれた主要な勧告内容が議会で承認されたことで、委員長・委員の選出方法は大きく変化した。ライト委員会の勧告が現実化した決定的契機となったのが、二〇〇九年五月に発覚した下院議員による議員経費不正請求スキャンダルであった。ブラウン政権は、失墜した議会の信頼回復と支持率の低迷した政権浮揚の切り札として、議会改革に着手したのである。

では、委員長・委員の選出方法はどのように改革されたのか。まず各特別委員会の委員長は、下院議員全員の投票によって選出されることになった。その際、特定の政党が全委員長ポストを独占するのを避けるために、事前に政党間で割り振りし、議会での承認を得ることとされた。すなわち、新しい議会期が始まると、①下院議長は各党の党首に対して、概ね各党の議席数に応じた委員長の各党への割当て案を提示する。②各党の党首は、議長の提案を受けて協議し、連名で委員長の割当てに関する動議を提出する。③院議を経て、各委員長ポストがどの政党に配分されるかが決定される（HC 2017, No. 122 B：奥村二〇一〇：一〇五）。

各委員会の委員についても、各党内の秘密投票によって選出されることになった。各政党に割り当てられる委員の数は、概ね各党の議席数に応じて配分される。委員は、通例、平議員から選出され、大臣や野党の有力議員、院内幹事等は委員にならない（Kelso 2018：163：奥村二〇一〇：一〇六）。

委員長・委員の選挙による選出という手法は、省庁別特別委員会の人事に対する院内幹事の介入を大幅に削減し、執政府に対する委員会、そして議会の自律性を高めることになった。この新たな手法の導入に伴い、メンバー構成も変化してきた。特に委員長の選出は、政党横断的な性格を強め、政党政治色が強くない議員が選出される傾向にあり、そのことが与野党対決型政治からの転換を促し、委員会の独立性をさらに高めることになった。特別委員会の活動が広く認知され、委員会への評価が高まるにつれ、特別委員会の委員や委員長は、政治家としてのキャリアを積む場となっている。二〇〇三年から特別委員会委員長に対する職務手当が支給されることになったことも相俟って、省庁別特別委員会は今日、議員に対して、大臣に代わりうるキャリアパスを提供していると言えよう(Fisher 2015: 421)。

中核的業務の設定と予測的反応

省庁別特別委員会の主な業務は、議事規則によると「各省庁及び関連諸団体の支出、行政、政策を精査する」ことにあり(HC 2017: No. 152(1))、フォーマルな法案提出権限がない。しかしながら、それにも拘わらず、近年の研究は、省庁別特別委員会が様々な方法で立法過程に関わり、影響力を行使していることを明らかにしている(Russell and Gover 2017: 205–233)。こうした影響力行使の一つの契機となったのが、「中核的業務」の設定である。ハンサード協会の勧告を受け、二〇〇二年六月、下院の連絡委員会は、省庁別特別委員会の活動の指針として、一〇の中核となる業務(core tasks)を公表した。そこには、ともすれば拡散しがちな精査活動の対象を中核的な対象に集中させる狙いがあった。二〇〇二年一一月には精査室(Scrutiny Unit)が設置され、主として財政や法案草案の事前審査に関する精査において、専門家による支援体制が整備された。さらに、二〇一二年一〇月には、連絡委員会は一〇の中核的業務について見直しを行い、状況変化に対応していない事項を廃止し、欧州レベルでの政策展開の精査といった新たな事項を設定するなど、改訂版を提示している(HC Liaison Committee 2012: 9–11)。

では、実際の影響力はどうであったのか。この点で参考になるのが、ベントン等の研究であろう。ベントン等は、七つの特別委員会(ビジネスイノベーション・技能、国防、外務、保健、内務、財務の省庁別特別委員会と分野横断的特別委員会である行政委員会)に焦点をあて、一九九七年五月から二〇一〇年五月に至る活動を検証した。計五〇五の報告書から二一六を抽出し、そこに盛られた五六八二の結論・勧告の内容を数値化し、どの程度勧告が政府に受け容れられたのか、実際に履行されたのかを分析した。その結果、政府は勧告の四〇%を「完全に」もしくは「部分的に」受け容れていた。これに対して、「完全な」もしくは「部分的な」拒否は、三三%であった。特に、「完全な拒否」は、全体の五%と、極めて少ない。勧告がどの程度の政策変更を求めたのか、政策変更の規模と関連づけてみると、全体の半数近くを占める中規模の変更を求めた勧告のうち、三一%が政府に受け容れられている。一方、マニフェストや女王演説に記載されるような最重要政策(flagship policy)に直接関わる大規模な政策変更を求めた勧告では、政府に受け容れられたのは、一四%に留まった。

さらに、ベントン等は成立した法律の内容、政策文書、省庁のウェブサイト等を精査し、勧告が実際どの程度履行されたのかを判定した。その結果、「完全に」もしくは「部分的に」履行されたのは、全体の四四%。小規模の政策変更を求める勧告の履行率は六一%と高いが、中規模の政策変更を求める勧告でも、三五%が履行されていた(Benton and Russell 2013: 779-783)。

政府による勧告の受け容れ率、履行率は、全体として五〇%を切っているとはいえ、省庁別特別委員会は、行政監視に留まらず、立法過程にも影響力を行使していることが読み取れよう。もっとも、勧告の内容にも政府の公的な回答にも、数値化できない部分が少なからず含まれており、こうした定量的分析だけでは、舞台裏の交渉での「隠された影響力」を充分に捉えることができない。そこで、ベントン等は、勧告が実現された四つの特別委員会に焦点を当て、関係者へのインタビューという定性的手法によって、特別委員会による政策影響力の形態を分析している。その結果、政府による勧告内容の受け容れといった方法以外に、次の七つの方法で影響力を及ぼしているという。すなわち、①政策論議の活性化、②大量の情報や信頼できるエビデンスの提供、③特定の政策争点にスポットライトを浴びせることによる政策優先順位の変更、④大臣、官僚、関連諸団体間での仲介的役割とコミュニケーションの促進、⑤政府政策決定・実施のアカウンタビリティーと透明性の向上、⑥不法行為(wrongdoing)や問題のある政策決定の摘発、⑦政府の予測的反応(anticipated reaction)(Benton and Russell 2013：789-792)。

これらの中で、特に重要なのが、政府側の「予測的反応」を引き出すという形での議会による影響力行使である。そもそも省庁別特別委員会には、法案修正権限はない。そのため議会の影響力を測定する標準的な指標である法案修正件数は、特別委員会には適用できない。立法過程への直接的な関与がないが故に、政府法案に対する省庁別特別委員会の影響は小さいと考えられる傾向が、これまで強かった。しかし、ベントンやラッセルに代表される最近の研究は、法案修正は議会権力の一つの形態であるに過ぎず、省庁別特別委員会に典型的に見られるように、政策決定過程の前の段階での政府側の予測的反応に、権力行使の重点があることを明らかにしている。実際、大臣や官僚は、法案の作成段階において、省庁別特別委員会の考えられる対応を考慮し、委員会からの起こりうる異論を事前に回避しようとするという(Russell and Gover 2017：227-228)。

法案草案の立法前審査

下院改革の一環として、一九九七年以降、法案を議会に提出する前に政府が公表した法案の草案(draft bill)について、省庁別特別委員会による立法前審査(pre-legislative security)が実施されるようになった。その狙いは、草案という初期の段階での立法過程に対する議会の影響力拡大、そして、政府側にとっても、法案の議会通過を円滑にするための事前の合意形成にあった(Kelly 2010：14-15)。

表1-1　各会期における法案草案の公表・審査件数

会期(年)	法案草案の公表件数	委員会による審査件数
1997-98	3	2
1998-99	6	5
1999-2000	6	3
2000-01	2	1
2001-02	7	6
2002-03	9	10
2003-04	12	10
2004-05	5	2
2005-06	4	3
2006-07	4	3
2007-08	9	7
2008-09	4	2
2009-10	4	2
2010-12	11	8
2012-13	15	17
2013-14	5	4
2014-15	4	2
2015-16	2	2
2016-17	3	3
2017-19	9	7

出所：Priddy(2018: 17, Table 1)より筆者作成.

しかし、省庁別特別委員会による立法前審査件数はそれほど多くない。**表1-1**に見られるように、それは、そもそも立法前審査の対象として政府によって公表される法案草案の件数が、二〇一二－一三会期の一五件をピークに、以後減少していることに因るところが大きい。どのように、またどの委員会に審査を付託するかは、与野党の院内幹事長間の「通常の経路」で決定されるため、立法前審査の最適ルートが不確実であること、最終法案の公表期日までの厳しい日程内に審査を終了する必要があること等が、立法前審査件数減少の理由として挙げられる(Kelly 2010: 6; Smyth et al. 2018: 68)。法案草案の立法前審査に関しては、立法過程全体に占めるその比重の低さという点から、省庁別特別委員会の影響力は限定的であると言えよう。

三　影響力を強める上院

一九九七年総選挙のマニフェストで、ブレア労働党は、上院改革を二段階で行うことを公約した。第一段階が世襲貴族議員の廃止である。労働党政権は、一九九九年一〇月、この改革を実行に移した。ただし、第二段階の改革まで、九二名の世襲貴族議員が維持されることになった。上院改革の結果、一九九八年で五三・五%であった世襲貴族議員

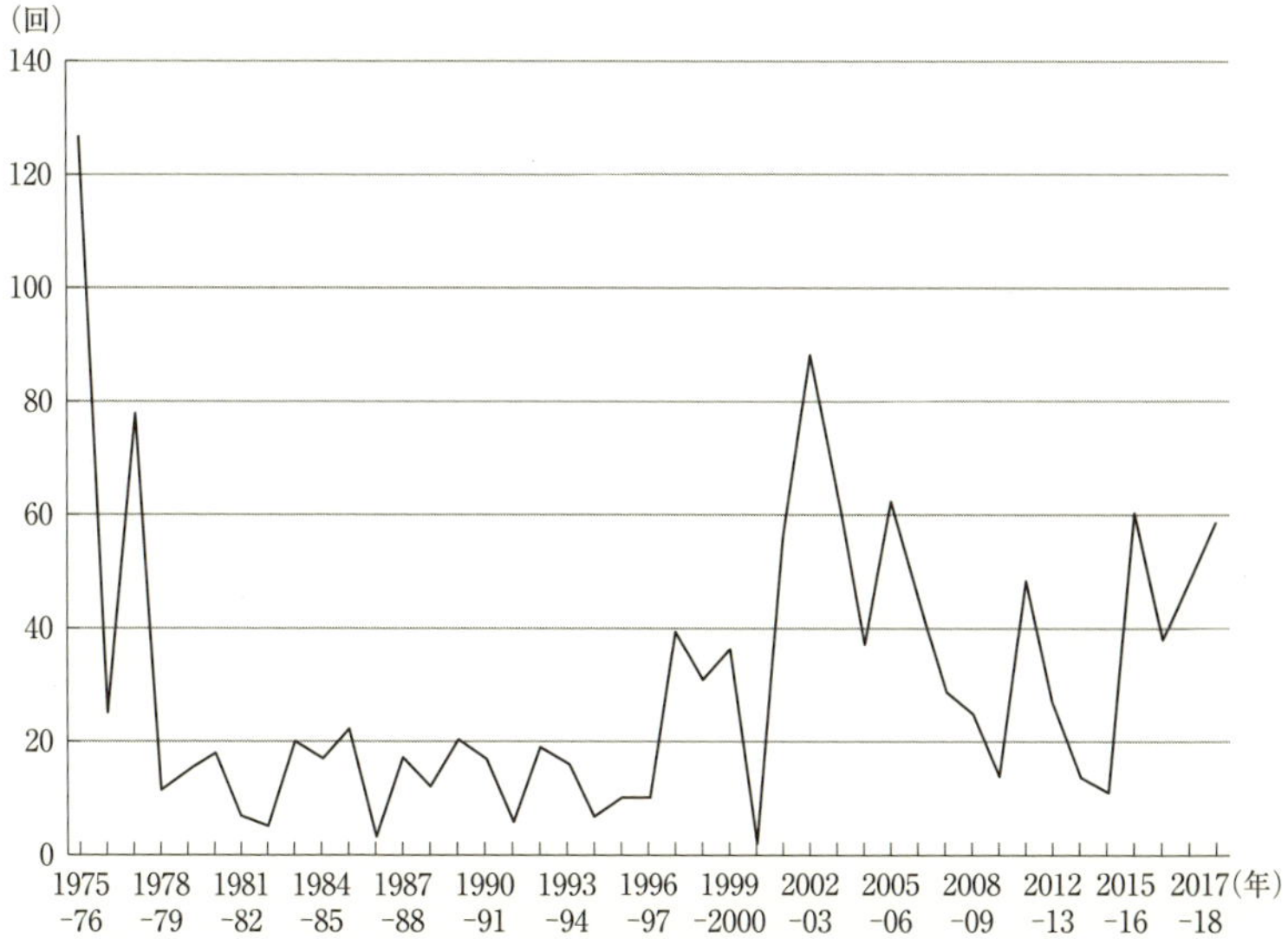

出所：Government defeats in the House of Lords（https://www.parliament.uk/about/faqs/house-of-lords-faqs/lords-govtdefeats/ 2019年7月26日閲覧）より筆者作成.

図1-1　上院における政府の敗北回数

は、一九九九年には一三・三%にまで激減した。なお、予定されていた上院改革の第二段階は、未だに実現していない。

　何故上院改革が成功したのか、あるいは未完に終わったのかは、ここでは問わない。むしろ問題にしたいのは、ブレア政権による上院改革が上院の立法行動にどのような影響を与え、どう変化したのかという点である。

　まず指摘されるべきは、上院の改革後、政府敗北（government defeat）が増大したことである。下院とは異なり、上院では一般的に政府提出法案そのものについて、採決は行われない。政府法案に対する修正をめぐって、採決が行われるのが通例である（Russell 2010: 872）。したがって上院での政府敗北とは、政府法案に対する修正が採決によって可決されることを一般的には意味している。

　図1-1は、政府敗北の推移を示したものである。ここに見られるとおり、一九九九年の上院改革後、政府敗北件数が増大していることが読み取れよう。一九七五年から二〇一八年までの四四年間で見ると、一九九九年以前の敗北は、年間平均二三・〇回であったのに対して、

表 1-2　上院における政府法案に対する修正の固執度(1974-2013 年)

	固執回数				
議会期(年)	1	2	3	4	計
1974-79	2	1	1	0	4
1979-83	0	0	0	0	0
1983-87	1	0	0	0	1
1987-92	0	1	0	0	1
1992-97	1	0	0	0	1
1997-2001	3	1	0	1	5
2001-05	12	3	0	2	17
2005-10	13	0	0	2	15
2010-13	6	0	0	0	6
計	38	6	1	5	50

注：数字は，各会期において上院が修正に固執した法案件数を示す．
出所：Russell(2013：139，Table 6.2)より筆者作成．

九九年以降は三五・八回へと増大している。

周知の通り、下院の政府提出法案が上院で敗北した場合、下院に送られ、下院での可決を経て、再び上院に送られる。上院は修正をあきらめる場合もあれば、再修正する場合もあり、両院が一致するまで、法案が両院を往復する、所謂「ピンポン」が行われる。もっとも、歳出・歳入に関する金銭法案については、上院は下院の決定した法案の成立を一カ月、その他の法案についても最長一年間の引き延ばしができるに過ぎない。そこで、上院の修正を下院が否決し、再び上院に差し戻された政府法案について、上院が修正にどこまで固執するかを示したのが、**表1－2**である。上院改革以後、修正に固執した法案件数が増大していることが分かる。しかも、一回の再修正だけでなく、四回もの再修正に固執した件数が、二〇〇一年から二〇一〇年までの労働党政権期において、それぞれの議会期で二件もあることが注目されよう。

上院による政府法案の修正は、軽度に留まることもあるが、重要法案を骨抜きにしてしまう、所謂「破壊的修正(wrecking amendment)」になりうる場合もある。**表1－3**は、一九九九年から二〇一二年までの上院における政府敗北四〇六法案について、政策の重要度と修正度を、五段階にコード化して分析したものである。政策の重要度と修正度の両次元においてマイナーな政府敗北のケースは稀でしかない。政府敗北のうち、大半を占めるのが中程度以上のケースで、重要度の高い政策に対する大幅修正が、全体の二〇%を占めているのが注目されよう。

上院での政府敗北に対する下院の対応を五段階にコード化して、先の一九九九年から二〇一二までの政府敗北について見てみると、次の通りである。すなわち、上院の修正を全面的にひっくり返し、政府原案に戻す（段階一）：四一％。マイナーな譲歩をしつつ、上院の修正を概ねひっくり返す（段階二）：一五％。下院と上院の妥協（段階三）：一一％。政府と下院が概ね上院の修正を受容する（段階四）：一五％。上院の修正を全面的に受容する（段階五）：一八％。上院は、政府敗北法案四〇六のうち、四四％に当たる一八〇の法案（段階三－五）で、政府から相応の譲歩を引き出すことに成功していると言えよう（Russell 2013: 148, Table 6.4）。

表 1-3　上院における政府敗北と政策の重要度（1999–2012年）

政策の重要度	敗北件数	%
重要度の低い政策に対する小幅修正	3	1
重要度の低い政策に対する中程度の修正 中程度の重要政策に対する小幅修正	46	11
重要度の低い政策に対する大幅修正 中程度の重要政策に対する中程度の修正 重要度の高い政策に対する小幅修正	145	36
中程度の重要政策に対する大幅修正 重要度の高い政策に対する中程度の修正	129	32
重要度の高い政策に対する大幅修正	83	20
計	406	100

出所：Russell（2013: 146, Table 6.3）より筆者作成.

見られるとおり、一九九九年の上院改革以後、上院は確実に発言力を強め、物言う（assertive）立法機関へと変質しつつある。では何故、上院改革が上院の影響力強化に繋がったのであろうか。

第一に挙げられるのが、上院の社会的構成の変化である。世襲貴族議員が大幅に廃止されたことにより、上院が正統性を高めたとの認識を強め、そのことが政府法案に対する修正案の可決という上院の権限行使に繋がったと言えよう。**表1-4**は、一九九九年上院改革の影響について、上院議員がどのような認識を持っているか、二〇〇七年に実施されたアンケート調査の結果を示している。上院議員の七六％が、改革により上院の正統性は高まったと回答している。さらに、上院に対する世論支持増大も踏まえ、政策変更を求めることに自信を強めたとの回答も八六％にも上る。

注目されるのは、「ソールズベリー慣行[1]（Salisbury Convention）」に対する上院議員の認識である。「ソールズベリー慣行」とは、直近の総選挙

表 1-4　1999 年の上院改革の影響に関する上院議員の認識(2007 年調査)(%)

	かなり増加	少し増加	変化なし	少し減少	かなり減少	増加(合計)
上院の「正統性」	22	55	19	4	1	76
上院に対する世論の支持	20	53	22	5	1	72
政策変更を要請することへの上院議員としての自信	25	61	13	1	0	86
上院に対する政府の注目度	8	60	24	5	2	69

出所：Russell(2013: 241, Table 9.2)より筆者作成.

で掲げられたマニフェストに関わる政権党の政策法案については、上院は否決しないという保守・労働両党間で成立した合意を意味する。二〇〇五年に上院議員に対して行われたアンケート調査によると、世論の支持をあまり得ていない場合は九三%の上院議員が、世論の強い支持がある場合でも、七二%の上院議員が、政府のマニフェスト政策法案に上院が反対票を投じることは正当であると回答している(Russell 2013：242, Table 9.3)。選出方法については依然として問題を残しているとはいえ、議員の社会的構成という「インプットの正統性(input legitimacy)」の高まりが、法案修正という上院の権限行使を促進し、ソールズベリー慣行でさえも拘束される必要がないとの認識を強めていると言えよう。

第二の要因は、上院の党派バランスの変化である。上院の党派構成について言えば、従来、保守党所属議員が全議員の半数近くを占め、上院は保守党の牙城であった。しかし、一九九九年上院改革による世襲貴族議員の大幅廃止に伴い、上院の保守党支配に終止符が打たれた。**表1-5**に示されるように、一九九九年以降、いずれの政党も単独では過半数を確保できる状況にはない。保守党支配の終焉とその結果としての「単独で過半数を制する政党がない状況(no overall control)」が、ツェベリスの言葉を借りれば、上院における「党派的拒否権プレイヤー(partisan veto player)」の数を増大させ、そのことが上院における政府敗北の増大をもたらしたと見ることができよう。これまでの保守党支配下では、第三政党である自民党は、下院と同様、上院でも周辺化されていた。しかし、一九九九年以降のブレア＝ブラウン労働党政権下では、自民党所属の上院議員が、

表1-5　上院議員の党派所属別人数の推移

年	1996	1997	1998	1999	2000	2001	2002	2003	2004	2005
保守党	477	478	484	232	225	217	210	202	205	208
労働党	116	176	193	201	195	190	185	201	199	212
自民党	57	69	72	62	61	65	64	68	69	78
クロスベンチ	322	322	355	163	162	179	179	185	181	201
聖職貴族	26	26	26	26	26	25	26	26	25	26
その他	69	95	80	6	6	7	7	11	13	13
計	1067	1116	1210	690	675	683	671	693	692	738

年	2006	2007	2008	2009	2010	2012	2013	2014	2015
保守党	202	199	189	185	214	212	220	226	247
労働党	217	214	212	211	235	222	218	216	211
自民党	78	74	71	72	90	89	99	103	109
クロスベンチ	201	206	183	186	186	181	181	182	175
聖職貴族	26	26	26	26	25	25	25	26	26
その他	14	14	23	26	32	33	35	36	39
計	738	733	704	706	782	762	778	789	807

出所：House of Lords Library Note, House of Lords: Party and Group Strengths and Voting (LLN-2017-0016), Table 1 より筆者作成.

さらに二〇一〇年のキャメロン政権下では、野党労働党以上に、クロスベンチャー（無党派）上院議員が、上院における政府提出法案の帰趨を握る「党派的拒否権プレイヤー」となった（Russell 2013: 116–122）。そのことは、政府敗北となった修正提案の件数とその党派性を示した**表1－6**からも分かる。

上院の「単独で過半数を制する政党がない状況」下で、政府法案に対する修正案を可決に持ち込むには、必然的に政党横断的な連合を形成せざるをえない。しかも、上院の多数派形成とそのことによる政府敗北の可能性は、下院における与党平議員の造反の契機となり、下院における政党横断的な動きを加速させる。こうして、上院における政党横断的な動きは、下院における政党横断的な動きと連動している（Russell and Gover 2017: 257）。

高安は、一九九九年の上院改革とその影響について、上院は「庶民院と政府からなる議院内閣制を外から制約する機関になっていることは間違いない」（高安二〇一八：二一八）との評価を下している。しかし、一九九九年の上院改革は、上院における政党横断的な動きを促し、上院の影響力を強化しているだけでなく、下院における政党横断的な動きと連動することによって、下院も含め議会全体の影響力強化にも繋がっていると捉えるべきであろう（Russell 2010：881；Russell 2013：164）。

表 1-6　上院における政府敗北——修正提案者の党派構成

	1999-2010 年		2010-2012 年		計
	件数	%	件数	%	
保守党	300	66	6	12	306
自民党	100	22	4	8	104
労働党	14	3	11	23	25
クロスベンチ	43	9	23	48	66
聖職貴族	1	0	1	2	2
その他	0	0	3	6	3
計	458	100	48	100	506

出所：Russell（2013：121．Table 5.6）より筆者作成．

四　造反行動の規定要因

省庁別特別委員会の改革と上院の改革は、イギリス議会において政党横断モードを浸透させた制度改革であった。これに対して、現実の展開として政党横断モードの拡大に寄与したのが、政党一体性（party unity）の低下である。政党一体性の低下は、第一義的には政党内政治の問題であるが、造反議員が他党の議員と連携することも少なくないことから、政党横断的な現象にも関わってくる。

高い政党の凝集性（party cohesion）と政党規律がもたらす、政党一体性の高さは、イギリス議院内閣制の中心的特徴であった。特に政権党の一体性は、安定した政府の創出とコントロール、議院内閣制における究極的な責任の所在の担保という点で極めて重要な役割を果たしてきた。有権者から議会、さらに首相・内閣、大臣へとつなぐ委任と責任の連鎖の中で、政権党はまさにその要に位置し、政権党の一体性の在り方は、「議院内閣制のパフォーマンス全体を左右する」（高安二〇一八：三九）とまで評されてきた。

確かに戦後から一九六〇年代末にかけては、保守・労働両党の平議員による下院の採決における造反率は低く、五％前後を推移していた。しかし、一九七〇年代に入り、造反率は増加し始め、二〇％にまで上昇する（Kam 2009：42）。

その後、少し沈静化するも、与党平議員の造反率は、二〇〇一―〇五年では二一％、二〇〇五―一〇年では二八％に、そして二〇一〇―一五年では三五％にまで跳ね上がっている[(2)](Stuart 2018: 257, Table 24.1)。今日、造反行動は常態化しており、例外的な現象と見ることはできない。高い政党の一体性とそれによって担保されたイギリス議院内閣制という理解は、ほぼ神話の域に属すると言えよう。

では、議員はどのようなときに造反するのか。造反行動は、議員にとってもリスクを伴う。党指導部は、造反議員に対して、選挙支援の撤回、党内での昇進対象からの除外、登院停止、さらに院内政党からの除名といった様々な制裁を科すことができる。こうしたリスクにも拘わらず、造反行動を導く政治的要因・条件は何であろうか。例えば、ベネデットとヒックスは、二〇〇一―〇五年の下院における労働党議員の投票行動の分析から、第一に、平議員で昇進の見込みがない場合、もしくは政府の役職を退任した元大臣が役職への復帰や昇進を期待できない場合、第二に、イデオロギー的に極端な議員ほど、造反行動が起こりやすいことを明らかにしている(Benedetto and Hix 2007)。

また、スラピン等は、一九九二―二〇一五年における下院での保守・労働党議員の造反行動について分析し、次のような仮説を確認している。第一に、野党時よりも政権時の方が、議員の造反可能性は高い。第二に、イデオロギー的に極端な立場に立つ与党議員ほど、造反の可能性は高い。第一の仮説については、野党時よりも政権時の方が、議員数も増え、その結果、党内のイデオロギー的多様性が高まることが、造反の要因であるとする見方を著者たちは斥け、政府による議会のアジェンダコントロールに造反の要因を見出すべきであるという。第二の仮説は、先のベネデットとヒックスの指摘とも重なる。ストロム等は、政党が追求する目標を、①得票最大化、②政策実現、③公職の獲得の三つに分類した(Strøm and Müller 1999: 5–9)。この分類に即して言えば、先のスラピン等の指摘は、造反議員が政策追求型の議員であることを言い換えたに過ぎず、その限りにおいて新しい知見とは必ずしも思われない。むしろ注目すべきは、イデオロギー的に極端な立場に立つ与党平議員が、選挙区における自身の認知度を高め、票獲得のために、党の立場との差異化を図る手段として、造反を戦略的に利用しているという指摘であろう。つまり、選挙上有益であると与党平議員が判断した場合に、造反行動が起こる可能性が最も高いという(Slapin et al. 2018: 17-19, 25)。ここに見られるのは、イデオロギー追求ないし政策実現と得票最大化を連動させ、そうした視点から議員の造反行動を捉えようとする立場である。果たしてそうした理解は妥当なのか。イギリスの実態はどうなのであろうか。

この点で参考になるのが、ムーアの研究であろう。ムーアは、二〇一五年総選挙で選出された保守党議員が、二〇一六年のEU離脱投票において離脱・残留を決定する際、政策追求、公職追求、得票最大化のどの目標要因が作用しているか、ロジスティック回帰分析を用いて考察している。それによると、同性婚への反対や死刑制度への賛成等、議員の社会的保守主義が、離脱決定要因として最も影響力が強い。また、公職追求も重要な規定要因となっており、有力議員ほど残留を、逆に平議員ほど離脱を支持する傾向が強い。これに対して、選挙区の欧州懐疑主義と国民投票での離脱支持との間には、正の相関は見られるものの、その影響は、前二者の要因と比べて弱い。得票最大化という動機は、イデオロギー追求、公職獲得という動機に比べて、あまり重要ではない。議員の投票行動は、議員自身のイデオロギーによって規定される面が大きいと結論づけている(Moore 2018: 14-18)。

ムーアの研究は、EU離脱・残留という一つの争点をめぐっての議員の投票行動を規定する要因を検証したものであり、また造反行動に焦点を当てているわけではない。しかし、実態に近いと解してよいであろう。ウィティカーとリンチも、二〇一〇－一六年における、EU問題をめぐる保守党議員の造反と議員の選挙区での離脱投票率(推定値)との間に明確な相関は見られないという(Whitaker and Lynch 2017)。そもそも選挙制度の観点から見ても、ムーアが明確に指摘しているように、単記移譲式投票制と異なり、小選挙区制では、議員候補者は個人投票獲得への誘因をあまり持たない(Moore 2018: 20)。社会的保守主義、EU問題等、特に主権といった原理的な問題をめぐるイデオロギー対立が、保守党議員の造反行動に深く影響していると見るべきであろう(Cowley 2002: 101-105)。

五　ＥＵ離脱交渉と議会による議事コントロール

では、二〇一六年五月に実施されたＥＵ国民投票と離脱という投票結果は、議会審議にどのような影響を与えたのであろうか。注目されるのが、ＥＵ離脱交渉をめぐる下院審議での議事のコントロールに関わる動きである。政府による議事のコントロールには、大きく分けて、次の二つの方法があるとされる。すなわち、①イギリス型と称される審議日程のコントロールと②フランス型と言われる修正案のコントロールである（Döring 2006: 148-149）。イギリスでは、政府が審議日程のコントロールを通じて、議会運営の主導権を掌握してきた。下院の議事日程は、「通常の経路」を通じた政府と野党の交渉によって決定され、下院議事規則第一四条第一項は、「すべての会期において政府議事が優先される」と規定している。一連の下院改革によって、非政府議事を優先する日が設けられるようになったとはいえ、政府提出法案の審議が優先されるという原則には、これまで変わりはなかった。しかし、ＥＵ離脱交渉をめぐる議会審議において、政府が議事運営の主導権を完全に掌握しきれていない、むしろ議会側が議事をコントロールしようとする動きが見られる。

ＥＵ離脱交渉の主導権をめぐる政府と議会との攻防は、離脱交渉を開始する上で議会承認が必要かどうかをめぐる論点から始まった。メイ政権は二〇一六年夏の時点では、リスボン条約第五〇条に基づくＥＵ離脱に向けた手続きを開始する上で、議会承認を得る必要はないと主張していた。しかし同年一一月三日、高等法院は、ＥＵへの離脱通知には議会承認が必要との判決を下した。政府は、議会承認が不要な「国王大権」が政府に委任されていること等を理由に、最高裁に上訴するものの、二〇一七年一月二四日、最高裁は高等法院の判決を支持し、政府側は敗訴した。これを受けて、メイ政権は、ＥＵへの離脱を通知する権限を首相に与えるＥＵ離脱通知法案を下院に提出し、同法案は下院では可決されるも、上院は、ＥＵとの離脱交渉に際して、妥結前にその内容について上下両院の承認を必要とする修正案を可決した。下院が修正案を否決、下院の判断を上院が賛成して、三月一三日、同法案は成立した。

二〇一七年三月二九日、メイ首相はＥＵに対して離脱通知を行い、離脱プロセスが開始される。争点は、離脱協定(Withdrawal Agreement)をめぐる議会承認、所謂「意味ある議決(meaningful vote)」へと移っていく。同年七月一三日、政府は「ＥＵ離脱法案」を下院に提出した。政府の交渉の手が議会によって縛られるべきではない、議会承認は離脱協定締結後というのが政府の基本的立場であった。しかし、こうした立場は、与野党から強い批判を受けた。同年一二月一三日には、下院は、離脱の最終合意内容について議会承認を事前に法的に義務づけるグリーブ保守党議員の修正案を可決した。さらに二〇一八年四月二八日には、上院で、決議という形によって議会が承認しない限り政府はＥＵと離脱協定を締結できない、つまり、合意なき離脱を阻止する権限を実質的に議会に与える修正案が可決された。その後、上下両院間の往復を経て、同趣旨の修正案が六月二〇日、下院でも可決された。

こうした修正を踏まえ、同日下院で可決された「二〇一八年ＥＵ離脱法」は、第一三条「ＥＵとの交渉結果に関する議会承認」において、次の条件が満たされない限り、離脱協定は批准されないとした。すなわち、離脱協定合意と将来関係の大枠を示す政治宣言を、政府が動議という形で議会に提出し、下院の決議によって承認されなければならない(第一項)。下院が動議を否決した場合、政府は二一日以内に今後の方針に関する声明文を発表しなければならない(第四項)。また、声明文発表から七日以内に、政府は新方針に沿った動議を提出しなければならない(第六項)。議会の条約批准について言えば、「二〇一〇年憲法改革及び統治法(Constitutional Reform and Governance Act 2010)」の第二〇条によると、下院は条約の批准を否決することはできるが、条約を承認する投票権は下院に付与されていない。二〇一八年ＥＵ離脱法は、離脱協定の批准に際して、通常の議会手続きよりははるかに強力な役割と権限を議会に付与したと言えよう(The UK in a Changing Europe 2018: 7)。

二〇一八年一一月二五日、政府とEUは、EU離脱協定案と将来関係に関する政治宣言案を合意した。二〇一八年EU離脱法に従い、離脱協定案は、五日間にわたる議会審議の後、承認の是非を問う採決にかけられることになった。否決の可能性が高いと見たメイ首相は、一二月一一日に予定していた下院の採決を見送り、翌年の一月中旬に延期すると発表した。

注目すべきは、延期された採決日までの間に、審議手続きにおいて議会の発言権をさらに強化する動きが見られたことである。第一は、議員による修正案の提出である。二〇一八年EU離脱法によると、離脱協定案が下院の採決において否決された場合、政府は声明文に示された新方針に沿った「中立的な動議(motion in neutral terms)」を提出しなければならないとされていた。その場合、通常では、中立的な動議に対して、議員が修正を求めることはできない。しかし、離脱協定案に関する議会審議が開始された一二月四日、政府が示した離脱協定案が否決された場合、議員による修正案の提出を認めるグリーブ保守党議員の動議が、政党横断的な合意を得て可決された。実際、採決に際して、保守党からも二六人の造反が出た。

第二は、議事日程の変更・短縮である。同様に二〇一八年離脱法では、離脱協定案が下院で否決された場合、政府は二一日以内に声明文を発表し、声明文発表から七日以内に、代替案の動議を提出しなければならないとされていた。しかし、二〇一九年一月九日、下院は、予定されている採決で離脱協定案が否決となった場合、三日以内に代替案を出すよう政府に求める動議を可決した。通常、政府提出法案の場合、審議日程の変更ができるのは、政府だけであるとされてきた。しかし、バーコウ下院議長は、グリーブ保守党議員を中心とする超党派議員による審議日程の変更を求める修正動議を採決にかけることにし、結果的に賛成多数により、審議日程は大幅に短縮されることになった。

二〇一九年一月一五日、EU離脱協定案の採決が下院で行われ、賛成二〇二票、反対四三二票の歴史的大差で同案は否決された。議員による修正案の提示も可能とする先の下院の決定により、一月二九日、超党派の形で提出された四件の修正案を含む、計七件の修正案が採決にかけられ、そのうち、合意なき離脱に反対するという超党派の修正案とアイルランドの国境問題に関わる安全策の変更を求める保守党議員の修正案が可決された。三月一二日、ＥＵ離脱協定案の受け容れ是非を問う二度目の採決が下院で行われ、賛成二四二票、反対三九一票で再び同案は否決された。三月一八日、バーコウ下院議長は、同一会期内での同じ内容の採決を禁止する一六〇四年の議事慣習に基づき、協定内容に充分な変更がない限り、三度目の採決実施を認めないとの判断を示した。三月二五日には、政府案に代わって過半数の支持を得る選択肢を探るための「示唆的投票（indicative votes）」の実施を求める超党派の議員による修正案が、三二九票対三〇二票で可決されたことにより、ＥＵ離脱をめぐる議事運営の主導権が議会側に移った。しかし、三月二七日に実施された採決では、再国民投票案を始めとして、議員提出による計八案のいずれの代替選択肢も過半数の支持を得られず、否決されたため、「示唆的投票」の実施は、議会の意向を確認するに留まった。三月二九日、メイ首相は、イギリスとＥＵの将来関係の大枠を示す政治宣言を外し、離脱協定案だけを採決にかけたが、下院は賛成二八六票、反対三四四票で政府案を三たび否決した。

ＥＵ離脱交渉においては、離脱協定案の内容と同時に、議会審議の手続きをめぐる動きが重要である。安全策の廃止ないし見直し等を声高に主張する離脱強硬派の言動が、ややもすれば注目を集めやすい。しかし、グリーブ保守党下院議員はＥＵ残留支持派であり、上院では、ＥＵ残留支持を公言してはばからない議員が多い。ＥＵ離脱協定案をめぐる議会審議の過程では、審議の主導権をめぐって政府対議会という対立構図が顕在化した。議会審議をめぐる手続きで政府側が敗北し、議会の権限強化という形で改正がなされたのは、残留支持派の政党横断的な協働に因るところが大きい。

結びに代えて――議院内閣制の変化の方向性をどう捉えるか

では全体としてイギリス議院内閣制の変化の方向性をどう捉えればよいのであろうか。この点を考察することで、本稿の結びに代えたい。

イギリス議院内閣制の特徴と変容を分析した高安は、ブレア政権による一連の国家構造改革を「マディソン主義的改革」と捉える。イギリスの議院内閣制は従来、政治エリートへの信頼と政権党の利益集約能力・凝集性を前提としていた。しかし、そうした前提条件は崩れ、議院内閣制は機能不全を起こしているとされる。これに対し、マディソン主義的デモクラシーは、政治権力に対する強烈な不信感を前提に、権力の分割と抑制によって、政治権力を外部から抑制しようとする。主にブレア政権によって推進されてきた議会改革、権限移譲改革、法典化改革、司法改革は、いずれもイギリスにおける権力核を作り出す議院内閣制を外部から拘束しようとするものであり、その意味において、マディソン主義的改革と位置づけることができるという（高安二〇一八：二四三―二五〇）。

確かに、前提としての政治エリートへの不信、政治権力の外からの抑制という点では、マディソン主義的改革と捉えることに意味があると言えるかもしれない。しかしながら、具体的な改革の方向性は、集権から分権へと総括できるものである。権力抑制の契機を外部に求めるといった点を除けば、イギリス議院内閣制の改革の方向性としては、レイプハルトが類型化した多数決型からコンセンサス型デモクラシーへの移行と捉えることと、高安の議論は実質的にはほぼ等しいと言えよう。

一連の国家構造改革、中でも権限移譲改革に見られるように、レイプハルトの分析枠組に即して言えば、連邦制次元において、イギリスの議院内閣制がコンセンサス型に移行しつつあると捉えることには異論はない。他方、執政府－政党次元では、下院総選挙での小選挙区制の堅持に示されるように、多数決型の要素を残していることも否定しがたい。しかしながら、そうした中で特に注目すべきは、イギリス議院内閣制への政党横断モードの浸透である。その典型が、省庁別特別委員会の改革、上院改革であることは、これまで本稿で明らかにしてきた通りである。

省庁別特別委員会、そして上院は、野党議員や与党平議員等の非政府アクターが、直接・間接的に立法過程に影響力を行使しうる決定的に重要なチャネルとなっている。多数決型デモクラシーの典型として、レイプハルトがイギリスの議院内閣制について述べた、「かなりの数を占める少数派は、権力から排除され、野党の役割を強いられている」(Lijphart 1999: 11)との指摘は、今日では修正されなければならない[3]。

政党横断モードの重要性は、政党の対立線を越えた議会での審議・協力という点だけにあるわけではない。多数決主義が想定する勝者と敗者というゼロ・サム的な二元的対立図式、つまり与野党対決モードからの脱却に、その要諦があると見るべきであろう。多数決主義は、議会の多数派に政治権力を集中させる。言い換えると、選挙での勝利が、多数派形成、ひいては政府創出、政策実現の決定的段階であると想定されている。これに対して、政党横断モードは、議会多数派を制し、大臣ポストを占めるという経路とは別の形で、野党をはじめとする非政府アクターが政策過程に影響力を行使しうる制度的機会があることを示している。

高安は、イギリスの議院内閣制は、多数代表的で集権的な性格を持ち、政府に対する究極のコントロールは総選挙と政権交代でしかないと述べている。それ故、総選挙と総選挙との間での政府の監視とコントロールをどう実現するかが最大の課題であるとされる。議院内閣制を外部から拘束しようとする一連の改革に高安が着目するのも、そうした趣旨からである。しかし、イギリス議院内閣制における政党横断モードの浸透は、外部からの拘束という形ではなく、総選挙と総選挙の間でも、議会を通じて政府の監視とコントロールの仕組みが形成されつつあることを示唆しているると言えよう。

注

（１）　ソールズベリー原則（Salisbury Doctrine）とも呼ばれる。

（２）　造反率とは、下院の各会期における全採決数の中で、一人の議員であっても党の方針に反した投票を行った採決の割合を指す（Stuart 2018：256）。

（３）　マシューズは、パウェルの「有効代表（effective representation）」指標に、委員会委員長・委員の比例配分、独立した選考手続き、委員会の職務・権限の定式化といった要素を加え、修正された指標をイギリスに適用することで、少数派の排除といった一般に流布している認識とは異なり、イギリスの議院内閣制の「有効代表」機能が高いことを経験的に裏づけている。選挙での勝利と多数派形成による「公職見返り（office payoff）」という形ではなく、省庁別特別委員会に代表されるように、議会を通じて野党が「政策見返り（policy payoff）」を獲得できる構造的機会が制度化されていることが、「有効代表」機能を高めている要因であるという（Matthews 2018：60-61，64-67）。

参考文献

梅津實（二〇一五）「イギリス下院特別委員会の改革――一九七九年以降の軌跡をたどって」『同志社法学』第六六巻六号。

梅津實、キース・オールダーマン（二〇〇一）「イギリス下院における省庁別特別委員会制度の再検討」『同志社法学』第五二巻五号。

大山礼子（二〇〇三）『比較議会政治論――ウェストミンスターモデルと欧州大陸型モデル』岩波書店。

奥村牧人（二〇一〇）「英国下院の省別特別委員会」『レファレンス』第七一八号（第六〇巻一一号）。

高安健将（二〇一八）『議院内閣制――変貌する英国モデル』中公新書。

Benedetto，Giacomo and Simon Hix（2007）“The Rejected，the Ejected，and the Dejected：Explaining Government Rebels in the 2001-2005 British House of Commons，” *Comparative Political Studies*，40（7），pp. 755-781.

Benton，Meghan and Meg Russell（2013）“Assessing the Impact of Parliamentary Oversight Committees：The Select Committees in the British House of Commons，” *Parliamentary Affairs*，66（4），pp. 772-797.

Cowley，Philip（2002）***Revolts and Rebellions***，Politico's Publishing.

Döring，Herbert（2006）“Party Discipline and Government Imposition of Restrictive Rules，” in Reuven Y. Hazan ed.，***Cohesion and Discipline in Legislatures, Political Parties, Party Leadership, Parliamentary Committees and Gover-***

nance, Routledge, pp. 147–163.

Fisher, Lucy (2015) "The Growing Power and Autonomy of House of Commons Select Committees: Causes and Effects," *The Political Quarterly*, 86(3), pp. 419–426.

House of Commons (HC) (2017) *Standing Orders*.

House of Commons (HC) Liaison Committee (2012) *Select Committee Effectiveness, Resources and Powers* (HC 697).

Kam, Christopher (2009) *Party Discipline and Parliamentary Politics*, Cambridge University Press.

Kelly, Richard (2010) *Pre-legislative Scrutiny* (SN/PC/2822).

Kelso, Alexandra (2018) "Select Committees," in Leston-Bandeira and Thompson eds. (2018) pp. 163–173.

King, Anthony (1976) "Modes of Executive-Legislative Relations: Great Britain, France, and West Germany," *Legislative Studies Quarterly*, 1(1), pp. 11–36.

Leston-Bandeira, Cristina and Louise Thompson eds. (2018), *Exploring Parliament*, Oxford University Press.

Lijphart, Arend (1999) *Patterns of Democracy*, Yale University Press.

Maer, Lucinda et al. (2009) *The Department Select Committee System* (House of Commons Library, Research Paper 09/55).

Matthews, Felicity (2018) "Majoritarianism Reinterpreted: Effective Representation and the Quality of Westminster Democracy," *Parliamentary Affairs*, 71(1), pp. 50–72.

Moore, Luke (2018) "Policy, Office and Votes: Conservative MPs and the Brexit Referendum," *Parliamentary Affairs*, 71(1), pp. 1–27.

Norton, Philip (2005) *Parliament in British Politics*, Palgrave Macmillan.

Priddy, Sarah (2018) *Pre-legislative Scrutiny under the 2015 and 2017 Conservative Governments* (HC Library Briefing Paper No. 07757).

Russell, Meg (2010) "A Stronger Second Chamber? Assessing the Impact of House of Lords Reform in 1999 and the Lessons for Bicameralism," *Political Studies*, 58(5), pp. 866–885.

—— (2013) *The Contemporary House of Lords*, Oxford University Press.

Russell, Meg and Philip Cowley (2015) "The Policy Power of the Westminster Parliament: The "Parliament State" and the Empirical Evidence," *Governance*, 29(1), pp. 121–137.

——(2018) "Modes of UK Executive-Legislative Relations Revisited," *The Political Quarterly*, 89(1), pp. 18–28.

Russell, Meg and Daniel Gover (2017) *Legislation at Westminster*, Oxford University Press.

Saalfeld, Thomas (2003) "The United Kingdom: Still a Single 'Chain of Command'? The Hollowing Out of the 'Westminster Model'," in Kaare Strøm et al. eds. *Delegation and Accountability in Parliamentary Democracies*, Oxford University Press, pp. 620–648.

Slapin, Jonathan B. et al. (2018) "Ideology, Grandstanding, and Strategic Party Disloyalty in the British Parliament," *American Political Science Review*, 112(1), pp. 15–30.

Smyth, Liam Laurence et al. (2018) "The Legislative Cycle," in Leston-Bandeira and Thompson eds. (2018), pp. 67–79.

Strøm, Kaare and Wolfgang C. Müller (1999) "Political Parties and Hard Choices," in Wolfgang C. Müller and Kaare Strøm eds., *Policy, Office, or Votes?* Cambridge University Press, pp. 1–35.

Stuart, Mark (2018) "Whips and Rebels," in Leston-Bandeira and Thompson eds. (2018), pp. 255–263.

The UK in a Changing Europe (2018) *The Brexit Endgame: A Guide to the Parliamentary Process of Withdrawal from the European Union*.

Whitaker, Richard and Philip Lynch (2017) "Parties, Parliament and the Brexit Process: Tensions Facing Parties, Government and MPs" (https://igs.berkeley.edu/sites/default/files/richard_whitakerbpg_brexit_blog_-_2nd_panel.pdf 二〇一九年七月二六日閲覧).

第2章

ドイツにおける政府－与党関係

――「権力の三角形」概念を手がかりに

安井宏樹

はじめに

日本の政府－与党関係が政府と与党の二者による「政府・与党二元体制」と観念されがちであるのに対して、ドイツで政府と与党の関係が論じられる際には、与党を議会内と議会外とに分けて考え、政府（Regierung）・議員団（Fraktion）・党（Partei）の三者による「権力の三角形（Machtdreieck）」という図式を設定することが一般的である（Gros 1998：Korte und Fröhlich 2004：99–100）。本稿では、この「権力の三角形」イメージの歴史的背景について概観した後、それが戦後ドイツの立法過程でどのように機能してきたかを検討していきたい。

一　「権力の三角形」

歴史的形成物としての性格

政府・議員団・党による「権力の三角形」イメージ、とりわけ、議員団と党本部を区別する認識枠組みを生み出した背景としては、一世紀以上にわたってドイツ最大の政党であり続けてきた（そして現存するドイツ最古の政党である）ドイツ社会民主党（SPD）における党本部と議員団の関係をめぐる問題を見て取ることができる。

一九世紀後半の第二帝政期に社会主義労働運動の政治的代表という性格を帯びて作られたSPDでは、党内規律が重視され、議員も党の指示に従って行動することが強く期待されていた（安一九七三）。また、社会主義者鎮圧法の廃止（一八九〇年）以降、SPDは世界最大の党員数を誇る社会民主主義政党へと成長したものの、マルクス主義を掲げるSPDが他党から政治的に疎外される状況（いわゆる「ゲットー化」）が続く中、小選挙区二回投票制の下でSPDは決選投票で敗れることが多く、党による組織的動員の強さと議員団の量的・質的な充実の度合いとの間には落差が存在した。こうした規範と実態の両面から、SPDでは党本部が議員団に優位する状況が常態化した。

その後、ヴァイマール期になって比例代表制が採用され、SPDが恒常的に議会第一党となる状態が出現したものの、帝政期に構築された党本部の議員団に対する優位という構造は、経路依存が働いて継続された。SPD党本部は、「ゲットー化」の記憶に加えて、新興のドイツ共産党（KPD）との競合にも影響されて、他党との提携よりも労働組合が重視する階級的利害の追求を優先し、SPD議員団や党出身閣僚が他党と妥協することを牽制した。一九三〇年に大恐慌勃発後の失業対策をめぐって閣内対立が生じた際、SPDのミュラー首相が他の連立与党と交渉して取りまとめた妥協案を、党本部の意を受けた議員団が拒否し、ミュラー大連立内閣が崩壊に至ったのはその最たる例と言える。ミュラー内閣はヴァイマール共和政で議会多数派の支持に支えられた最後の内閣となり（平島一九九一）、結果論ではあるが、SPDの非妥協的な姿勢がヴァイマール共和政崩壊への第一歩を用意することとなった。

こうしたSPDの体質は第二次世界大戦後にも基本的に継承され、SPDの政権担当能力（Regierungsfähigkeit）への疑念を生んで選挙での支持が伸び悩む原因となったばかりでなく、他党との連立可能性（Koalitionsfähigkeit）を低下させたことによって、政権獲得への障害ともなった。戦後の党勢低迷を打開すべく一九五〇年代のSPDで追求された改革が、バート・ゴーデスベルク綱領に象徴される政策面での革新にとどまらず、議員団の党本部に対する自律性を強化する党組織改革と合わせて行われた(安野二〇〇四)のは、故無きことではない。改革後のSPDは柔軟性を高め、一九六六年には大連立政権へのジュニアパートナーとしての参加に踏み切った(網谷一九九四)。そこで政権担当能力を有権者に実証する機会を獲得し、その成果を一九六九年選挙での議席増加に結びつけたことによって、SPD主導政権の樹立に成功した(安井二〇〇八)。一九七〇年代後半以降のSPD主導政権は、シュミット首相、ヴェーナー議員団長、ブラント党首の「トロイカ」によって支えられ(Rupps 2004)、「権力の三角形」イメージを強めることとなる。

他方、こうした戦後SPDの党改革と、その後の政権獲得成功は、二大政党としての対抗相手であるキリスト教民主同盟・社会同盟(CDU／CSU)にも影響を与えた。非マルクス主義諸勢力の結集を目指して第二次世界大戦後に結成されたCDU／CSUは、カトリック労働運動から保守的な名望家にまで至る多様な勢力の寄り合い所帯という様相を呈しており、党組織の整備も遅れていた。そうしたCDU／CSUの求心力となっていたのが、初代首相となったアデナウアー党首の政策的成功と選挙での勝利であり、CDU／CSUはしばしば「首相の選挙連盟(Kanzler-wahlverein)」視されることとなったが、アデナウアーの方も、党組織が脆弱な状態を利用して、非公式で流動的な形での政策決定を多用し、その中核に自らを置くことによって主導権を握り続けるという権力運用を展開していたため、党組織整備を積極的に進めることはなかった(Bösch 2001)。

しかし、一九六九年に政権を失ったことで、政党としての組織的な基盤強化に本腰が入れられるようになり、政権奪回に向けての狼煙となる党綱領の作成も政治的な重要性を増していった(若松二〇〇二)。また、この下野によってCDU内の権力闘争が活性化したが、その一角を占めていたコールは、州首相出身で連邦議会議員団での足場が弱かったことから、党務を通じての影響力拡大を目指して党組織整備を意欲的に展開した。その結果、当初は名望家政党・幹部政党としての性格が強かったCDU／CSUでも、野党期の重要な政治基盤としての党の重要性が高まっていった。下野後のCDU党首選挙でいったんは勝利を収めた連邦議会議員団長のバルツェルが、新東方政策への対応をめぐる党内対立を収拾しきれずに辞任へと追い込まれ、党人派のコールに取って代わられていったのは、そうした流れの表れであったとも言える。そして、ひとたび大きくなった党の存在は、一九八二年の政権奪回後も消えずに残り続け、一定の政治的影響力を発揮する存在として定着した。

以上のように、SPDでは戦後の党勢低迷期に党本部の優位が崩され、政府・議員団が党本部に対して一定の自立性を持つ「三角形」が築かれた一方、CDU／CSUでは、野党期に党組織の強化が図られた結果、政府と議員団が中心であった政府―与党関係が「三角形」へと変容していった。ドイツにおける政府―与党関係は、固定的なものではなく、歴史的に形成されてきた存在なのである。

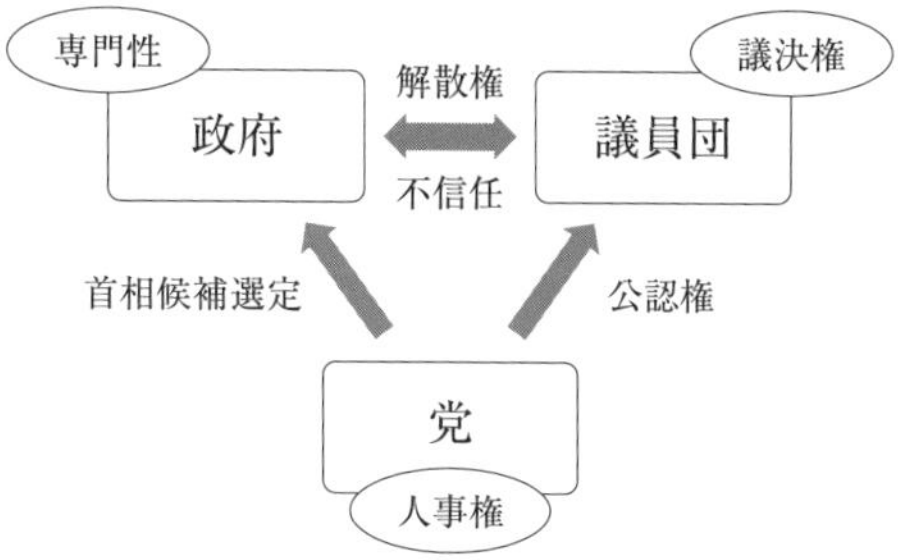

出所：筆者作成.

図2-1　権力の三角形

「三角形」の構造

ドイツにおける「権力の三角形」を構成する政府・議員団・党の三者は、立法過程の中で同じ役割を果たすものではなく、むしろ相互に牽制する局面も存在する(図2－1参照)。

首相を頂点とする政府は執行府であり、官僚に支えられた膨大な政策知識・専門性を有しているが、議院内閣制の下、首相の地位は議員団の信任に依存しており(基本法六三条・六七条)、選挙前に行われる首相候補(Kanzlerkandidat)の選定は党の役割である[1]。

議員団は立法府の一員であり、その最大の武器は、法案や人事等の案件について議決によって決着をつける権限である。しかし、議員団の信任を失った首相には解散権を行使することで議員団の地位を失わせる道が残されている上（基本法六八条一項）、選挙の当落に少なからぬ影響を与える比例名簿の順位は、党の各州支部によって決定される（連邦選挙法二七条、政党法一七条）。

党は首相や議員の候補選定に大きな影響を及ぼせることに加えて、連立協定の承認などを通じて政策作成過程にも影響力を有しているが、それを明示的に行使できる機会は日常的なものではなく、選挙や重要な政策変更などが行われる際に限定されがちである。

次節では、こうした政府・議員団・党の「三角形」が立法過程の中で果たす役割について見ていきたい。

二　立法過程と「三角形」

議題設定――党による基本的枠組みの決定

立法過程の出発点となる議題設定（agenda setting）の局面では、選挙綱領（Wahlprogram）や連立協定（Koalitionsvertrag）の策定を通じて、党が大きな役割を果たしている。

選挙綱領は、党が有権者に対して行う公約である。前節でも触れたように、戦後のドイツでは、党による綱領決定が少なからぬ政治的意義を持つようになっていったことから、政策の基本方針を検討し、議論のたたき台となる案を提示するための組織を二大政党は党本部に用意している。CDUが一九七七年に設置したのは、連邦専門委員会（Bundesfachausschüss）である。この組織は、総選挙後に次の選挙を目指して基本的に議会期単位で組織されるもので、その数と対象領域は「政治的必要性」に応じて決められることとされており、二〇一七年選挙後には四つの連邦専門委員会が設置された(2)。他方、SPDでは、一九七三年に設立された基本価値委員会（Grundwertekommission）が綱領や基本方針についての検討作業を恒常的に展開している[3]。

総選挙が近付くと、そうした事前の蓄積を活用して、連邦党執行部が各州支部や関連団体等と意思疎通しながら調整して原案を練り上げ[4]、最終的には、各州支部から選出された代議員によって構成される連邦党大会の場で決定される。時間をかけた党内調整[5]を経て作成された選挙綱領は、単に選挙の公約として掲げられるだけの存在ではなく、選挙後の連立交渉の際には、政策合意を目指す交渉の出発点となる。

連立交渉は党執行部が担当し、連立相手との合意が成立すれば連立協定が締結されるが、異なる政党の間の妥協の産物であることから、選挙綱領との間に差異が生ずることもしばしばである。そのため、連立協定は改めて党大会の審議にかけられ、その承認を得ることで初めて効力が生ずる形が取られている[6]。以上のように、党が主体となって作り上げた連立協定は、連立政権における政策決定の方向性を左右する基本的な指針となり、立法過程にも少なからぬ影響を与えることとなる。

法案作成——政府による立案と野党による対案

連立協定によって政策過程の俎上に載せられた政策課題は、その多くが政府提出法案の形を取って立法化される。東西ドイツが統一された一九九〇年以降の七つの議会期（第一二－一八議会期）に連邦議会へ提出された法案のうち、政府提出法案が占める割合は五割弱から七割強の範囲で推移している。ただし、政治性の強い案件や、一部の野党を抱き込める案件については、議員提出法案の形を取る場合があり、野党の側も、政府提出法案への対案を議員提出法案として出すことが少なからずあることから、法案の二割から四割弱程度が議員提出法案となっており、その中では野党提出のものが五割弱から六割強を占めている（**表２－１**参照）。

政府提出法案の作成準備は基本的に主務官庁によって行われるが、複数の省庁にまたがるような案件については調

表 2-1　連邦議会に提出された法案の提出主体別割合(%)

	1990-94 年	1994-98 年	1998-2002 年	2002-05 年	2005-09 年	2009-13 年	2013-17 年
政府	50.9	48.0	51.3	49.8	59.3	57.3	72.0
連邦参議院	12.0	16.4	10.8	17.4	11.5	9.7	7.8
議員	37.1	35.6	38.0	32.8	29.2	32.9	20.2
与党	35.0	32.2	40.9	49.8	36.7	30.2	35.8
野党	53.2	60.8	54.3	46.0	57.2	63.7	60.8
与野党共同	11.8	7.0	4.9	4.3	6.1	6.1	3.4

出所：https://www.bundestag.de/blob/196202/ee30d500ea94ebf8146d0ed7b12a8972/kapitel_10_01_statistik_zur_gesetzgebung-data.pdf 4 頁のデータより筆者作成(最終アクセス日 2019 年 2 月 6 日).

整が必要となる。制度化の度合いが強い調整枠組みとしては、関係閣僚を構成員とする閣僚委員会(Kabinettsausschuss)があるものの、ここでの決定は拘束力を持つものであることから、この場での具体的な調整を行うことは控えられる傾向にあり、意見交換に主眼が置かれているとされる(Korte und Fröhlich 2004: 91-92)。それに代わって実質的な調整の主役となっているのが連邦首相府(Bundeskanzleramt)である。連邦首相府は、政治家である連邦首相府長官と各省庁から出向してきた官僚とで構成されており、専門的知見に支えられた政策調整を可能にしている(Busse 2005)。

他方、野党による法案作成を支える重要な人的資源となっているのが、議員団が抱えている政策スタッフである。議員団は、連邦議会の経費によってスタッフを雇用しており、その規模は、二大政党で三〇〇名前後、小政党では一〇〇名前後となっている(Deutscher Bundestag 2019: Kapitel 5.9. S.2)。また、後述するように、連邦議会の委員会審議の場では、野党が政権を握っている州の官僚が出席可能であるため、場合によっては、法案作成の段階から野党州官僚を活用することも可能である。さらに、党の関連財団が運営するシンクタンクを通じて、外部の専門家の知見を活用することもできる(Borchard 2004)。

法案審議――政府と議員団による修正と決定

連邦議会に提出された法案は、本会議での第一読会にかけられ、各党議員団からの意見表明が行われた後、委員会に送付される。委員会は、各党議員団から所属議員数に応じて選出された委員によって構成され、委員長ポストも各党に比例配分される。連邦政府の閣僚、連邦参議院の構成員（州政府閣僚）、およびそれらの委託を受けた者（連邦・州の官僚）には委員会審議への出席権が基本法で認められている（四三条二項）ことから、委員会では専門性の高い実質的な審議が行われ、修正が行われることも多い。野党などから提出された対案も合わせて審議され、党派的な観点からの修正が行われることもある。それらの審議を経て、本会議に推奨する法案が委員会報告として作成され、委員会で議決される（Strasser und Sobolewski 2018：117–119：成田二〇一九：一二一―一二四）。委員会審議の段階では政府と議員の協働という性格が強いものと言えよう。

委員会報告を受けて、本会議で第二読会が開かれ、野党などからの修正動議も合わせて採決される。採決前には、委員会審議を経て修正された法案への対応を決定するための議員団総会が各党で行われ、その議決によって党議拘束がかけられる。第二読会で最終案が採決された後、第三読会の採決にかけられ、連邦議会を通過する（Strasser und Sobolewski 2018：127–131：成田二〇一九：一二四―一二五）。この採決の段階での主体は議員団となっており、結果には党派的な立場の違いが明瞭に現れる。提出法案の概ね二割前後を占めていた野党提出法案は、そのほとんどが与党によって否決されて廃案となる一方、成立にまで至った法律の七割弱から九割弱を政府提出法案が占め、成立した議員提出法案の六割強から九割弱を与党提出法案が占めている（**表2-2**参照）。

そうした傾向は成立率を見ても明らかであり、政府提出法案が概ね九割前後の

表 2-2　成立した法律の提出主体別割合（%）

	1990 -94 年	1994 -98 年	1998 -2002 年	2002 -05 年	2005 -09 年	2009 -13 年	2013 -17 年
政府	69.4	72.8	70.5	71.2	79.4	78.8	88.0
連邦参議院	5.5	6.3	4.0	4.2	3.1	3.1	1.6
議員	17.2	16.7	19.3	20.5	14.2	15.5	9.5
与党	62.4	77.2	85.8	88.6	79.3	79.8	88.5
野党	3.5	3.3	1.9	0.0	3.4	2.4	1.9
与野党共同	34.1	19.6	12.3	11.4	17.2	17.9	9.6

出所：https://www.bundestag.de/blob/196202/ee30d500ea94ebf8146d0ed7b12a8972/kapitel_10_01_statistik_zur_gesetzgebung-data.pdf 7 頁（最終アクセス日 2019 年 2 月 6 日）.

表 2-3　提出主体別での法案成立率(%)

	1990 -94 年	1994 -98 年	1998 -2002 年	2002 -05 年	2005 -09 年	2009 -13 年	2013 -17 年
政府	84.0	90.7	87.4	85.6	90.7	88.4	91.6
連邦参議院	28.1	23.2	23.7	14.3	18.3	20.7	15.8
議員	28.6	28.0	32.3	37.4	32.6	30.2	35.1
与党提出	51.0	67.0	67.9	66.7	71.1	79.8	86.8
野党提出	1.9	1.5	1.1	0.0	2.0	1.1	1.1
与野党合同	82.9	78.3	81.3	100.0	93.8	88.2	100.0

出所：表 2-1・表 2-2 のデータより筆者作成.

成立率を誇るのに対して、議員提出法案は三本のうち一本通れば良い方である。また、与党議員団から提出された法案の成立率は、統一直後の第一二議会期(一九九〇–九四年)にはやや低いものの、それ以降は三分の二以上の成立率となっているのに対して、野党提出法案の成立率は二%以下にとどまっており、大きな開きがあることが見て取れる。他方、与野党が共同で提出した法案は、提出数こそ少ないものの、八割弱以上が成立している(表2–3参照)。

連邦参議院の参与——与野党間交渉による決定

連邦議会を通過した法案は、州政府閣僚によって構成される連邦参議院へと送られた後、連邦参議院の態度表明が為される。基本法に特段の定めがない限り、法案成立に連邦参議院の同意は必要とされておらず、連邦参議院が過半数で異議を表明した場合にも、連邦議会の総議員の過半数による再議決によって、連邦参議院の異議を破り、法律を成立させることができる[7](基本法七七条四項)。他方、基本法によって連邦参議院の同意が必要であると規定されている種類の法案(同意必要法律案)については、連邦参議院が過半数の賛成で同意しない限り、法律は成立しない。そのため、与党が連邦参議院での多数を掌握していない場合には、連邦参議院での野党の賛成投票を確保すべく、あらかじめ野党も同意できる内容の法案にしておくことが多い(Manow and Burkhart 2007: 安井二〇〇八)。

また、連邦参議院の同意が得られない場合、連邦政府や連邦議会は両院協議会の開催を求めることができる(基本法七七条二項）。立法過程が両院協議会にまでもつれ込むような場合には、野党が地歩を築いている連邦参議院の構成員も関係してくることから、与野党の党指導層の間で行われる交渉によって妥協を目指すことが多い。シュレーダー首相率いるＳＰＤと緑の党（Bündnis 90/Die Grünen）の連立政権が重要視していた「アジェンダ二〇一〇」関連法案の成立過程の最終段階は、まさにその典型であった（安井二〇〇五）。連邦制と独特な二院制を持つドイツでは、議員団が活動する連邦議会だけでは立法過程が必ずしも完結せず、制度を超えた総合的な調整機能を発揮し得る存在である政党が最終的な調整機能を担保していることが見て取れよう。

おわりに――立法過程の構造と政府－与党関係

「政府・与党二元体制」とされる日本での「与党」とは、事実上「議員団」であり、社会と国家を媒介する機能は、そのかなりの部分が、個々の議員が組織する後援会や、政府が準備する審議会などによって担われてきた。そうした構造の下、社会の多様な利益の調整は、自民党の派閥や総務会といった内部関係者による閉鎖的な場か、官僚が運営に深く関わる公的な機関で行われてきた。そこには、党員層まで巻き込む開かれた形での利益集約を自ら行い、そこから現れてくる政策パッケージを有権者に示して政治的競争を展開するという政党の姿は見られない。

また、内部での閉鎖的な決定という性格は、国会審議のあり方にも現れている。いわゆる事前審査制の下、法案は国会提出前に与党によって審査されて党議拘束もかけられるのが常であり、野党も交えた公開の国会審議の場で法案内容の実質的な審議が行われることは少ない。

これに対して、ドイツでは、「与党」が議会内の議員団と議会外の党組織とに分離しており、立法過程の段階に応じて、ある程度の役割分担を行っている。とりわけ、日本との対比で注目される点は、①ドイツの立法過程における法案審議・決定の段階が、議員団の活動領域である連邦議会だけで完結せず、州政府の構成員によって組織される連邦参議院も参与しており、②そこでは与野党間交渉が実質的な立法作業を担うことが少なくないという点である。そうした点を考えると、日本での「与党」＝「議員団」というあり方は、法案審議が国会だけで完結できる(その意味では「国会中心主義」的な)制度構造に裏打ちされているとも言えるだろう。

注

(1)　首相候補は法的な制度ではなく、ＳＰＤが選挙戦術の一つとして一九六一年選挙の時に独自に導入したものであるが、メディアの注目を集めたことから、ＣＤＵ／ＣＳＵもその次の一九六五年選挙で追随した。それ以降、二大政党が毎回の連邦議会選挙で首相候補を選定するようになったことから、一種の慣行として定着している。ただし、法的な裏付けのない私的な慣行であるため、その運用には流動的な面も少なくない。首相候補の選定は、基本的には連邦議会の任期が満了となる前の年の党大会での決議によって為されることが多いが、一九八〇年選挙の際には、姉妹政党であるＣＤＵとＣＳＵの間で首相候補についての合意がまとまらなかったため、法的には独立した別の政党である両党を架橋する場であるＣＤＵ／ＣＳＵ連邦議会議員団での投票によって決着が付けられた。また、二〇〇二年選挙では、第三党の自由民主党(ＦＤＰ)が党首のヴェスターヴェレを同党の首相候補に選定し、二大政党の首相候補によって行われていたテレビ討論への参加を求めたが、選挙後に首相になれる現実的な見込みが乏しいという理由で公共テレビ局に拒否され、ＦＤＰからの憲法訴願を受けた連邦憲法裁判所もテレビ局側の主張を認めた(Bundesverfassungsgericht 2002: 判決理由第六パラグラフ)。

(2)　https://www. cdu. de/partei/fachgremien (最終アクセス日二〇一九年四月三〇日)

(3)　https://grundwertekommission. spd. de/ (最終アクセス日二〇一九年四月三〇日)

(4)　近年では、その過程でインターネットを利用しての意見募集や公開討論を行ったり、党幹部が各地に出向いてタウンミーティング的な党員討論集会を行ったりすることが増えてきている。有権者や一般党員層の政治参加意欲に応えることで支持拡大につなげようとする姿勢の表れであると言えるだろう。

(5)　選挙綱領の作成にはかなりの時間を要するため、任期満了の前年から始められることが通例化している。解散総選挙の場合でも、解散から選挙実施まで六〇日という比較的長い期間を設定することが可能な制度となっており(基本法三九条一項）、過去三回（一九七二年、一九八三年、二〇〇五年）の解散総選挙では五七―五九日が確保された。

（６）それに加えて、ＳＰＤでは、二〇一三年選挙以降、連立協定の承認についての党員投票も実施するようになっている。

（７）ただし、連邦参議院の異議表明が三分の二の多数で行われた場合には、それを破るための再議決の要件は厳しくなり、出席議員の三分の二以上の賛成という条件が付け加わる。

参考文献

網谷龍介（一九九四）「「転換」後のドイツ社会民主党（一九六一―六六年）」『国家学会雑誌』第一〇七巻三・四号、一三一―一八二頁。

成田憲彦（二〇一九）「ドイツの予算過程」『比較法文化』（駿河台大学）第二三巻、一一一―一三二頁。

平島健司（一九九一）『ワイマール共和国の崩壊』東京大学出版会。

安世舟（一九七三）『ドイツ社会民主党史序説――創立からワイマール共和国成立期まで』御茶の水書房。

安井宏樹（二〇〇五）「社会民主主義政党のイノベーション――ドイツを中心に」、山口二郎・宮本太郎・小川有美編『市民社会民主主義への挑戦――ポスト「第三の道」のヨーロッパ政治』日本経済評論社、五五―八〇頁。

――（二〇〇八）「ドイツ――ブラント政権の成立」、高橋進・安井宏樹編『政治空間の変容と政策革新４　政権交代と民主主義』東京大学出版会、四三―七一頁。

――（二〇〇九）「ドイツの分割政府と立法過程」、日本政治学会編『年報政治学二〇〇九―一　民主政治と政党制度』木鐸社、三〇三―三二一頁。

――（二〇一五）「ドイツ――「改革渋滞」と「二一世紀型統治システム」」、佐々木毅編『二一世紀デモクラシーの課題――意思決定構造の比較分析』吉田書店、二一九―二四四頁。

安野正明（二〇〇四）『戦後ドイツ社会民主党史研究序説――組織改革とゴーデスベルク綱領への道』ミネルヴァ書房。

若松新（二〇〇二）『ドイツ保守野党の再建――ＣＤＵ／ＣＳＵ：一九六九―一九八二』行人社。

Borchard, Michael (2004) "Politische Stiftungen und politische Beratung," in Steffen Dagger, Christoph Greiner, Kirsten Leinert Hrsg., *Politikberatung in Deutschland: Praxis und Perspektiven*, VS Verlag für Sozialwissenschaften, S. 90–97.

Bösch, Frank (2001) *Die Adenauer-CDU: Gründung, Aufstieg und Krise einer Erfolgspartei 1945–1969*, Deutsche Verlags-Anstalt.

Bundesverfassungsgericht (2002) *2 BvR 1332/02*. https://www.bundesverfassungsgericht.de/SharedDocs/Entscheidungen/DE/2002/08/rk20020830_2bvr133202.html(最終アクセス日二〇一九年四月三〇日)

Busse, Volker (2005) *Bundeskanzleramt und Bundesregierung: Aufgaben, Organisation, Arbeitsweise*, 4. Auflage, C. F. Müller Verlag.

Deutscher Bundestag (2019) *Datenhandbuch zur Geschichte des Deutschen Bundestages seit 1990*. https://www.bundestag.de/datenhandbuch(最終アクセス日二〇一九年四月三〇日)

Gros, Jürgen (1998) *Politikgestaltung im Machtdreieck Partei, Fraktion, Regierung: Zum Verhältnis von CDU-Parteiführungsgremien, Unionsfraktion und Bundesregierung 1982–1989 an den Beispielen Finaz-, Duetschland- und Umweltpoiltik*, Duncker & Humbolt.

Korte, Karl-Rudolf und Manuel Fröhlich (2004) *Politik und Regieren in Deutschland: Strukturen, Prozesse, Entscheidungen*, Ferdinand Schöningh.

Manow, Philip and Simone Burkhart (2007) "Legislative Self-Restraints under Divided Government in Germany, 1976–2002," *Legislative Studies Quarterly*, 32(2), pp. 167–191.

Rupps, Martin (2004) *Troika wider Willen: Wie Brandt, Wehner und Schmidt die Republik regierten*, Propyläen Verlag.

Strasser, Susanne und Frank Sobolewski (2018) *So arbeitet der Deutsche Bundestag: Organisation und Arbeitsweise: Die Gesetzgebung des Bundes* (*19. Wahlperiode*), Ausgabe 2018, Neue Darmstädter Verlagsanstalt.

第3章

現代イタリア議院内閣制の制度改革
――「法定の国(paese legale)」と「現実の国(paese reale)」の架橋

伊藤　武

はじめに――イタリアの議院内閣制の課題

本稿は、現代イタリアの議院内閣制の構造と運営の特徴を再検討し、近年における様々な改革、特に挫折した憲法改正を頂点とする政治制度改革の文脈の中に位置付けることを目的とする。分析においては、執政制度や議会制度など政治制度の設計と現実の間の乖離を架橋するための様々な工夫に注目して、政治制度のインセンティブと政治アクターの有するインセンティブを整合化しようとする大小様々の改革を捉えていく。

二〇一六年一二月、イタリアでは、憲法改正をめぐる国民投票が実施され、改正は否決された。憲法改正の焦点は、上下両院が対等な権限を有するために立法が停滞する「均等な二院制(bicameralismo paritario)」あるいは「完全な二院制(bicameralismo perfetto)」(Barbera 2011：29；Cassese 2014：Ch. 15)から、下院のみを直接公選する議会制度に変え、立法過程を迅速化して執政府優位を確立する議院内閣制の根幹に関わる改革であった。憲法改正の挫折は、少数派も含めた諸勢力への権力アクセス確保を重視した権力分散的な「保障主義(garantismo)」を原則とする政治制度からの離脱の失敗と受け止められた。

しかし、憲法改正の否決は重大な政治的事件であるとしても、政治制度の観点からは、中長期的な変容の一部にすぎない。イタリアの議院内閣制は、少なくとも一九八〇年代から内閣・首相の権限など執政権の強化、議会制の合理化に向けた改革を幾度となく経てきた。また議院内閣制の変化は、議会制や内閣制度など直接関係する政治制度だけでなく、選挙制度なども含めた基幹的政治制度の変化、さらには議院内閣制を支える政治基盤としての政党政治の変化を視野に入れなければ適切に理解できない。

そこで、本稿では、まず議論の前提として、イタリアの議院内閣制の基本的構造と特徴について、第二次世界大戦終結後に成立した第一共和制の形成、さらに必要に応じて一九世紀後半の統一国家成立時に遡って考察し、改革の課題と文脈を抽出する。次に、一九八〇年代の第一共和制終盤から始動し、現在まで続く執政権優位を目指す政治制度改革を採り上げる。次いで、これらの変化を背景として進んだ憲法改正の内容と過程を再検討して、改正案の成立と国民投票における否決の意味を分析する。最後に、残された問題として、憲法改正挫折後の政治制度改革をめぐる議論状況と課題を検討する。分析に当たっては、通常の一次資料・二次資料の他、二〇一六年二月から三月に実施した国会関係者のインタビューに基づく議会運営の実態調査の成果を反映させる。

本稿を通じて、第一共和制建設時に採用された分散的な制度設計に基づく合意志向的なインセンティブを有する議院内閣制の政治制度が、①一九九〇年代以降進展する政治的基盤としての政党関係の変化と選挙制度の先行的な多数決型への変化に対応を迫られること、②実際に多くの公式・非公式の改革が試みられたこと、③全体として整合的な解決には至っていないことが明らかにされる。このような議院内閣制の改革は、一五〇年以上前の統一イタリア建国時に言われた課題、いわゆる「法定の国（paese legale）」の制度設計と「現実の国（paese reale）」の政治基盤の乖離を、架橋しようとする試みであったと言える。

一　イタリア議院内閣制の構造

現代イタリア議院内閣制の直接的な基礎は、一九四七年に制定され、一九四八年に施行された共和国憲法である。憲法は何度か小規模な改正を経たものの、議院内閣制に関する制度自体は憲法制定時の姿を維持してきた。(1)改革の争点となる基本的な特徴は、弱い内閣、均等な二院制の停滞、適切な連携を欠いた政府・議会関係である。本節では、主に第一共和制時代、一九七〇年代頃までの原型となる議院内閣制の構造と特徴を扱う。

弱い内閣

内閣の弱さで問題となるのは、第一に、内閣制度の一体性のなさである。内閣は政策形成だけで調整上も枢要な機関とは言えない。閣議の開催時間は短かった、省庁間で対立のある政策の調整は、省庁間委員会などの個別の調整制度や、閣僚・有力派閥指導者間の閣外での取引で決まるとされた。(2)省庁自体、例外的な外務省などを除いて事務次官ポストはないために統一性確保は難しく、領域ごとの総局を超えた調整は大臣と大臣の個人的繋がりで任命されるスタッフが主導する大臣官房に委ねられていた。内閣を支えるような政策立案スタッフや機能は、未発達であった。

第二に、首相のリーダーシップの不足である。公式役職名は「閣僚会議議長（Presidente del Consiglio dei Ministri）」である首相の権限は、憲法上、閣僚を指名し（九二条）、「一般的路線を指導」し、一体性を確保するために閣僚間を「調整」するのみであり（九四条）、政綱決定権は与えられていない。首相を支える事務組織も元々非常に小規模で、政策形成を主導できるようなスタッフや予算、権能を有していない。閣僚は各省庁のスタッフや組織を当てにできたが、首相にはそれに相当する資源は存在していなかったのだ。

第三に、リーダーシップを補完するはずの閣僚解任権によるコントロールは利かなかった。内閣は団体責任を負うと定められているが、首相は個別閣僚の解任権を明確には有していないため、閣僚への統制も困難である。政治上も、首相は連合政権の構成政党、大政党の場合はさらに党内派閥の一有力者に過ぎない者が利害調整の観点から就任することも希ではない。首相のリーダーシップは、法的権限としても、政治的権力としても制度化されていない。(3)

第四に、連合政権と派閥の集合体としての政党からなる連立政権の内閣は、安定性が不足している。戦後長年優位な与党であったキリスト教民主党は、複数の派閥の激しい競合が特徴である。また社会党など中小政党も内部の派閥競争は激しい。いずれも組織政党として公式の意志決定制度の意義は低い。また左右の野党が根強い勢力を維持しているため、連立政権が安定した過半数を維持するのも容易ではない。内閣の信任が絶対多数ではなく、単純多数を要件としていたために、激しい政党対立の状況では、他党の棄権など微妙な合意に立脚した少数派政権あるいは不安定政権が多く生み出されることになった。(4)そのため、党内派閥争いや小党の威嚇から内閣は頻繁に崩壊し、平均存続期間は一年に満たなかった。

このような事情から、イタリアの内閣は、首相の下に一貫して、安定した運営を行うことは難しくなった。

均等な二院制の停滞

次に均等な二院制が生み出す停滞の問題である。イタリアの議会は、上院（Senato）・下院（Camera dei deputati）の二院から構成される。上下両院は、定数（上院三一五・下院六三〇）や選挙制度の集計基盤などに微少な違いはあるものの、権限は基本的に対等である。また選挙周期も五年・同一日の実施であるため、(5)両院の構成の類似性は高くなる。このため、日本の参議院問題のように、選挙制度・周期の違いに起因する両院の多数派構成の相違とそれがもたらす上院の影響力拡大は生じない。(6)他方で、日本に比べてきわめて高い両院の権限の対等性、左右対立の激しい多党制に対応した開放的な審議・立法制度が、立法活動の停滞や非効率の問題を深刻化させてきた。

第一に、両院の権限の対等性である。上下両院は、政権の信任・不信任、立法、予算とも権限は等しい。両院で政党構成の類似性が高いとしても、同一法案の審議のタイミングが異なり、地方選挙や予算・経済問題など政治事情が大きく変わると、他方での審議が難航し、審議に時間を要したり、法案成立が危うくなったりする。

第二に、複雑な審議ルールである。法案が成立するためには、両院の法案審議は、逐条審議であり（憲法七二条）、通常二回の承認および最終的な承認が必要である。両院の法案の文言が一致しなければならないため、微修正も含めて両院の間で修正案が頻繁に行き来することになる。「シャトル便（navette）」と呼ばれるこの慣行は、立法活動が遅滞する大きな要因となっている。(7)

第三に、委員会中心の議会制度の効果である。本会議と分野別の委員会（常設・特別）から構成される審議において、委員会の独立性が高いとされる。議会で主要党派の合意があれば、本会議で最終票決を経ずとも法案は成立した(8)（憲法七二条）。委員会では本会議とは異なる政党間の取引で承認が決まり、本会議が形骸化する場合も少なくない。本会議では対立しがちな与野党が、より見えにくい委員会レベルで妥協を図ることもあった（Newell 2010）。

第四に、議会規則の効果である。(9)全体として両院の議事規則は多数派の影響力が発揮されにくいように定められている。一九七〇年代まで議事日程を管理する全体的な調整機関は不明確であり、議会の審議日程は日々設定される規則であった（Vassallo 2015）。そのため、多数の法案や修正案で審議日程が混乱し、長期化することもまれではなかった。議会規則は上下両院で共通性もある一方、歴史的経緯などから独自性も維持されている。例えば、信任投票の要件は、棄権の算入方法が相違している。このようなルールの違いは、前述のような対等な二院制の制度設計のズレを拡げる一因となっている。

第五に、議員立法の容易さである。法案の提出が政府のみならず、議員でも可能であり、政府提出法案の方が成立率は高いのも確かである。ただし、比較の観点からも、イタリアの議会の議員立法の容易さは特筆できる。これは特に政府から排除された野党に対して、一定の利益供与を行う保障主義的制度設計の一環である。

第六に、秘密投票の慣行である。この慣行が広範に認められていたために、与党内の離反は抑止しがたく、政党と多数派の一体性確保への障壁は高い。また、政権側が議会多数派を規律するのも難しくなった。

このように、議会制度の運営も分散的であるため、効率性に問題を抱えていた。特に、多数の法案、さらには修正案が提案されること、成立する法律数そのものが非常に多いことが、議会のコストを押し上げているとの指摘もある(Morisi 1992)。

政府・議会関係

このような政権・議会の構造的特徴を踏まえると、第一共和制のイタリア議院内閣制を見た場合、政府による議会のコントロールの不足および政府・議会の融合の不足を問題点として指摘できる。

政府が議会の立法活動を十分コントロールできない問題は、議院内閣制の制度上の問題および、それを支える政治的条件の問題に区分できる。前者の制度的側面については、第一に、議会審議の自律性の高さが特徴である。議員立法の容易さ、委員会を中心とした議会審議の自律性の高さなど前述の制度的要因に加え、議事規則上も政府の議会審議への影響力は制約されている。審議日程や法案修正内容に対して、政権側の介入は限られている。

第二に、議会による政府不安定化の抑制策として不信任投票にかけられた制限は有効に作用しなかった。憲法九四条では、不信任案の提出には少なくとも一〇分の一以上の議員の署名が必要であり、提案後投票に付すまで三日の猶予を置くことが定められた。この条項の背景には、倒閣への動きは個別議員の逸脱行動から生じるとの自由主義時代の議会観が存在した。そこでは中心となる政党は、議員の流動的な集合体(幹部政党)に過ぎなかった。しかし、第一共和制は組織政党である主要政党を基盤として成立した以上、このような制限は有名無実化する。ただし、実際には、不信任案提出と成立が頻発したわけではなく、むしろ連合政権の合意が崩壊すると不信任案の投票を待たずに内閣が崩壊する慣行が成立した(Cotta and Verzichelli 2007：107–108)。

第三に、議会解散による政治的規律は作用しなかった。解散自体は憲法上大統領が両院議長の見解を踏まえて行い、内閣への信任が否決された場合など限られている。実際には議会は五年の固定任期に近く運用されていて、早期解散はテロリズムが猛威を振るった一九七〇年代など例外的な場合に過ぎない。したがって、イギリスや日本の場合のように、首相や政府側が野党や与党の規律回復や与党の議席増大を狙って解散権を柔軟に行使することはできない。かつ解散から総選挙までは二カ月以上空けなくてはならず、離合集散など逸脱行動の余地も残る。このため、解散権を通じた議員行動への制約は作用し難い。

他方で、政治的条件としては、第一に、連合政権内の政党間対立や各党内の派閥の分立が、内閣だけでなく議会多数派の一貫性を損なっている。議会側は、与党連合の一部が独自に野党と取引を行うなど政権とは異なる路線を採ることで、政権を主導する派閥や他党を牽制したり、弱体化させたりすることも可能である。このような政治的自律性の高さは、政府の議会活動への影響力を削いでいる。

第二に執政府・立法府外部の政治制度も、多数派の一体性を減じる作用をもたらしている。その代表が、きわめて比例性の高い選挙制度である。阻止条項がなく、複数の選好投票が可能な比例代表制を採用していたため、激しい左右対立で多党分立が生じ、多数派確保がきわどい状況下では小規模な連立与党の交渉力が肥大化した。選好投票のために政党ラベルの重要性は低下し、選好票を効果的に確保して権力を確保する装置として派閥の意義が上昇した。

第三に、政権外に有力指導者が残ることが通例であったために、政治権力をめぐる争いから倒閣運動が起きざるを得なかった。最大与党キリスト教民主党では、党書記と首相の兼任は異例の措置であり、有力指導者の一部は政権外にとどまった。野党でも、閣外支持や信任投票における棄権など多様な方法で閣僚を送り込まないまま「与党」勢力として活動することも少なくなかった。そのために、内閣の政治的重要性は限界を伴わざるを得なかった。

このような制度的・政治的条件の不足は、戦前の政治体制の問題であった議会の自律性の高さと政府のリーダーシップの弱さを特徴とする議会主義(assembleasmo)の克服を目指した第一共和制の議院内閣制の設計の目的を、中途半端に終わらせる結果となった。議会と政府は、主要派閥指導者の政権参加でつながっているものの、審議過程などを通じて政府・議会が融合する議院内閣制の根幹を危うくした。むしろ内閣・議会が相互に調整を欠いたまま運営され、実際の調整は公式の制度の背後にある有力指導者間の交渉に委ねられることになったのである。

このため、政府側は、政府提出立法だけでなく、政令の頻繁な行使を通じた統治に傾斜していった。政令は六〇日以内に議会で追認されない場合有効性を失うが、政権側は期限切れまでに類似の政令を発して立法不在の状況を凌がざるを得なかった。

ただし、注意すべきは、このような一九七〇年代までの議院内閣制の機能を、一概に非効率とは決めつけられないことである。

前述のように、対等な二院制と弱い内閣の制度設計、イデオロギー的相違の大きい政党政治の基盤という条件を克服するため、緩い単純多数決による信任確保、同意を示す棄権を利用した少数政権成立促進など、決定的な政権崩壊と行き詰まりを回避する工夫が埋め込まれていた。このような制度設計は、薄いながらも、時に左右の壁を越えて、過大規模の政党間合意を調達する効果を有していた。実際、多くの法律は共産党など野党も含む超党派的基盤で成立していた。法律の成立までの時間も、大半の場合、シャトル便の慣行にたとえられるほど時間はかからなかった。与党連合内にも、与野党間にも対立はあったものの、超党派的運営の合意が一定程度は存在していたため、実際の運営は形式的な障害をある程度回避できた。ただし、このことは、合意が崩れれば、非効率な制度設計の弊害が悪化することを示唆したのである。

これらの問題の解決のため、一九七〇年代から、徐々に執政権の強化に向けた改革が争点として浮上してくる。

二　執政権優位への質的変容

首相機能の強化への試み

一九七〇年代から八〇年代にかけて、イタリアでは石油危機以降の経済停滞、汚職や政治の機能不全の問題が深刻化する。それらの問題に十分対応できない政府や議会に対する批判は、デモやストライキ、左右のテロリズム、同盟運動や急進党等の新政党の登場など多様な異議申し立てを生み出した。危機感を抱いた政府や議会の側では、様々な制度改革が模索された。

第一に、内閣機能の強化である。一九八〇年代に入り、キリスト教民主党と社会党などの中道左派的な「五党連合(pentapartito)」政権が組まれた。同政権では、キリスト教民主党が党勢の後退と党内対立から長年独占してきた首相ポストを失った[10]。社会党の指導者、ベッティーノ・クラクシは、一九八三年から一九八七年まで第一共和制史上最長の政権を担い、キリスト教民主党内の左右対立に乗じて、首相としての影響力を拡大しようとした。彼は、スタッフの拡充、自らに近い専門家の任命と政策担当の割り当て、各省庁と首相府間の立法・予算活動の調整を発展させた(Furlong 1994)。さらに、クラクシ時代には、首相と連合政権政党出身の主要閣僚からなるインナーキャビネットが設置された[11]。

同じような首相のリーダーシップ強化と政治改革の必要性は、彼の政治的ライバルであったキリスト教民主党左派のチリアーコ・デ・ミータも掲げていた。デ・ミータは、キリスト教民主党では伝統的に忌避されてきた党書記と首相の兼任によって政府・議会に影響力を確保し、選挙制度改革など改革を実現しようとした。

このような政治的な首相権力強化への動きは、制度的に、一九八八年の法律第四〇〇号に結実する。同法は、首相府を再編して、首相の調整機能や首相府スタッフ・予算の拡充を図った。さらに、内閣の集団責任の対象事項を明確に定義し、個別閣僚の裁量を削減した。ただし、同法は、一九八〇年代の政治的な首相権力の強化を追認したものにすぎず、政党政治など政治的条件で首相権力が不安定化しがちな問題は変わらなかったとされる。実際、デ・ミータ首相は首相就任早々に党内右派の反発から党書記ポストを手放し、さらに同派とクラクシの結託で首相の座を短期で追われた。

その後の首相権力の強化は、小選挙区主体への選挙制度改革（一九九三年）など、執政権そのものの制度的強化よりも関連の政治制度や政治的支持基盤の強化を重視する方向で進んでいく。まず、選挙制度改革では、首相候補とマニフェストを明示して選挙戦を戦うことになった。さらに、この選挙制度は、いわゆる「選挙前連合（pre-electoral coalition）」の結成を促すインセンティブを有していた。そのため、選挙前にある程度確定した政権基盤を確保できた。

この方式は連合の政治的・政策的一貫性の向上と首相の政治的リーダーシップの補強を狙ったものである。この改革の背後には、選挙によってmandateを与えられるのは政権連合だけでなく首相であるという考え方があった。そのため、首相の信任が否決された場合、議会は固定任期ではなく、早期解散総選挙に訴えるべきことになる（Bull and Pasquino 2009）。実際、一九九四年総選挙で成立した第二共和制最初のシルヴィオ・ベルルスコーニ率いる政権が年末に不信任を突き付けられると、一年間の暫定政権であるランベルト・ディーニの専門家政権を経て一九九六年に解散総選挙が実施された。その後も例外はあるものの、二〇〇八年にも早期解散が選択されることになる。(12) ただし、首相権力の制度化はまだ不十分であった。例えば、個別閣僚の解任権限は明確化されなかったのである。(13)

他方で、内閣そのものの機能強化は、首相機能の強化と比べると進展しなかった。インナーキャビネットの設置と活用は、そのような公式の制度改革の停滞を打開するための試みであったと言えよう。しかし、あくまで公式の権限を有するものでないゆえに、閣外有力者の造反に弱いなど、政治的事情に左右される問題点は変わらなかったのである。

議会制度改革の進行

議会の機能改善の必要性は、早々から意識されてきた。社会における学生運動や左右の急進勢力の活動が争点化した一九六〇年代末から、共産党を取り込んだ左右協調的運営の制度化が模索される。その一環として、一九七一年、議会会派代表者会議が設置された。同会議の設置は、従来は日々設定された審議スケジュールについて、計画機能を改善するためであった。これ以降、審議日程は議長を長とする会派代表者会議で三カ月先まで決定されるようになった。三カ月の期間設定は、議会が混乱した同時代の状況を踏まえて、審議日程の予測可能性の確保を狙いとしていた(Furlong 1994: Ch. 5)。ただし、全会派一致での合意が原則とされていたために、審議の合理化は達成されたとはいえなかった。特に、あらたに既成政党を批判する急進党が議会に参入すると、全会派一致の原則を利用して議会審議を麻痺させる戦略を採用したからである。このような議会の麻痺の場合、上下両院の議長の役割は大きかった。議長と議会事務局長など議会スタッフは、平時の事務的調整・管理だけでなく、審議行き詰まりの打開と調整の役割も担った。しかし、少数会派も含めた野党の動向に審議日程が左右される問題は、その後も持続した。

一九九〇年代に多数決型の選挙制度改革が争点として浮上するころには、膠着状況を改善するために、議会においても政権多数派に有利な議事運営を明確に制度化することが必要であるとの認識が広まった。一九九七年、中道左派のプローディ政権の時代には、会派代表者会議における全会一致原則が廃止され、三分の二の多数が要件とされた。左右勢力が拮抗した議会の勢力配置を見ると、与党連合だけで立法を進めるには足りない。しかし、少数会派の審議混乱を目的とした行動を抑制し、与野党で一定の合意のある法案については審議をより確実に進めることが可能となった。

議会における多数派の一体性を強める改革は、議会の投票方法についても実施される。特に重要なのは、一九八八年、従来広範に利用されてきた秘密投票の廃止である。この措置によって、特に与党多数派内部の「裏切り」のハードルは高くなった。この改革は、政府による議会のコントロールの向上にも大きく寄与した。

議院内閣制改革と執政権強化への道

首相・内閣と議会の諸改革は、最終的に、執政権による立法権への優位を確立し、両者の融合を図ることを狙いとしていた。ただし、その進展は容易ではなかった。一九七〇年代以降の議会改革や首相機能強化は、二つの狙いの実現に直接つながったわけではない。むしろ、議会側による執政府への牽制など対抗する流れも併存していた。例えば、一九七一年の議会規則改正では、議会による政府への質問権や関連行政機関への調査権など、政府の活動に対して議会が介入する手段が規定された(Cotta and Verzichelli 2007 : 149)。一九八〇年代には、前述の秘密投票の廃止や、予算審議過程の改革などが実現する。しかし、政府・議会関係の制度的改革は進まなかったために、執政権の優位は、あくまで連合政治の状況など政治的条件に依存する状態が続いた。

政府側では、一九八〇年代に政府の主導権強化を打ち出したクラクシ政権以降も、制度的手段としては緊急法律命令の広範な活用に依存せざるを得なかった[14]。しかし、緊急法律命令の増加を通じて議会を抑える試みは、自らの制度的中心性を守りたい議会側の抵抗に遭って効果を十分発揮できなかった。やがて緊急法律命令による運営は、深刻な障害に突き当たる。第二共和制初頭の一九九六年には、同種の緊急法律命令を繰り返すことに対して、憲法裁判所が違憲判決を下したのである。

第二共和制に入ると、政府の主導権強化に向けた制度改革は、着実な前進を示すようになった。政治的前提として、まず「首相機能の強化への試み」で指摘したように、一九九四年以降、左右の二大連合による政権獲得をめぐる競争が定着し、各連合が首相候補とマニフェストを掲げて選挙を戦うようになった状況が重要である。次に、各政党内でも、組織構造上、党首の政治的影響力が強まる変化が生じていた。さらに、政治課題としても、財政危機とユーロ導入に向けた経済関係立法とEUの指令の国内法化を迅速に行うことが必要になったことも、政権主導の立法を導く要因となった。

財政関連法案や安定化法など重要な経済立法は、政府のみ提案可能で、議員の干渉を抑える特定の手続きで審議されるようになった(Vassallo 2015)。例えば、例外として請求可能な秘密投票の対象とはなり得ないことが定められている。EU関係のルールの国内法化も、特別に優先した手続きで審議されるようになった。

ただし、第二共和制の二大勢力下での競合は僅差であるために、連合内の反対勢力が議会で逸脱行動に訴えるのを阻止するのは難しい作業であった。議会会期後半になると離党行動は増加せざるを得ず、多数派確保は至難の業である。政権側でも、拘束名簿式比例代表制への選挙制度改正によって党首の指導力を強めるなど、関連制度の改革による対応は進めていた。ただし、逐条審議や修正提案や議員立法の容易さなど、法案審議の負担増をもたらす制度は是正されていなかったために、憲法改正や社会保障改革など重要法案の審議が行き詰まる問題は頻繁に発生せざるを得なかった。

政権側では、審議過程に介入する手段を案出して、主導権を確保しようとする。重要な手段となったのは、まず、信任投票の積極的利用である。政権によって重要な予算、社会保障、政治改革などの法案について、政府は頻繁に政府の信任をかける措置を執った。法律全体のみならず、特定条項や修正案も対象とするなど、信任付託の対象はきわめて幅広かった。信任投票が課されると、対象法案や条項は、他の法案に対して優先審議される。さらに、可決され

表 3-1　法案提出主体別の比率・立法数

立法の主体（法案提出者）	政府	議員	合同	地方
比率（％）	80.65	18.15	0.80	0.40
立法数	200	45	2	1

出所：Camera dei Deputati（2017 volume 2：337）を一部筆者修正.

れば時に数千単位で出される他の修正案は棄却される。そのため、審議の迅速化が期待できる。

信任投票の付託は、党議拘束など政党規律がきわめて弱いイタリアにおいて、与党多数派の逸脱行動を抑える重要な武器となった。また、政権崩壊が会期途中での議会解散／総選挙につながる状況を回避したい野党に対しても、棄権による間接的な法案成立への寄与を促す効果を有していた点も重要である。いわゆる「最大限修正（maxiemendamento）」も政府による議会への統制として活用された。最大限修正とは、数千以上にもなる修正案を一括した修正条項にまとめて採決にかける仕組みである。最大限修正は、しばしば信任投票と結びつけて用いられ、重要法案の審議における膠着状況を一気に打開する策として頻繁に用いられるようになった。きわめて強力な道具であるゆえに、議会の権限の実質的な簒奪として違憲であるなど、反対意見も強い（Pistorio 2018）。

さらに、緊急法律命令の広範な使用が難しくなった代替として、経済立法を中心に一定の範囲について立法を政府に委任する委任立法も活用されるようになっている。特に、経済危機の際に組織される専門家政権に対して、大幅な緊縮政策の実施など困難な課題を実現するために用いられる。ただし、きわめて深刻な経済危機など例外的な事態を除いて、広範な権限を政府に委任することは考えにくく、左右の競争が激しい第二共和制の平時では不可欠な超党派的コンセンサスの確保は難しい。このように、第二共和制以降政府による議会審議への介入は、近年大きく進展している。

以上の点について、データを確認しよう。二〇一六年九月から一年間に可決された法律について見ると、まず政府立法は八割を超えている（**表3－1**）。また、第一七議会における立法命令について、政府が提出し、法律に転換する場合に、およそ半数に信任がかけられて造反をコントロールしていることからも、政府主導の立法プロセスの強化が観察できる(Camera dei Deputati 2017)。

執政権と立法権の融合の模索会派──代表者会議の運営改革

さらに政府と議会の融合を進める策として、会派代表者会議に議会関係大臣(無任所相)が加わり、議事日程の設定に政権の優先順位が強く反映されるようになってきた。政党としての一体性など政治的条件に左右されることは変わらないが、コントロールだけでなく、政権と議会との距離も従来と比べると接近している。

レンツィ政権時には、ボスキ大臣が出席し、政権の影響力を議事日程に反映すべく精力的に活動した。同会議は週に数回開かれることも珍しくなく、審議時間の割り当てについても会派に均一な取り扱いではなく、政権に大幅に有利な配分がなされるようになっている。このように議事運営レベルでは、政府の影響力拡大と政府・議会の一体性の確保に向けた変化が生じていると言えるだろう。

以上のように、一九七〇年代以降、首相府の整備を始めとした執政権府のリーダーシップ強化、議会規則の改正を通じた議会運営の合理化など、数々の改革が導入されてきた。これらの改革は一定の成果を挙げたものの、制度的改革は不十分なために、右記の狙いが達成されたとは言えなかった。政党政治など政治条件に左右されるという特徴は、第一共和制時代から大きく変わらなかった。そこで課題となるのが、本格的な政治制度改革を通じた議院内閣制の改革、具体的には憲法改正を通じた執政権・立法権関係の抜本的改革である。

三　憲法改正と政治制度改革

憲法改革への潮流

イタリアの議院内閣制に関わる憲法改正は、一九八〇年代から両院協議会などを通じて検討が進んできた[15]。首相公選制など執政長官の権限強化、均等な二院制から下院優位の議会制度改革、議会における立法過程に対する政府の影響力拡大の明文化などが主要な改正点として浮上した。

第二共和制に入り、一九九〇年代後半、中道左派・中道右派それぞれの最大政党の指導者マッシモ・ダレーマ、シルヴィオ・ベルルスコーニが参加した両院協議会は、超党派的合意を背景に、憲法改正の実現に近づいたかに見えた。しかし、中道左派政権内の対立などが作用して、両院協議会方式は失敗に終わる。その後第二次アマート政権が提起し、二〇〇一年に国民投票にかかった改正では、対立点が少ない地方分権の強化に絞って政治制度改革が実現した。裏返せば、課題となっていた議院内閣制に関わる改革は、異論が多すぎるために挫折するにいたった。

次の大規模な政治制度改革は、二〇〇一年に政権に就いた中道右派ベルルスコーニ政権下で進行する。地方分権のさらなる強化に加えて、①首相権限の強化(首相呼称の変更〔イギリスのように首相Primo Ministroと明記〕、政綱決定権の付与、閣僚任免権の付与、首相公選制への移行、下院解散権限の実質的保持〔加えて、建設的不信任案制度の導入による内閣の安定化も含む〕)、②対等な二院制の廃止(ドイツをモデルとした上院の地方代表院化、政府信任権限の下院限定、下院が優先する立法事項の規定など)のように、執政権強化と議会制度改革を含んだ議院内閣制の抜本的改革が盛り込まれた[16]。

二〇〇五年一一月に議会を通過した憲法改正は、二〇〇六年総選挙後、国民投票にかけられ、否決される。総選挙で僅差ながら憲法改正を主導した中道右派が敗北したことで、改正への支持は失われていたのだ。

この改正は、ベルルスコーニ政権をめぐる倫理的問題、憲法裁判所判事任命をめぐる政府の影響力拡大などから、党派的利害を優先した偏った改正として批判されることも多い。ただし、特に議院内閣制に関する改正内容は、一九八〇年代以来の超党派的議論を継承し、二〇一三年総選挙後の三月末にジョルジョ・ナポリターノ主導で設置された「賢人会議」の案を基にしたエンリーコ・レッタ大連合政権下の改正案、さらに二〇一六年国民投票にかかった改正案など、その後も骨格は維持された[17]。したがって、イタリアの議院内閣制に関する問題点と改革の方向性は左右を超えて共有される部分が多かったと言える[18]。

レンツィ政権下での憲法改正案

このような制度改革の必要性は、二〇一三年総選挙における五つ星運動の躍進によって、二大勢力化が急停止してハング・パーラメントが生じたことで、いよいよ避けられなくなった。

二〇一四年二月に首相に就任したマッテオ・レンツィは、憲法改正を強力に推進する。既に前年一二月当時の与党民主党の党首に選出されていたレンツィは、野党に転じていたフォルツァ・イタリアのベルルスコーニと協議して、左右二大勢力の協調を軸に、下院支持率第一党に躍り出ていた五つ星運動を抑えるべく、改正に取り組んだ。法案第一四二九号、ボスキ制度改革担当相の名前を取って、「ボスキ法案」と呼ばれた憲法改正案では、主に**表3-2**のような内容が盛り込まれた[19]。

審議過程では様々に妥協が図られた結果、定数削減の緩和や優先レーンの緩和など、妥協を経て、二〇一六年四月法律は成立した。両院の賛成がそれぞれ三分の二に達しなかったために、国民投票に付託されることになった。当初は賛成多数での成立が見込まれたものの、六月の地方選挙で与党が大敗したのをきっかけに、雲行きは一気に怪しくなった。レンツィ首相は国民投票の結果に自らの政権の信任をかけると表明して与党勢力の引き締めを図ったが、かえって反レンツィ首相の勢力を糾合する結果となり、一二月四日の国民投票において大差で否決された。

表 3-2　憲法改正案(ボスキ法案)の主要改正点

①上院の非公選院・地方代表院化と定数削減

②上院権限の大幅な削減(憲法改正・地方制度・家族制度など一部事項のみ下院と対等な権限・意見表明権への限定・信任投票への不関与)

③下院の唯一の公選院化・優越(信任権限の独占・立法上の優先事項など)

④法案審議における政府関与と迅速化(期日を定めた投票〔voto a data certa〕の導入／ただし，違憲判断も出ていた緊急法律命令の乱用制限とセット)

出所：筆者作成.

否決の要因自体が、イタリアの議院内閣制の問題点を象徴している。第一に、上下両院で二回の同一文書での議決を必要とする憲法改正は、均衡した二院制で、逐条審議（特に一回目）・容易な修正提案のルールが適用されると、審議時間は膨大なものとなる。実際、ボスキ法案は、二〇一四年四月の上院提案から二〇一六年一月の下院での可決まで、一回目の審議だけで二年近くを要した。二回目の審議は総括審議だけなので短時間で終わったとしても、数年単位で時間を要すると、総選挙時や改正提案時から政治状況が流動化して、多数派の確保が難しくなる。実際、五年の議会会期で冒頭からレッタ政権において政策課題として議論を始めても、法案が成立した二〇一六年四月まで三年超の時間を要した。

第二に、それと関連して、政党間対立が激しい議会では、憲法改正は三分の二の特別多数を両院で確保するのは事実上無理であり、必然的に国民投票が視野に入る。そうすると五年の議会会期の四年目前後まで憲法改正の成立・不成立の決着がずれ込むことになるため、事実上次期総選挙の選挙戦に巻き込まれざるを得ない。そのため、会期終盤になると野党の反発や妨害ばかりではなく、与党内からも造反・離党が相次ぐため、改正の支持基盤は後退せざるを得ない。

第三に、このような長期戦を乗り切るための選択肢は、ある程度超党派で合意できる薄い内容の改正に止めて（いわゆる「最小公分母」）大規模な政治制度改革は断念するか、大規模な改革を通したい場合は与党を含む支持基盤を強烈に締め付けるか、の二つしか残されなくなる。前者は、アマート政権末期の地方分権を主眼とした改正の場合であるが、均衡した二院制と弱い執政権という従来の制度的均衡から離れるような大規模改革は抜け落ちざるを得ない。後者の場合は、レンツィ政権が、信任投票による事実上の党議拘束の賦課、拘束名簿の選挙における不利な扱いによる威嚇など強硬な手段を用いたように、うまくいけば法案成立まで至る。ただし、このような手法は、与党内反対派の造反・離党を促し、野党も含めて本来思惑の異なる勢力を、政権批判のために国民投票における改正否決に向けて結束させてしまうことになる。

四　残された課題

以上、イタリアの議院内閣制の特徴と、その改革の過程を検討した。均等な二院制と弱い首相・内閣は、戦前からの歴史的遺産と戦後の共和国憲法制定時の権力バランスを反映した保障主義的制度設計の産物であった。停滞と非効率の問題に対応する執政権強化と議会合理化に向けた改革は、一九七〇年代以降徐々に進展する。立法過程における政府の影響力確保や議事規則の多数派に有利な改正など一定の成果を上げたものの、抜本的な制度改革としての憲法改正なしに問題解決は不可能であった。しかし、結局憲法改正も立法過程の問題を克服できずに挫折に終わった。議院内閣制の制度の周辺にある基幹的政治制度の改革は、多数決型への選挙制度改革など成果を挙げたが、そうして作り出された政治的条件に依存した執政権の実質的強化と政府・議会の整合性の実質的進展は、あくまで政治的状況次第であり、容易に流動化しやすいという問題は持続している。

比較政治的に見れば、執政権・立法権の融合が不十分で、分散的な制度設計を採用したイタリアは、議院内閣制にもかかわらず拒否権プレイヤーが多くなる矛盾を抱えている。このような制度設計を変えるには、連合政治や政党組織など政治制度外の条件によって支えるしかない。しかし、分散的で時間のかかる立法過程、特に憲法改正の政治過程は、多数派の一体性確保が議会会期の経過とともに低下する時間不整合性の問題にとらわれてしまうために、合意可能な薄い最小公分母的制度改革を超えた大規模改革を難しくしているのである。

二〇一六年一二月の憲法改正否決後のイタリアでは、大規模な憲法改正は政治争点として浮上していない。二〇一八年三月の総選挙で成立した五つ星運動・同盟の連合政権でも、事実上脇に追いやられている。政権を支える政党組織のリーダーシップ強化によって執政権を実質的に強化する以外の選択肢は見通せていないのである。

一九九〇年代からの政治改革以来、イタリアの議院内閣制では、政治制度から「法定の国」を変えることで「現実の国」も変えようとする試みが続いてきた。その仕上げであるはずの憲法改正が挫折した以上、政治勢力が織りなす「現実の国」が「法定の国」の政治制度に合わせて運営せざるを得ない状況が続くのである。

注

(1) 議院内閣制の基本的特徴は、共和国憲法以前にイタリアの憲法であったアルベルト憲章(一八四八年制定)と共通しているとされる(Barbera 2011)。

(2) 政権を構成する勢力間で決定的な対立が生じた場合には、首相と政権連合の政党代表による閣外の頂上会談(vertice)によって問題解決が模索された(Cotta and Verzichelli 2007: 124)。

(3) ファシズム時代以前には、首相は、外相や内相など重要閣僚ポストを兼任することによって、そのスタッフと行政資源を利用し、リーダーシップを発揮できた。戦後共和制では、閣僚ポストの兼任は原則忌避されたために、首相が利用可能な資源は大幅に低下したのである(Cotta and Verzichelli 2007: 126)。

(4) 政府の信任投票制度とその政治力学に注目した研究として、Russo (2015)を参照。

(5) 当初、上院任期は下院任期(五年)より一年長い六年と憲法に定められていた。しかし、選挙運営コストなどの政治的事情から、一九五三年の第二回選挙以降同一周期に行われるようになり、憲法規定もそれに併せて改正された。

(6) 現在では、上院は州単位で集計されるようになっているため(憲法五七条一項)、下院との政党構成のずれが拡大する余地は大きくなっている。この他、上下両院は、選挙権・被選挙権の年齢に相違がある他、憲法制定時には上院任期は六年と下院より一年長かった。上院が下院と異なる慎重な審議や「良識の府」としての役割を一定程度期待されていたことの証左である。しかし、コストなどの事情から、第二回の総選挙前に任期の統一（五年）が決定され、憲法も改正された。

（7）ただし、芦田が指摘するように、修正案の審議方法には、削除条項の扱いなど、上下両院の違いが存在する（芦田二〇一四：一五七―一五九）。

（8）第一共和制時代の常設委員会の役割についてはD' Onofrio (1979)を参照。

（9）議事規則の連続性は、ファシズム以前の自由主義時代から高いとされている（Newell 2010: Ch 4）。

（10）一九八一年六月に成立した共和党のジョヴァンニ・スパドリーニが共和国史上初の非キリスト教民主党の首相に就いた。

（11）しかし、政党の有力者が閣外にいる場合、インナーキャビネットの決定が連合参加政党全てで権威的なものとして受容されるわけでない問題は、以前の内閣での決定と同様であった（Cotta and Verzichelli 2007: 125）。

（12）一九九八年一〇月に中道左派連合のロマーノ・プローディ内閣が信任投票で敗北した後は、解散総選挙にならずに中道左派政権が継続した。この点で、一九九〇年代は従来の調整型の首相と新しい権威的指導者としての首相という、新旧両モデル間の移行期であったと言える（Campus 2002）。

（13）個別閣僚の解任としては、一九九五年、ランベルト・ディーニ首相率いる専門家政権の司法相の解任が初めてである。このときは、ディーニ政権を支持する議会多数派が司法相の不信任決議を可決し、政府がそれを受け入れ、一時的に首相が司法相ポストを兼任するという手続きが取られた。このような手続きには憲法上疑義があるとされた（Cotta and Verzichelli 2007: 108）。

（14）クラクシ政権は、議会の抵抗を乗り越えるために緊急法律命令をこれまでよりも広範に活用したり、期限切れ時に同内容のものを再公布したりした。これに対して議会側は、通常は九割近くの比率を占めるはずの法律への転換を拒否するなど政権の強硬路線に対抗したため、転換率は五〇％以下に落ち込んだ（Cotta and Verzichelli 2007: 151）。

（15）イタリアの憲法改正については田近・伊藤（二〇一六）を参照。

（16）関連して、大統領権限の削減、憲法裁判所判事任命に関する議会枠（＝事実上の政府多数派主導による任命）の拡大なども盛り込まれた。

（17）賢人会議は、二〇一八年四月中旬に報告書を公表した。二週間という短期間で公表されたことからも、改正の路線が既に行われてきた議論を下敷きとしていたことがわかるだろう。

（18）ベルルスコーニの改革モデルに関する政治学的見方についてはBull and Pasquino (2009)を参照。

（19）レンツィ政権の改正案とその詳細については、高橋（二〇一七）を参照。

参考文献

芦田淳(二〇一四)「イタリアにおける二院制の動向——第一六立法期以降を中心に」『北大法学論集』第六五巻二号、一五七—一七六頁。

フザーロ、カルロ(二〇一六)「イタリアにおける二院制——設計の不備、不満足な実績、未完の改革に特徴付けられた一五〇年の後に、ついに奇跡は訪れるのか?」(芦田淳訳)『北大法学論集』第六七巻二号、一五—二五頁も参照。

高橋利安(二〇一七)「レンツィ内閣による憲法改正の政治的背景について」『修道法学』第三九巻二号、二八九—三〇七頁。

田近肇・伊藤武(二〇一六)「第Ⅵ部　イタリア」、駒村圭吾・待鳥聡史編『「憲法改正」の比較政治学』弘文堂、二九三—三一八頁。

Barbera, Augusto (2011) "Fra governo parlamentare e governo assembleare: dallo Statuto albertino alla Costituzione repubblicana," in *Quaderni costituzionali* (ISSN 0392-6664) Fascicolo 1, marzo 2011, pp. 9-37.

Bull, Martin J. (2015) "Institutions and the Political System in Italy: A Story of Failure," in *The Routledge Handbook of Contemporary Italy: History, Politics, Society*, eds., Andrea Mammone, Ercole Giap Parini and Giuseppe A. Veltri. Routledge, Ch. 8.

Bull, Martin and Gianfranco Pasquino (2009) "A Long Quest in Vain: Institutional reforms in Italy," in *Italy—A Contested Polity* (*West European Politics*), eds., Martin Bull and Martin Rhodes, Taylor & Francis, Ch. 1.

Camera dei Deputati (2017) Rapporto 2015-2016 sulla legislazione. Camera dei Deputati. https://www.camera.it/leg17/397?documenti=1127 (二〇一九年四月二六日最終アクセス).

Campus, Donatella (2002) "La formazione del governo Berlusconi," in *Dall'Ulivo al governo Berlusconi: Le elezioni del 13 maggio 2001 e il sistema politico italiano*, ed., Gianfranco Pasquino, il Mulino, pp. 275-294.

Cassese, Sabino (2014) *Governare gli italiani: Storia dello Stato*, il Mulino.

Cotta, Maurizio and Luca Verzichelli (2007) *Political Institutions in Italy*, Oxford University Press.

D'Onofrio, Francesco (1979) "Committees in the Italian Parliament," in *Committees in Legislatures: A Comparative Analysis*, eds., John D. Lees and Malcolm Shaw, Duke University Press, pp. 61-101.

Di Cosimo, Giovanni (2013) "Il governo pigliatutto: La delegazione d'urgenza nella XVI legislature, in *Osservatorio sulle fonti*, fasc. 1/2013, pp. 1-9.

Furlong, Paul (1994) *Modern Italy: Representation and Reform,* Routledge.
Morisi, Massimo (1992) *Le leggi del consenso. Partiti e interessi nei primi parlamenti della Repubblica*, Rubbettino.
Newell, James L. (2010) *The Politics of Italy: Governance in a Normal Country,* Cambridge University Press.
Pistorio, Giovanna (2018) *Maxi-emendamento e questione di fiducia. Contributo allo studio di una prassi illegittima*, Editoriale Scientifica.
Russo, Federico (2015) "Government Formation in Italy: The Challenge of Bicameral Investiture," in *Parliaments and Government Formation: Unpacking Investiture Rules*, eds., Bjørn Erik Rasch, Shane Martin, and José Antonio Cheibub, Oxford University Press, pp. 136–152.
Vassallo, Salvatore (2015) "Parliament," in *The Oxford Handbook of Italian Politics*, eds., Erik Jones and Gianfranco Pasquino, Oxford University Press, Ch. 9.

第4章

フランスの政府立法
——概観・歴史的変化・日本との比較から見た特質

野中尚人

はじめに

本稿では、フランスにおける政府立法について、その制度的な概略を解説し、また立法活動の実態についてその基本的な姿を整理する。その上で、日本との比較という観点からやや踏み込んだ検討をつけ加えてみたい。

第一節では、制度的な概要をまとめる。政府立法の制度的な骨格をまとめるとともに、近年にはどのような変化が生じているのかについても十分な注意を払う。第二節では、立法活動の基本的なデータを整理する。特に、ここ一〇年ほどの立法実績やプロセスなどについてまとめるとともに、具体的な法案審議の詳細を実例に基づいて整理する。第三節では、制度と実態を併せ検討することで、国民議会(Assemblée nationale：AN)での政府立法の特質をまとめ、同時に日本の国会と対比しつつ比較論的な含意を指摘する。

一　政府立法の制度的概略

全体的憲法構造と枠組み

フランスにおける政府立法の制度は、一九五八年に第五共和制が成立したことに伴って大きく変化した。[1] その骨格は、大統領権限の強化とそれに伴う政府の対議会権限の強化で、「合理化された議会制」とも呼ばれてきた。大統領と政府の権限を強める一方で議会権限を縮減し、それによって統治システム全体の合理性を高めるという発想に立っている。[2] 他方、「半大統領制」と呼ばれるこの憲法体制のもう一つの特徴は、大統領とは別に政府が議会下院（国民議会）に対して責任を負う仕組みで、議院内閣制的な制度的骨格を併せ持っていることである。そして、本稿の検討対象である政府立法についても、政府と議会との間のこうした関係が大きな規定要因となっている。

「合理化された議会制」は以下のような要素を持っていた（AN 2006a：42–43）。

①政府による本会議の議事日程のコントロール
②（限定された）法律事項における議員のイニシアティヴの制限――特に財政支出を伴う場合
③議院規則に関する憲法院の事前審査
④常任委員会の数の六つへの制限
⑤立法討議における政府の特別な地位の承認
⑥立法プロセスに関わる政府の広範な権能
⑦予算プロセスに関する厳格な枠組み
⑧政府の信任手続によって表決なしで法律を成立させる可能性――政府信任への疑義の厳格な定義

要するに、政府が自身のイニシアティヴで立法を行う上で、広範かつ大きな権限を持っていることがこの第五共和制憲法体制の大きな特色と言ってよい。また、そもそも議会による立法というプロセスを必要とせず、大統領あるいは政府の行政命令による統制の領域を設定したことも極めて重要な特質である。つまり、議会立法の適用範囲を限定し、その上で立法プロセスへの政府のコントロール権能を飛躍的に強化したのである。

しかし、こうしたやや極端な政府優位の権限配置や立法プロセスのあり方は、その後次第に修正されてきた。特に一九九〇年代以降は様々な観点から議会権能の再評価が行われ、それに基づく権限強化が進められてきた。そして、この流れが二〇〇八年七月の憲法改正とその後の議院規則改正につながった(Luchaire, Conac et Prétot 2009; Jan 2010; Camby, Fraisseix et Gicquel 2011)。基本的なミッションの再定義を始め、その根幹部分からの再構築であり、当然、政府立法のあり方にも大きな変更が加えられた。

二〇〇八年憲法改正以前の制度状況

まず二〇〇八年の憲法改正以前の制度状況についてまとめておこう。

A　立法期・会期

国民議会の任期は五年で、その期間を立法期と呼んでいる。二〇〇〇年に大統領の任期が七年から五年に短縮され、それに伴って国民議会の選挙のタイミングも変更された。二〇〇一年の選挙(組織)法改正以降は、前回総選挙から五年目の六月の第三火曜日に議会の任期が切れ、それから六〇日以内に総選挙が行われることになっている(高澤二〇一六)。

また、会期の制度が設けられている。当初はこれらについても厳しい制約があり、主として予算を扱うための一〇月から一二月までの会期と、四月以降三カ月間という形で二回の短い会期に分けられていた。一九九五年の憲法改正によって一〇月から翌年の六月までの九カ月間の単一の会期制に改められたが、依然として本会議を開催できる日数は一二〇日に制限されている。(3)(4)

B　法案の提出

既に指摘した通り、法律の適用範囲は限定され、政府による行政命令の管轄範囲が設定されている。(5) 法案の提出権は首相、国民議会議員、ならびに元老院議員に与えられている。首相によって提出される法案は projet de loi と呼ばれるのに対して、議員提出の法案は proposition de loi と呼ばれて区別され、その扱いには様々な相違がある。Projet de loi は、その提出に先立って国務院（Conseil d'État）の見解を聴取した上で、大統領が主催する閣議において審議の上決定されねばならない。Proposition de loi については、提出に際して賛成署名議員数などの制約はないものの、税収の減少あるいは支出の増大をもたらす法案は受理されない（憲法四〇条）。後者に関しては議長が中心となって議院の事務局がその判断を行うことになっている（*Règlement de l'Assemblée nationale*〔以下 RAN と省略〕2009b, art. 89）。

C　委員会での審査

提出された法案は、直ちに委員会に付託される。第五共和制では、法案ごとに設置される特別委員会での審査が原則とされた（AN 2009a: 168–169）。しかし実際には、かなり早い段階からほとんどの法案が常任委員会に付託されてきた。(6) また、詳細な報告書を作成する。なお、付託される委員会は一つとは限らず、二つ、あるいはそれ以上の場合もある。(7)

委員会は報告者を指名する。報告者は法案の内容を事前に精査し、修正案の提案を含めて委員会審査のプロセスで極めて重要な役割を果たす。準備作業として担当省庁の大臣官房やライン部局と接触する他、利害を有する社会経済セクターの代表者とも意見交換し、関連の文書等も広範に探索する。また、担当の大臣からも意見聴取を行うことがある。こうした作業の上で報告者は、委員会での審査に用いられる報告書を作成する。(8)

報告書が準備されると、委員会での審査日程が決定される。委員会審査には、委員会メンバーの他に、政府、修正案を提出した他の委員会からのメンバー、（主管委員会とは別の）参考意見聴取委員会の報告者などが出席することができる（RAN 2009b, art. 86）。審査手順としては、まず報告者から全体的な説明が行われ、続いて逐条の審査に移る。逐条審査においては、報告者提出の修正案のみならず、あらゆる修正案をめぐって順次討議がなされる。

委員会審査のルールは基本的に本会議でのそれと類似しているが、全体として柔軟に運用されている。正式な投票はほとんどなく、また定足数の確認要求がなされることもほとんどない（AN 2006a: 211–215）。

委員会での審査が終了すると再び報告書が作成される。この報告書には、全体としての法案の評価や位置づけ、逐条の論点整理と具体的な討議の内容が記載され、現行法と提出された法案ならびに委員会での結論とが比較対照の形でまとめられる。また、採択に至らなかった修正案のリスト、当該問題に関わるＥＵ法（準備中のものも含めて）が載せられる。

D　本会議での審議

委員会での審査終了から本会議の審議までには、原則として七日間の間隔が義務づけられている（RAN 2009b, art. 86）。

政府提出法案の場合、本会議の審議は所管大臣の発言から開始され、委員会報告者が続く（ただし議員提出法案の場合、順番は逆となる）。主管委員会の委員長ならびに報告者は極めて重要な役割を果たすため、審議プロセスの中で多くの特権的な権能を与えられている。例えば、他の一般の議員とは異なり、発言時間に制限がない。また、本会議の中断、正式な投票、討議順序の変更、委員会再審査などに関わる要求をすることができる。

本会議審議は基本的に全体討議によって開始されるが、この前後に手続動議が提出されることがある。不受理動議、先決動議、さらに委員会への差し戻し動議である。これらが可決された場合、本会議での審議はそこで終了となる。

全体討議の審議時間は、委員長会議において、案件の重要度ならびに各会派の会長の考え方を考慮に入れて決定される[9]。それに対して逐条審議では、個々の議員がそのイニシアティヴで修正案（場合によっては修正案についての二次修正案）を提出し、五分間の発言を行うことができる。発言の順序は、修正案の提出者、主管委員会の委員長あるいは報告者、参考意見委員会の委員長あるいは報告者、政府、そして修正案に対する反対意見の議員である。逐条で、より大きな修正案から小さな修正案という順序に従って審議が行われ、個々の修正案の討議が終わるたびにそれについての採決が一つずつ行われる[10]。

逐条の審議が終わると、原則として法案全体に対する最終の表決に進む。その前に、投票理由説明を行うことがある。

修正案の数が多く、二次修正が認められていることもあり、議長の判断やそれを支える事務方の準備作業も重要となる。全体として見ると、審議ルールはかなり緻密に決められているが、議長の判断によりこの規定を超えた適用がなされる場合も多く、議論が白熱することがあるとされている。

E　議決後の手続

上下両院の議決内容が一致しない場合には、法案の修正を繰り返すために両院間での行き来（navetteと呼ばれる）を繰り返す。これが二回繰り返された後（政府が促進手続を請求している場合は一回）は、両院協議会での協議へと移行することができる。両院協議会で妥協案が作成された場合、政府の判断を経て、それが各院の審議に付される。このプロセスでは、修正案を提出できるのは政府のみである。両院協議会において妥協案が作成できなかった場合、政府は国民議会に対して最終的な決定を行うように要請できる[11]。

F　いくつかの注目すべき手続

非常に多数の修正案が提出された場合、政府が時間を節約し、かつ望まない修正案の可決を避けるために「一括投票」制度が設けられている(憲法四四条三項)。これによって政府は、大量の修正案のうち許容するものだけを採択し、その他の修正案を全て否決するような投票を一度に行うよう要求することができる。

また政府は、憲法四九条三項を適用して政府の信任を法案の採否にかける手続を採ることで、法案についての実質的な審議と投票を行うことなく法律を成立させることができる。政府がこの手続を採った場合、国民議会が政府に対する不信任案を絶対過半数(全所属議員を母数とした過半数)で可決しない限り、法案は成立したとみなされる。

二〇〇八年の憲法改正と二〇〇九年の国民議会規則の改正

これまでの記述から明らかなとおり、第五共和制ではそれ以前の議会優位の体系が抜本的に変更され、一転して政府優位の仕組みが体系化された[12]。また、強力な権限を持った大統領の登場に促されて、党派規律の安定を意味する「多数派現象」が拡大し、政府優位の議会運営がさらに強められたと考えられている(例えば Carcassonne 2013: 207; de Montis 2015: 13-14)。しかし、二度のコアビタシオンを経ることで、議会の仕組みをめぐって様々な改革が提案され、また実行されるようになった。

こうした流れは超党派合意に基づく予算制度改革(二〇〇一年ＬＯＬＦ)から、二〇〇八年の憲法大改正へと至り、様々な観点から議会、特に国民議会の権限は強化された[13]。以下にその主要な項目を挙げておく[14](Luchaire, Conac et Prétot 2009; Camby, Fraisseix et Gicquel 2011; Carcassonne 2013; Camby et Servent 2011; Blacher 2012)。

A　本会議議事日程

本会議の議事日程の設定は、従来はほぼ政府が決定権を独占していたが、憲法改正の結果、四週のうち二週を政府の優先枠として残した一方で、残りの二週は議院が決定権を持つこととなった。その上で、一週分は新たに憲法で規定された政府の監視と公共政策の評価に充て、その他に、月一回は反政府の立場の会派(正確には、反政府会派および少数会派）への優先枠が設定された（AN 2006a, 2009a：Connil 2016：徳永二〇一八）。

その結果、協議機関としての委員長会議の役割も大きくなった。同会議は、議長、数名の副議長、常任委員会の委員長、各会派の代表者、ＥＵ問題委員会委員長、予算委員会の総括報告者に加えて、政府から出席する対議会関係担当大臣によって構成される。同会議では、翌週の日程だけでなく、月間、さらに年間スケジュールの調整を行いつつ、特に政府枠以外の部分について、代表者あるいは常任委員長からの提案に基づいて協議の上決定をする（RAN 2009b, art. 48-49：AN 2009a：186-188）。また、本会議での全体討議に関して、その総時間枠と各会派への配分などの具体的な実施方式を決定する。後述の審議時間事前プログラム化を適用する場合、その運用方式を設定するのも同会議である（RAN 2009b, art. 49）。(15)

この委員長会議を主催するのは議長でありその権限は大きいが、実際の意思決定に際しては会派代表者がその所属議員数に見合った力を持つという考え方に立っているため、特に多数派の会派の代表者は大きな発言力を持っている（Bruno Le Roux に対するインタヴュー）。

B　委員会の強化

委員会システムについては、常任委員会の数が六から八に増やされた上に、ＥＵ問題委員会には実質的に常任委員会と遜色のない役割が与えられた。また、法案の常任委員会への付託原則が確認され、その上で、委員会審査の後の本会議審議においては、政府提出法案の場合であっても、委員会での修正を反映したテキストが用いられることとなった。従来ルールでは、政府提出法案の本会議審議は常に政府が提出した原案を対象としていたことに比べ、委員会審査の重要性は格段に高まった。他方で、法案の提出から委員会審査開始までには、十分な準備を行うために基本的に六週間の経過が義務づけられることとなった。(16)

内部での審査ルールについても、当該委員会以外の議員が修正案を提出し、（表決権はないものの）審査自体にも参加できるようになった。一方で、修正案の提出期限がやや前倒し（審査当日から数えて三業務日前の夕方）となった。委員会にとって、新たに獲得した原案の実質的な修正権限を有効に活用するための重要な改革である。(17)

C　本会議審議の「合理化」

他方で、本会議の審議を合理化ないしは簡略化するための手続も導入された。

一つ目は法案審議時間のプログラム化であり、これはイギリス下院におけるプログラム動議に似ている。法案審議の合計時間を予め設定し、結論がいつまでに出されるのかを明確にする仕組みである。ただし、憲法上の重要な権限とされる議員の修正権限を不用意に制約しないためにいくつかの工夫がある。

プログラム化が適用されると、委員長会議は、全体討議だけでなく逐条審議についても時間枠を事前に設定する。その際、反政府会派（および少数会派）には時間枠の六〇％が優先的に配分される。会派内部での時間配分とその実際の使い方は当該会派に任されているが、いずれにしても、所属議員が発言すればその時間が当初の会派への割り当て時間から順次減じられる。報告者と委員長、それに会派代表者はこの枠組みからほぼ切り離されているが、会派単位で配分時間を使い果たすと、当該会派の議員から提出された修正案は討議の対象とされず、直ちに採決が行われる。ただし、逐条審議が終了したのち最終の表決に入る前には、希望する全ての議員が五分間の投票理由説明を行うことができる。

合理化のための二つ目の仕組みは簡略審議手続で、主として条約・外交協定の批准に適用することが想定されている（AN 2009a：231）。実は一九九一年五月から導入されており、逐条審議において修正案が提出されていない条文については審議せず、また修正案ごとに発言者は一名のみで、その例外は政府、委員長ならびに報告者、それに反対意見を述べる一名だけとされてきた。二〇〇九年の改正の結果、この手続が適用されるとそもそも全体討議を行わないことになり、より合理化の効果を強めたと考えられている。

これらの手続の目的は、反対派の討議・修正権限について一定の配慮をしながらも、基本的に審議を迅速化することである。しかし本質的には、本会議審議の「合理化」は単なる迅速化ではなく、委員会システムとの有機的な連携を再構築することを通じて、議会の活性化・質的な向上を目指すものである。従来は委員会での予備作業がほとんど活用されず、本会議に過重な負担がかかり立法作業の混乱や停滞の大きな理由になっていたが、今回の改革によって委員会審査の質的な向上が本会議自体の効率化と質的向上にも結びつけられたのである。これによって本会議は、本来期待されているように重要な討論を展開する役割を回復させようとしている[18]。この点は、審議段階間のインターバル時間が設定されたこと(憲法四二条)や、委員会段階で提出・審議されていない修正案は本会議においては討議対象から外しうるルールとなったこと(憲法四四条)などを見ても明らかである[19]。

二　実際の立法活動の概要

基本的なデータ――本会議審議・法案の採択・修正活動・質問活動

次に、第一四立法期(二〇一二年六月から二〇一七年六月まで)を中心的な例として、議会の基本的な立法活動の概要をまとめておく[20]。

表4－1は、第一三立法期(二〇〇七年から一二年)を加えて、本会議の審議日数・時間、審議時間の目的別の内訳、法案等、採択された文書の数とその内訳、修正案の提出と採択の状況、そして質問活動についてまとめたものである。データは国民議会の公式のウェブページから採用した。

A　本会議審議

まず本会議の審議は、一三立法期には年間で平均一三一日、一〇七七時間、一四立法期には一四五日、一一七三時

採択文書		政府法案	条約	議員法案	修正案提出数	修正案採択数	質問	対政府	討議なし口頭	書面
32		6	26	0	1517	425	5603	0	0	5603
103		42	47	14	13778	2598	27183	662	357	26164
84		32	41	11	19704	3351	29311	907	414	27990
112		35	55	22	23776	2362	31155	929	366	29860
108		43	41	24	10147	2314	30710	1105	368	29237
124		49	56	19	6987	2017	13956	530	186	13240
563 113		207 41	266 53	90 18	75909 15182	13067 2613	137918 27584	4133 827	1691 338	132094 26419
407 102		152 38	184 46	71 18	67405 16851	10625 2656	118359 29590	3603 901	1505 376	113251 28313

採択文書	政府合計[2]	政府法案	条約	議員法案	修正案提出数	修正案採択数	質問	対政府	討議なし口頭[3]	書面
10	9	3	6	1	1485	232	5656	105	0	5551
90	71	34	37	19	32645	3443	34478	1020	494	32964
100	73	39	34	27	21051	3975	28403	993	504	26906
84	72	33	39	12	25888	4742	25781	1044	556	24181
110	80	27	53	30	23256	4294	11494	1026	688	9780
55	34	15	19	21	8338	2150	5489	530	197	4762
449 90	339	151 30	188		112663 22533	18836 3767	111301 22260	4718 944	2439 488	104144 20829
384 96	216 54	133 33	110 28	88 22	102840 25710	16454 4114	100156 25039	4083 1021	2242 561	93831 23458

表 4-1　国民議会の活動概要(13-14 立法期)

第13立法期 年(年度)	期間	本会議日数	本会議時間	立法	予算	評価・ 統制1)	質問	決議	その他
2006-2007	07/6/20から 07/9/30	23	171	153.92	0	11.83	0	0	5.25
2007-2008	07/10/01から 08/9/30	112	920	661.75	116.08	36.33	99.08	1.5	5.08
2008-2009	08/10/01から 09/9/30	154	1318	996.08	113	56.58	116.25	28.42	7.33
2009-2010	09/10/01から 10/9/30	132	1098	815.17	113.17	46.5	101.58	12.5	9.58
2010-2011	10/10/01から 11/9/30	125	970	663.67	128.17	56.33	107.5	9	5.75
2011-2012	11/10/01から 12/3/07	78	559.58	360.5	113.67	14.08	55.58	12.75	2.67
13立法期合計 5年間の平均		624 125	5037 1007	3651 730	584 117	222 44	480 96	64 13	36 7
選挙実施年を除く 4年度の平均		523 131	4306 1077	3137 784	470 118	196 49	424 106	51 13	28 7

第14立法期 年(年度)	期間	本会議日数	本会議時間	立法	予算	評価・統制	質問	決議	その他
2011-2012	12/6/26から 12/9/26	18	133.67	66	44.75	11.75	8	0	2.5
2012-2013	12/10/01から 13/9/19	155	1382.67	957.75	198.5	78.75	121	18.42	8.67
2013-2014	13/10/1から 14/9/24	142	1181.83	732.67	266.83	44.42	119.42	17.17	1.33
2014-2015	14/10/1から 15/9/30	150	1191.92	770.83	209	52.67	132.67	20	6.82
2015-2016	15/10/1から 16/9/29	132	934.08	541.67	198.67	34.25	144.17	19.58	7.58
2016-2017	16/10/01から 17/6/20	67	468.5	199	180.58	12.92	61.83	12.83	1
14立法期合計 5年間の平均		664 133	5293 1059	3268 654	1098 220	235 47	587 117	88 18	28 6
選挙実施年を除く 4年度の平均		579 145	4691 1173	3003 751	873 218	210 53	517 129	75 19	24 6

注 1：評価・統制は，07-08 年度までは政府宣言と不信任に関わるものである．
注 2：政府合計は法案と条約の合計．基本的には法案と条約の差が採択法案数．ただし，条約の数は公布の数であるため年度ごとの数字は正確には一致しない．
注 3：討議なし口頭質問には，省庁別テーマ質問を含む．
出所：Statistiques de l'activité parlementaire à l'Assemblée nationale(国民議会(AN)のウェブページより)

間にわたって行われたことが分かる（選挙のない四年間の平均）。ほぼ毎年度に臨時会が開催され、開催日の一日当たりの審議時間は八時間を少し上回っている。

審議時間を目的別に見ると、予算以外の通常の法案に関わる立法活動の比重が大きい。一三立法期には七三％ほど、一四立法期には六四％ほどである。他方、予算法案の審議時間は一三立法期の平均一一％ほどから一四立法期には一九％ほどへと増大している（ただし、フランスでは予算も通常の法案と同じ法形式である）。その他、評価・統制が四・五％程度、質問が一〇％前後で、立法期による変化は比較的小さい。

B　法案の採択状況

議会審議を経て可決される主要な文書は、政府提出法案、議員提出法案、そして条約承認法案である。[21] このうち条約は、修正は皆無で、多くが簡略審議手続によってほぼ自動的に採択されてきた。政府提出法案は年間平均で見て一三立法期には三八本、一四立法期には三三本が成立している。他方で議員提出法案は、一三立法期に平均一八本、一四立法期には二二本が成立している。また、政府提出法案の成立率は、一四立法期は約七八％（提出四三四のうち三三九成立）で、仮に採択が当然視されている一八八本の条約承認法案を除いても、約六〇％が成立している。[22] それに対して、国民議会に議員提出された法案の成立率は、一四立法期ではわずかに三・四％である（一六九四中成立五八）。

しかし、趨勢として見ると、議員提出法案の成立数は増加しつつあることも重要である。一二立法期（二〇〇二―〇七）の平均は一二本であったが、憲法改正後のルール運用が本格化した二〇一〇年以降はこれが約二二本となった。本会議議事日程に関する議院の決定権の拡大が大きな影響を与え、議員提出法案が審議議題とされることが増大したためと考えられる（Bilan statistique de la XIVème législature, p. 24）。

C　修正活動

再び表４‐１を見ると、膨大な数の修正案が提出されていることが分かる。国民の代表者である議員にとって、政

表 4-2　修正活動の内訳(14 立法期通算)

	政府	委員会	与党議員	主要野党議員	その他議員	合計
修正案提出数	4899	2649	26073	48828	30244	112693
全修正案中の比率(%)	4.3	2.4	23.1	43.3	26.8	100.0
修正案採択数	4101	1746	10167	1030	1792	18836
全修正案中の比率(%)	21.8	9.3	54.0	5.5	9.5	100.0
採択率(%)	83.7	65.9	39.0	2.1	5.9	16.7

出所：Bilan statistique de la XIVème législature, p. 21.

府への質問に加え、法案への修正提案をする権限が極めて重要と考えられていることを反映している。既に審議パターンに関わって指摘した通り、制度的にも担保されている。修正案の提出数は年間平均で見て一三立法期が一万七〇〇〇弱、一四立法期には二万五〇〇〇程度であり、増大する傾向にある。また採択数(立法期の合計)も、一三立法期が平均二六〇〇余りだったのに対して一四立法期では四一〇〇余りへと増加している。

次の**表4-2**は、二〇一二年から一七年までについて、提案者のカテゴリー別に修正活動の内訳を示したものである。

この表から、修正案の提出は主要野党(右派政党)の議員からのものが最も多いが、与党社会党の議員からも相当な数の修正案が提出されていたことが分かる[23]。第二に、政府ならびに委員会からも修正案が提出され、その数は議員提出分に比べれば少ないものの、採択分の中ではかなりの比重(それぞれ二二%と九%)を占めること、そして採択率の点では議員提出分に比べて顕著に高い(八四%と六六%)ことが明らかである。しかし第三に、与党議員からの修正案は提出数では二三%であるが、採択分の中に占める比率は五四%と半数を超えている。採択率も三九%で、他の議員提出修正案に比べて圧倒的に高い。つまり、与党議員による修正活動は非常に大きな意味を持っているのである。

もう一つ、委員会と本会議で修正活動の様子がかなり異なることも注目される。まず、本会議における修正案の方が委員会段階での修正案よりも数が多い。二〇一二―

一七年で見ると、本会議には年間一万八〇〇〇本近い修正案が提出されており、平均すると委員会段階の約一・七倍ほどである(24)。逆に、採択率を見ると、委員会段階での三七・五％ほどに比べて、本会議での採択率は一四・六％でありはるかに低い。つまり、委員会審査と本会議での審議が、異なる論理と政治的力学の中で行われていることが分かる(25)。

D　質問活動

前掲の表４－１から分かるとおり、質問活動の中で量的に多いのは書面質問で、九割以上を占めている。ただし、対政府質問と討議なし口頭質問の数はやや増加する傾向にある。

これらの質問活動について、会派ごとの内訳を示したのが次の**表４－３**である。所属議員数の割合から考えると、与党はやや低調で、やはり野党系の議員の方が活発に質問活動に取り組んでいるという傾向が見て取れる(26)。

表 4-3　質問活動の会派別内訳

	与党議員	主要野党議員	その他議員	合計
対政府質問	1451	1868	1399	4718
会派の占有率(％)	30.8	39.6	29.7	100.0
討議なし口頭質問[1)]	880	938	576	2439
会派の占有率(％)	36.1	38.5	23.6	100.0
書面質問	28763	58353	17028	104144
会派の占有率(％)	27.6	56.0	16.4	100.0

注１：討議なし口頭質問には，省庁別テーマ質問を含む.
出所：Bilan statistique de la XIVème législature, p. 21.

その他の主要な活動データ

次に、立法関連のその他の主要な活動のデータを挙げておく。

A　委員会の活動

一四立法期には、八つの常任委員会が合計で三五六〇回、約五九四五時間にわたって開催された。年間平均では、だいたい七一〇回と一一九〇時間ほどである(Bilan statistique de la XIVème législature, pp. 11-13)。特別委員会は一三二回と三一四時間である。また、委員会全体では、年間に一万本以上の修正案が提出され、そのうち四〇〇〇本ほどが採択されている。

常任委員会での活動パターンの具体例として、文化・教育問題委員会(二〇一四年一〇月から翌二〇一五年九月まで)を挙げておこう。ウェブページの委員会会議録によると、同委員会は合計五三回開催され、主として以下のような活動を行っている。法案・予算審査だけでなく、情報収集とその報告、多数のヒアリングを実施していることが分かる[27]。

政府提出法案の審査一一回

議員提出法案の審査六回

情報ミッションの報告提出・審査六回

ヒアリング二三回(うち大臣二回——予算の前)

政府予算案の審査一一回(拡大委員会七回とミッションごとの報告に関するもの合計一七回)

二〇〇八年の憲法改正によって正式なものと位置づけられたヨーロッパ問題委員会も注目される。同委員会は常任委員会とはやや異なる。メンバー数は四八名(通常は七三名)だが、他の常任委員会と兼任する。メンバーは、会派間の比例に加えて、兼任する委員会のバランスも考慮の上で構成されている。ヨーロッパ問題を他の常任委員会と共有することを意図した結果である(AN 2009a: 415-423)。そして同委員会は、常任委員会とは異なる使命を持ちながら、その重要度や地位という点でそれらに並ぶ扱いを受けている。実際、年間に七〇回、七四時間にわたって開催され、政府関係者を含む多数のヒアリングを実施するなど極めて活発に活動している。

B　法案審議時間のプログラム化、簡略審議手続、促進手続

表4-4は、審議を迅速化するためのいくつかの手続について、その適用状況を確認したものである。まず、プログラム化は適用が少なく、特に後半は全く用いられていない。それに対して、簡略審議手続と促進手続は相当に頻繁に用いられている。前者はほぼ条約批准法案に使われているので、ここで注目に値するのは促進手続の方である。

表 4-4　審議を迅速化させるための手続(14 立法期)

	プログラム化	簡略審議手続	促進手続			
			合計	政府提出法案	(うち条約)	議員提出法案
2011-2012 年	0	5	18	15	—[1]	3
2012-2013 年	5	24	45	34	—[1]	11
2013-2014 年	10	30	52	37	—[1]	15
2014-2015 年	5	30	45	36	11	9
2015-2016 年	0	44	44	27	7	17
2016-2017 年	0	16	24	17	6	7
総合計	20	149	228	166	24	62
4 年間合計(2012-16)	20	128	186	134		52
4 年間平均	5	32	46.5	33.5		13

注 1：情報が存在しない.
出所：Bulletin de l'Assemblée nationale, 14 立法期各年.

（条約を除いた）政府提出の通常の法案に対する適用数は、データがある後半（二〇一四―一六）の数字で見ると、大体年平均で二〇本である。そもそも、政府法案の年間の成立数は三〇本を少し上回る程度なので、そのうち三分の二ほどに適用されていることとなる。

立法プロセスの実例とその特質

次に、実際の法案審議のプロセスを再現し、その特質を検討する。対象は、Loi n° 2015-994 du 17 août 2015 relative au dialogue social et à l'emploi として成立した政府提出法案である。

同法案（「社会的な対話と労働に関する法案」）は、二〇一五年四月二二日の閣議を経て同日国民議会に提出され、元老院（Sénat）を含めた議会での最終可決が七月二三日、さらに八月一三日の憲法院判断の後、最終的に八月一七日に官報に掲載された。基本的な目的は、雇用環境改善のために社会的な（労使間の）対話の仕組みを改革することとされた(28)。

審議経過の概要は以下のとおりである(29)。

①AN第一読会

四月二二日―六月二日　委員会五回（＋参考委員会二回）、本会議八回
本会議合計審議時間　二八時間一〇分
　審議対象修正案数　四五八
　発言登録者　七四
主管轄委員会審査　五回（約一二時間）

②元老院第一読会
六月二日―三〇日　委員会五回（＋参考委員会二回）、本会議九回
本会議審議　九回（合計約二四時間）
委員会　五回（合計約一〇時間）

以降は以下のようなプロセスであった。
Commission mixte paritaire　六月三〇日（合意せず）
AN第二読会　六月三〇日―七月八日　委員会一回　本会議三回
元老院第二読会　七月九―二〇日　委員会一回　本会議一回
首相によるANの最終議決要請　七月二一日
AN第三読会　七月二二―二三日　委員会一回（一五分）　本会議一回
憲法院審査（六〇名のAN議員提出）　七月二七日―八月一三日

特に国民議会の第一読会に注目すると、四月二二日に提出された法案は同日社会問題委員会に付託され、同日に、

政府は促進手続の適用を宣言している。また、文化・教育委員会ならびに財政・経済予算委員会に対しても参考付託され、女性の権利・機会平等委員会に対しては情報報告書の提出を要請している。これらの委員会からは、主管の社会問題委員会が逐条審査を開始する五月一九日までに報告書が提出された。なお、委員会の報告者は、主管の社会問題委員会では四月七日、参考意見聴取のための文化・教育委員会でも四月一五日に指名されている。

委員会からの報告を受け、五月二六日から六月二日にかけて、本会議で合計八回、二八時間の審議が行われた。大臣・副大臣による趣旨説明に続いて委員会からの報告があり、事前の動議が処理された後、全体討議が五時間ほど行われ、逐条審議に移った。五月二八日まで逐条審議が行われた後、六月二日に投票理由説明と議決が行われた。

また、主管の社会問題委員会での審査経過は以下のとおりである。

四月七日　報告者指名
四月二二日　委員会付託
五月六日午前　ヒアリング（労働者側五団体と使用者側三団体）
五月六日午後　大臣等からのヒアリング
五月一九日夜から二〇日午前　逐条審査
五月二一日　報告書提出（ウェブ上では四九八ページ、Ａ４に印刷すると二四二ページ）

なお報告者は、事前に二二の関連団体の担当者（合計六二名）、労働省の七名、社会・健康・女性省の三名のそれぞれの担当者からヒアリングを実施している。また、委員会の段階で一三の修正がなされているが、その提出者の内訳は政府六、議員四、報告者三であった。

この事例から、少なくとも日本との比較を念頭に置くと、以下のようなことが指摘できよう。

第一に、委員会での審査が約一二時間に対して本会議は二八時間ほどで、本会議の方が明らかに長い。第二に、委員会段階での修正には、議員・報告者からのものだけでなく、政府提出分を含み、相当に重要な意味を持っていると考えられる。第三に、本会議審議は、全体に関わる動議、全体討議、逐条審議、そして投票理由説明、最後に採決という形で完全に順序立てられている。第四に、逐条審議の部分に多大な労力が払われている(30)。同法案では、政府が「審議促進の手続」を要請したため、本来置かれるべき各段階間のインターバル期間のルールも適用されず、提出後九二日という短期間で最終議決に至っている。これは三〇〇日前後とされるフランスでの平均所要日数に比べて相当に短い(31)。

三　フランス国民議会での政府立法の特質と日本への含意

本節では、制度と実態の分析を組み合わせながら、政府立法のあり方についてやや抽象度を上げた形で検討する。同時に、日本との対比を通じて得られる含意についてもまとめる。

限定された政府立法の成果

明確な政府優位の立法制度構造にもかかわらず、政府提出法案の成立数は実はそれほど多くない。条約等を除けば、ここ一〇年ほどの年間成立数は三〇本台に過ぎない。また成立率も約六〇％程度である。これは議員提出法案の成立率がわずか三％程度に過ぎないことと比べれば圧倒的に高いものの、意外なほどに低いとも言える。執政府と議会の関係は基本的に議院内閣制に類似しているにもかかわらず、欧州諸国の平均である八〇％ほどよりもはるかに低い(Saiegh 2009：古賀他二〇一〇)。結局、議会に大統領を支えるほぼ安定的な多数派が存在していたこの一〇年ほどでさえ、政府立法の成果は意外に限定されていたことになる。

稀少資源としての時間の使用パターン

本会議が年間に一二〇〇時間近く開催され、委員会審査の時間も相当に多い。しかし、依然として審議時間の不足が大きなボトルネックとなる結果、三分の二ほどの政府法案には促進手続が適用されている。時間不足の一つの大きな要因は修正活動の活発さで、それへの対応が多大な時間を必要とすることである。また質問や政府監視の強化など、立法に直接関係しない領域での様々な活動もある。つまり、立法以外の面での議会機能の多角的な展開と、立法プロセスでの議員による活発な修正活動とが時間リソースをぎりぎりまで要求するためであり、日本でのパターンとは相当に異なっている。

日本との対比

日本とのより直接的な対比を念頭に置けば、次のような四つの点が大きな相違として浮かび上がってくる。

①本会議と委員会との関係
②情報・作業の量と与党の関与
③討論のあり方
④ルール・ベースの審議と少数派の地位

審議時間を見ると、フランスでは本会議の比重が委員会よりも顕著に大きい。この点は二〇〇八年の憲法改正以降にも基本的に変わっていない。本会議が議会としての正式な審議・決定機関なのである。また、修正案の採択状況の相違（委員会三八％ほどに対して本会議では一五％ほど）を見ると、本会議と委員会とが異なる政治プロセスとしての意味を持っていることは明らかである。当然、本会議と委員会との差別化のパターンは国によってそれぞれだが、多くの国々で基本的な構造は同じである。つまりこの点で、本会議が年間に六〇―七〇時間程度しか開催されず、実質的な法案審議・討議を行わないだけでなく、他の政府監視・調査などの機能にもほとんど時間を割かない日本の国会は例外としか言いようがないであろう。何と言っても、日本の国会では委員会審査が野党主導の質疑パターンに偏った形で膨張し、本会議の機能までも代替するようになってしまっていることは、極めて特異である[32]。

第二に、フランスの国民議会では、収集される情報の量とそれらを扱う作業も膨大である。例えば、委員会の活動の中には、特定テーマについての調査ミッションを立ち上げることや、政府大臣・関連部局のみならず法案に関係している民間団体や専門家に対して広範囲に接触し見解を聴取することが含まれている。また、委員会・本会議のどちらのプロセスにおいても、膨大な数の修正案が提出され、それらをめぐって根気強く審議が行われている。これらが限度を超えたと判断された場合には、憲法四九条の政府信任手続や、四四条の一括投票の制度が用いられることもあるが、基本的な状況は情報量と活動量の膨大さである。この点は、委員会報告書の詳細さ・膨大さによく表れている。確かに、こうした仕組みの運用は相当に難しいだけでなく、その実質性に関して疑問がない訳ではない[33]。しかし、議会が国民の代表機関としての説明責任を果たすための重要なプロセスなのである。

この点を日本との対比で考える場合、カギとなるのは与党の関与のパターンである。既に見たとおり、与党議員の提出する修正案の数は野党よりは少ないものの、採択率は高く、採択数では全体の半分以上を占めている。しかも、政府提出の修正案や報告者修正案の中にも与党議員の考え方が反映されたものが多い。つまり、与党の議員が極めて活発なのである。

しかし日本では、与党事前審査制度の結果、実質的な内容の面で与党は国会での法案審議にほぼ関与していない。

修正案を提出することはほぼ絶無である。つまり、日本の国会がある意味で十分な「仕事をしない」ことの最も根本的な原因は与党の国会からの「退出」にあり、そうしたことが大きく影響した結果、国会が扱う情報や作業の量が強く限定されていると見てよいであろう。

三つ目の対比は討論のあり方に関わる。「討論」という概念については多くの難しい論争がある。近年では、議論によって相互理解を深めることを通じて相手を説得するという規範的な解釈ではなく、党内・連立与党、あるいは選挙区へ向けたシグナリング・ゲームと捉えるべきだという主張が有力である。[34] しかしいずれにしても、フランスでは、口頭での「討論」はいくつかのレベルと仕組みの下で行われている。対政府質問、法案審議の中では全体討議と逐条審議の中での修正案をめぐる討論である。さらにその上で、全体として見ると、会派としての構造化・コントロールと個々の議員のイニシアティヴとが組み合わされている。つまり、政府と与党、それに対して野党が組織・会派として対抗するだけでなく、それとは並行する形で、議員個々の見解を展開する活動としても繰り広げられるのである。

ところが日本の国会では、極端な会派主義の下で個々の議員のイニシアティヴが強く限定され、党派による事前承認手続が組み込まれている。少なくとも会派の枠を超えた個々の議員イニシアティヴは内閣提出法案についてはほとんど不可能である。[35] 結局ここでも、与党事前審査によって国会提出前に党派としての結論を出して厳しい党議拘束をかけている与党議員の極端な消極性が、「討論」のあり方についても重大な影響を及ぼしているのである。

しかし、問題は与党側だけではない。なぜならば、制度構造そのものが議員間討論を体系的に抑制する形になっているからである。修正案提出のためのハードルは委員会においてさえ高く、実際には極めて稀にしか起こらない。当然の結果として、修正活動を通じた「討論」はほとんど起こらない。

国会での法案審議活動の大半を占める「質疑」は、野党議員による政府に対するチェック機能として極めて重要な役割を果たしている。与党議員を脇に置き、野党が質疑という形式で政府を追及する形式は、野党にとって悪いものではない。しかし質疑のみに偏重する結果、審議のためのメカニズムのうち半分が全く機能しなくなり、討論は消滅した。要するに、与党の退出を前提としつつも、与野党間の妥協によって形成された制度とそれに基づく行動パターンが討論の消滅をもたらしているのである。

第四の点は、法案審議スケジュールの決定と実際の日程管理に関わる。この点、フランスの国民議会ではルール・ベースで決定し、基本的に秩序だった方式で運営管理されている。議長を中心とする委員長会議が本会議の審議日程を決める際には、多数派の意向は決定的とされている。また一旦審議が開始されると、長期にわたりストップすることは基本的にない。審議拒否といった事態はほとんど起こらないのである(36)。

他方、審議段階のインターバル・ルールがあり、審議時間のプログラム化を適用する場合の野党・少数会派への優先的な時間配分ルールも導入された。また、本会議審議の中で野党が選択する議題に振り向けられる時間も相当に増加している。そして何より、個々の議員の修正権限については慎重な配慮がなされている。つまり、ルール・ベースではあるが、それが一方的な多数派支配によって硬直化することのないように少数派・反対派の権限を留保するとともに、個々の議員のイニシアティヴを過度に阻害しないような配慮がされているのである。

日本の国会では、根本的に異なる方式が用いられている。前例をベースとしつつも、案件ごとの具体的なスケジュールはほとんど恒常的な与野党間の話し合いによって、しかも小刻みに決定されていく。その上に、話し合いを通じた合意を重視するという規範が一定の意味を持っている。これこそが、日本の国会を「野党のための国会」と言わしめる根源的なものである。これらの慣行は、実は戦前の帝国議会時代からの制度遺産という面を強く持っており、その意味で、与野党間の話し合い・取引による日程闘争国会という姿は極めて根が深いのである。

おわりに

フランス第五共和制を特徴づけたとされる「合理化された議会主義」は、つまりは政府優位を意味し、執政府による議会支配の体系化であった。確かに、議会の内部で政府と多数党とが融合するイギリスとは異なり、フランスの統治体制思想の根幹には執政と立法の分離という考え方がある。しかしいずれにしても、この政府優位は、会期制度、議事日程の決定、修正に関わる権限、信任手続の援用を含めた議決に関わる権限など、包括的と言ってよいものであり、特に予算法案については極めて明確であった。

しかし、概ね一九九〇年代からは議会の役割の再強化が始まり、二〇〇八年の憲法改正が一応の到達点となった。必ずしも全面的ではないが、議事運営の全般にわたって一方的な政府優位の構造は大きく改められた。議院による本会議議事日程（半分）の決定、委員会審議の重視（特に最低審議時間の確保と本会議原案への採用）などが実現した。極端で異端とみなされてきた政府信任手続の適用回数も制限されることとなった。また、政府監視と公共政策の評価にも踏み込むこととなった。さらに、政府による促進手続の要請や人事案件に対する一定の留保権なども設定された。二〇〇一年のＬＯＬＦ導入に伴う予算制度とその議会審議プロセスの大改革とも相まって、政府立法に関わる議会審議の実質性を相当程度高めたと言うことができよう。

これらの改革では、委員会機能の強化と同時に審議のプログラム化や簡略審議手続の拡大によって本会議への過重な負担を回避することが意図されている。つまりは本会議のメカニズムを「合理化」することを通じた議院全体の活性化と審議の質的向上という方向性が目指されている。政府立法の制度は、政府自身のイニシアティヴを確保し、その優先的な権限を留保しつつも、大きく変化しつつあると言える。

他方で、実際の政治プロセスとしての法案審議の実態からは、政府立法の成果が制約されていることなど、意外な特質も見て取れる。長年にわたる（半）大統領制と「多数派現象」をめぐる論争は、議会内部の政党・会派の凝集性・規律の問題が大統領制という大きな枠組みと深く関連していることを意味しているが、依然としてその全体的なメカニズムが解明されているとは言えない。

しかし同時に、フランス国民議会での立法活動に関わる実態は、日本の関係者から見れば日本の国会について多くのことを気づかせてくれるものでもある。本会議審議の比重の大きさ、委員会との差別化、情報や作業の膨大さとその中での与党議員の存在の大きさ、修正活動などを軸とした討論活動の大きさとその意味、そしてルール・ベースの法案審議枠組みと反対派・少数派の権限保証の組み合わせなど、第三節で析出させた諸点はフランスの国民議会の姿でもあり、同時にそれを照射することによって浮かび上がる日本の国会の特質を裏側から示すものとも言える。そして恐らくは、比較から浮かぶ日本の国会の姿がいかに変則的なものとなってしまったのかを集約的に表していると言ってもよいであろう。

注

（1）以下、第一・二節については、主として国民議会が自身で編纂した解説書である Assemblée nationale（2006a, 2009a 以下 AN（2006a）等と省略）に依拠した。

（2）「合理化された議会主義」については数多くの研究が蓄積されてきたが、最新の重要な研究としては、de Montis（2015），Vintzel（2011）などが挙げられる。

（3）会期中でなければ本会議の開催と法律の議決はできない。それ以外については、会期外であっても内部の機関が活動することには制約がなく、議会自身の判断に基づいて立法の準備作業を行うこともできる（AN 2009a：177）。

（4）大統領による国民議会解散が、いわゆるコアビタシオンの状況に対処するために実施された時期があるが、第五共和制ではこれまで合計五回に止まっており、他国に比較すると少ない方に属する。なお、二〇〇一年以降は、大統領任期の短縮に伴って解散の可能性は相当に小さくなった。

（5）　憲法三四条、三七条。また三八条の委任立法についての規定も関連する。行政命令がカバーする範囲は、法律の執行に関わる場合と行政命令に固有な領域の二つの場合に分かれている（AN 2006a：179–181）。ただし、その後時間の経過とともに、憲法院の判断や実際上の制度的な運用によって議会立法がカバーする領域は次第に拡大してきたとされる。

（6）　例えば一九九七年以降では、特別委員会が設置されたのは一〇法案のみである（AN 2009a：169）。

（7）　この場合、主管委員会（commission saisie au fond）が審査の中心となるが、他の参考意見委員会（commissions saisies pour avis）でも報告者が指名され、当該委員会での審査を受けて主管委員会での討議に参加することができる（RAN 2009b, art. 86）。

（8）　八二ページ以降で述べる「社会的な対話と労働に関する法案」についての報告者は、八四ページで触れるように、二二の関連団体の担当者、労働省、社会・健康・女性省の担当者から事前にヒアリングを行い、委員会審査終了後に本会議審議のために作成した報告書は四九八ページに及んだ。

（9）　その際、少数会派への若干の割り増し配分を伴った形での比例的な時間配分を行う。各会派の会長は、決定された枠内で発言者とその割り当て時間を決めて議長に報告する。

（10）　修正活動に関する基本的な考え方や実際の扱いについては、AN（2006a：241–250）に詳細な説明がある。また、これに関わる議長の権限やその対応の仕方については、AN（2006a：229–239）を参照。

（11）　法案の採択後、合憲性の審査のために憲法院に付託されることがある。組織法ならびに議院規則はこの合憲性審査が必須である。一九七四年の憲法改正以降、その請求権は六〇名の国会議員にも与えられた。なお、大統領は議会に対して法案の再審議を要求する権限を持っているが、例外的にしか発動されない。

（12）　これに関してVintzel（2011）は、フランスは他の多くの議会制民主主義国の基本パターンとそれほど大きく異なってはいないと主張している。ちなみに、著者はVintzel の主張には十分な説得力がないと考える。

（13）　組織法の改正を経て、翌二〇〇九年五月には国民議会規則が改正され、最終的にその具体的な変貌が明らかとなった。

（14）　日本語での最新の解説は、徳永（二〇一八）である。他の日本語での参考文献として、例えば、三輪（二〇〇九）、辻村・糠塚（二〇一二）、植野編（二〇一一）などがある。

（15）　同会議には、政府による「促進手続」の要求に対して、元老院の委員長会議と共同でそれに反対する権限も与えられている。他方、政府の側にも一定の留保権が認められている。

（16）　ただし、予算法案と社会保障財政法案については従来からの原則が維持され、本会議審議にかかるのは政府原案のままである。また政府は、一定の条件の下で、促進手続によってこの短縮を要請することもできる。

(17) この改革は、後述の本会議の「合理化」とセットになっている。次項を参照。

(18) de Montis (2015: 34-35)。彼女は、こうした状況を捉えて、「séance publique (本会議) の刷新」と表現している。

(19) こうした方向性は、憲法四九条三項(政府信任手続による法案成立)の発動回数を制限したことにも表れている。改正により、予算法案・社会保障予算法案を除けば、各会期に一法案のみにしか適用できないこととなった。

(20) 議員活動の多様性とその影響力について、データに基づいて指摘したものに、Kerrouche (2006) がある。彼は、議員提出法案と修正に関わる活動を分析し、政府優位の形は変わらないものの、国民議会とその議員たちも立法プロセスで一定の役割を果たしていると主張している。

(21) 福岡(二〇〇一:一七―一八)には、第四共和制期、そして第五共和制の前半における法案の成立データがある。それによると、第四共和制期には、政府法案が年間平均一五六に対して国民議会議員発案の法案も六一本が成立している。また、第五共和制の最初の二〇年間の平均成立数は、政府法案八一本に対して後者は一二本である。

(22) 政府法案の成立率が六〇%とかなり低いことの比較議会論的な評価は別の問題であり、今後の極めて重要な検討課題である。なお、日本の国会については古賀他(二〇一〇)、他の国については、Saiegh (2009: 1342-1356) が基礎的なデータを提供している。

(23) また Kerrouche (2006) は、左の政党と右の政党では、議員の社会化パターンを含めた党派規律のあり方を反映して、修正活動の程度とパターンに相違が見られると述べている。

(24) ただし、予算・社会保障予算関連法案の分が含まれていないため、表4-2のデータとズレがある。

(25) また、一四立法期での政府提出修正案の採択率は八四%程度である。最終的に不採択となったものは七九八本で、そのうち四六五本(約五八%)は本会議審議の前に撤回され、残りの四割ほどが審議の結果採択されなかったことになる。http://www2.assemblee-nationale.fr/static/14/statistiques/Bilan%20de%20la%20XIVe%20l%C3%A9gislature%20V4.pdf, p. 21.

(26) ただし、対政府質問は、イギリスでの Prime minister's question time、あるいは日本での党首討論とはかなり異なる。野中(二〇一五a)は、一年分の対政府質問の合計一〇二〇の中で、首相が回答した三六の質問をリストアップしている。

(27) Compte rendu de réunion n°1-n°53 から集計(例 http://www.assemblee-nationale.fr/14/cr-cedu/14-15/c1415053.asp)。なお、一回の委員会で複数の活動が行われる場合がある。

(28) なおこの問題は、フランスにおける産業競争力と社会的安定性、つまり労働者の権利をめぐる確執に関わる大きな争点の一部であり、二〇一七年五月にマクロンが大統領に当選した後、さらにこれを本格化する改革へと展開された。

(29) http://www.assemblee-nationale.fr/14/cri/2014-2015/ より作成した。

(30) 日本の国会では、全体討議の中に大臣その他の政府メンバーに対するヒアリングが質疑という形で変形されて組み込まれ、それが最初からほぼ最後の段階まで続けられる形になっている。逐条審議は完全に省略され、「討論」という形式で全体の最終的な表決の前の投票理由説明だけが行われている。白井(二〇一七)を参照。日本の国会ではこの「討論」は会派を代表して賛否の投票理由説明を行うものであるが、フランスでは、個々の議員が自己の見解を説明するためのものでもある。

(31) Bulletin annuel de l'AN 2014-15, p. 31. また、同分野で見ると、ヨーロッパの一七カ国で成立した法案に要した平均日数は一〇六日であり、それに比べても短い (Becker and Saalfeld 2004: 58).

(32) 以下、これら四つの論点については、日本の国会についての本書第一〇章を参照。

(33) 筆者が実施した関係者へのインタヴューでも、いくつかの疑問が示された。Bruno Le Roux 社会党会派代表によれば、政府監視・調査の週は議員があまり活発ではなく休んでいるのに近い、との評価であった(二〇一五年三月九日)。また、Eric Thiers (Conseiller, Chef de division, Secrétariat particulier du Président) は、与党による対政府質問は政府へのコントロールとして機能していないので、野党だけにした方がよいとコメントした(二〇一五年三月一〇日)。

(34) 例えば、Proksch and Slapin (2015) が代表的な例である。彼らは、こうした考え方を Delegation theory of parliamentary debate としてまとめている。

(35) 当然であるが、与野党間の妥協として最終的に修正が行われることは起こりうる。ここでいう議員のイニシアティヴとは全く異なる意味である。

(36) むろん、実際の審議プロセスでは様々なことが起こりうる。野党側が真剣に法案の成立を阻止しようと考えれば、膨大な数の修正案が提出され、それらについて多大な時間と労力が必要となる。また、本会議に上程するタイミングは、委員会においてどの程度の審査時間を必要とするかという見積りにかかっているが、それについては、与野党間で一定の考え方の相違があり、交渉によって決められるのが普通である。

参考文献・データソース

植野妙実子編(二〇一一)『フランス憲法と統治構造』中央大学出版部。

大山礼子(二〇一三)『フランスの政治制度』東信堂。

古賀豪・桐原康栄・奥村牧人(二〇一〇)「帝国議会および国会の立法統計――法案提出件数・成立件数・新規制定の議員立法」

『レファレンス』一一月号。

白井誠(二〇一七)『政党政治の法構造』信山社。

高澤美有紀(二〇一六)「主要国議会の解散制度」国立国会図書館『調査と情報』第九二三号。

辻村みよ子・糠塚康江(二〇一二)『フランス憲法入門』三省堂。

徳永貴志(二〇一八)「フランス国民議会の特徴」、国立国会図書館調査及び立法考査局『フランス議会下院規則 基本情報シリーズ25』。

野中尚人(二〇一五a)「権力共有型の議院内閣制と日本型の議会合理化」(日本比較政治学会二〇一五年度研究大会提出論文)。

――(二〇一五b)「フランス――第五共和制の「半大統領制」と「合理化された議会主義」」、佐々木毅編著『二一世紀デモクラシーの課題』吉田書店。

――(二〇一五c)「日本の議会における時間リソースと審議パターン――国会・高知県議会とフランス国民議会の比較を通じて」『東洋文化研究』第一七号。

服部有希(二〇一三)「フランスの議会による政府活動の統制――二〇〇八年の憲法改正による議会権限の強化」『外国の立法』第二五五号。

福岡英明(二〇〇一)『現代フランス議会制の研究』信山社。

藤嶋亮(二〇一五)「半大統領制の下位類型に関する一試論」、佐々木毅編著『二一世紀デモクラシーの課題』吉田書店。

三輪和宏(二〇〇九)「フランスの統治機構改革――二〇〇八年七月二三日の共和国憲法改正」『レファレンス』五月号。

Assemblée nationale (2006a) *L'Assemblée nationale dans les institutions françaises.*

――(2006b) *Règlement de l'Assemblée nationale.* (本文中ではRANと略記)

――(2009a) *L'Assemblée nationale dans les institutions françaises.*

――(2009b) *Règlement de l'Assemblée nationale.* (本文中ではRANと略記)

フランス国民議会のウェブページ http://www.assemblee-nationale.fr(最終閲覧二〇一九年二月一五日)
ウェブページの内部には、様々なデータがあるが、特に以下の部分を参照した。
①Recueil Statistiques
②Bilan statistique de la XIVème législature (http://www2.assemblee-nationale.fr/static/14/statistiques/)
③Bilan statistique de la XIIIème législature (http://www.assemblee-nationale.fr/13/documents/archives-13leg.asp)

④Bulletin de l'Assemblée nationale

⑤Compte rendu de réunion n° 1–n° 53 （例 http://www.assemblee-nationale.fr/14/cr-cedu/14-15/c1415053.asp）

Bruno Le Roux（与党である社会党会派の会長＝当時）へのインタヴュー　二〇一五年三月九日実施。

Eric Thiers（Conseiller, Chef de division, Secrétariat particulier du Président＝当時）へのインタヴュー　二〇一五年三月一〇日実施。

Becker, R. and T. Saalfeld (2004) "The Life and Times of Bills," in H. Döring and M. Hallerberg eds., *In Patterns of Parliamentary Behavior: Passage of Legislation Across Western Europe*, Ashgate.

Blacher, Philippe (2012) *Le Parlement en France*, L. G. D. J.

Camby, Jean-Pierre, Patrick Fraisseix et Jean Gicquel, coordonné par (2011) *La révision de 2008: une nouvelle Constitution?*, L. G. D. J.

Camby, Jean-Pierre et Pierre Servent (2011) *Le travail parlementaire sous la Vè République*, Montchrestien.

Carcassonne, Guy (2013) *La Constitution*, 11 ème édition, Edition Pointe.

Connil, Damien (2016) *Les groupes parlementaires en France*, L. G. D. J.

de Montis, Audrey (2015) *La rénovation de la séance publique du Parlement français*, Dalloz.

Jan, Pascal (2010) *Les Assemblées Parlementaires Françaises*, La documentation Française.

Kerrouche, Eric (2006) "The French Assemblée nationale: The Case of a Weak Legislature?," *The Journal of Legislative Studies*, 12(3–4), pp. 336–365.

Luchaire, François, Gérard Conac et Xavier Prétot, sous la direction de (2009) *La Constitution de la République française*, 3ème éd., Economica.

Proksch, Sven-Oliver and Jonathan Slapin (2015) *The Politics of Parliamentary Debate*, Cambridge University Press.

Saiegh, Sebastian (2009) "Political Prowess or 'Lady Luck'? Evaluating Chief Executives' Legislative Success Rates," *The Journal of Politics*, 71(4), pp. 1342–1356.

Vintzel, Céline (2011) *Les armes du gouvernement dans la procédure législative : étude comparée : Allemagne, France, Italie, Royaume-Uni*, Dalloz.

第5章

アメリカ大統領制と予算編成

待鳥聡史

はじめに

予算は一般に政府の活動計画書として理解されているが、民主主義体制において「国民から見れば予算とは政策そのもの」(曽我二〇一三：一二八)でもある。政府がその活動の原資である歳入をどこから獲得し、活動の具体的な表現である政策に歳出としてどれだけ振り向けるかは、統治の根幹をなす決定である。だとすれば、予算編成のあり方と政治制度(統治機構)のあり方は、おのずから密接な関連を有することになる。とりわけ、大統領制や議院内閣制といった執政制度(権力分立)のあり方との関係は深い。執政制度とは統治エリート間の分業を定めるルールであり、有権者からの委任を受けた政治権力をどのように分割し、誰に何を担わせるかを定める。予算編成が政治権力の行使そのものであるならば、それが誰に委ねられ、いかに行われるかは、政治権力の所在とあり方を考える上で決定的な意味を持つはずなのである。

このような観点に立つとき、予算編成を考える視角としては、編成された予算の内実、すなわち財政よりも、予算編成の過程や制度的枠組み、すなわち予算制度に注目することが求められる。もとより、分析対象としての財政と予算制度の区分は相対的であって、誰がどのようにして予算を編成しているのかを解明する作業は、編成された予算がいかなる特徴を持つのかを考察する作業とつながっていることも少なくない。財政赤字が発生する理由や巨額化する理由について、予算編成の過程や制度の特徴に注目した研究は、枚挙に暇がない(1)。それでもなお、政治権力の理解にとっては、財政のあり方とは区別された予算制度にもっぱら関心を寄せる意義は大きい。

本稿においては、赤字の多寡や生じやすさといった財政的な観点ではなく、政治制度構造との関係に重点を置きながら、アメリカ連邦政府の予算制度について検討を加えることにしたい。アメリカ連邦政府の予算制度については、行政部門内部での大統領予算の作成過程を分析したアーロン・ウィルダフスキー(Wildavsky 1964＝1972)や、連邦議会における予算関連議案の審議と制度的枠組みを詳細に検討したアレン・シック(Schick 1980)などの古典的著作に始まり、近年はやや低調であるものの、今日に至るまで無数の研究が蓄積されている(2)。しかし、それらはいずれもアメリカの研究者や読者に向けて書かれた著作としての性格が強く、また予算編成にのみ関心を向けている。それに対して本稿では、アメリカの政治制度が持つ比較政治学的な特徴を意識しながら、連邦政府の予算制度がいかなる特徴を持つのか、さらには近年の予算制度改革論はいかなる文脈に位置づけられるのかを論じることにしたい。

一　アメリカの大統領制

大統領制における委任・責任の連鎖関係

アメリカが採用する大統領制は、本書が主として関心を寄せる議院内閣制とは異なった執政制度である。執政制度については、有権者を起点とする委任・責任の連鎖関係の差異に注目した区分を行うのが一般的である(Strøm 2000:

待鳥二〇一五)。

委任・責任の連鎖関係とは、有権者・政治家・官僚の間に存在する、政治権力の行使に関する委任と、その委任に見合った権力行使がなされているかについての説明責任という二つの流れから構成される。この二つの連鎖が存在していることが、すべての代議制民主主義に必須の要件である。すなわち、民主主義体制の下では政治権力の源泉はすべて有権者(国民)にあり、有権者から政治家・官僚といった統治エリートに委任が行われて実際の政治権力の行使がなされる。裏返しとして、統治エリートは有権者に説明責任を負う。その際に、有権者が誰に対して政治権力の行使を委任するか、委任された統治エリートの間にはどのような分業関係が存在するかによって、議院内閣制と大統領制は分岐する。

大統領制においては有権者が大統領を公選して委任を行うため、議会多数派の意向に関係なく、行政部門の運営権限は大統領(政権)に与えられている。他方で、政策決定すなわち立法に関する権限は議会にのみ与えられるのが基本だが、実際には政権側が関与する余地が残されている場合が多い。具体的には、法案や予算の提出権、議会を通過した法案に対する拒否権、議会が立法を行わない場合に限られた期間代替する緊急命令(デクレ)権などである。これらを有するかどうか、有する場合には、提出権であれば排他的(政権側のみ提出できる)かどうか、拒否権であれば部分拒否が認められるかどうか、緊急命令権であればどれだけの間効力が持続するか、といった差異は大きく、ここに大統領制内部のヴァリエーションが生まれることになる(建林・曽我・待鳥二〇〇八)。

そして、立法過程に政権側が関与する制度的権限が乏しいほど、議会における多数派形成が大きな意味を持つ。多数派形成の最も重要で、安定的な効果が期待できる方法は、大統領が政権党の指導者として、政権党議員たちに対する影響力を行使することである。たとえば、議会選挙における政権党の候補者公認の過程に大統領が関与できる、あるいは政権党内部における政治資金の配分に大統領が関与できる、といった手段が使える場合には、大統領は政権党に所属する議員たちを従わせて、議会内に安定的な多数派を確保することができる。このような場合には、大統領は立法過程に関与するための制度的権限が乏しくとも、自らの意向を反映させた政策決定が行いやすくなる（Mainwaring and Shugart 1997；粕谷編二〇一〇）。

アメリカ大統領制の出発点

アメリカは初めて大統領制を採用した近代国家であり、今日まで続く大統領制を創設した国家でもある。そのため、大統領制であることはアメリカの政治制度の代名詞のようになっている。しかし、ここまで検討してきた現代の大統領制のヴァリエーションという観点からは、アメリカの制度は大統領中心の政治過程を想定しているわけではなく、その意味で「典型的」な大統領制だとは言い難い。その大きな理由は、アメリカに大統領ポストが置かれた歴史的事情に求められる。

独立直後のアメリカは、旧植民地である一三の邦が形成した国家連合（confederation）であった（中野二〇一三）。憲法に当たる連合規約（Articles of Confederation）の規定により、全米にかかわる政策決定は各邦の同意なく行うことができず、しかも各邦においては議会優位の政治制度の下で「多数派の専制」状況が生まれていたため、中央政府の運営は困難を極めた。この状況に対処するために開かれたのが、フィラデルフィア憲法制定会議である。それは、連合規約の改正という形式を取りつつ、実質的には新しい憲法を制定するための会議であった。各邦の政治で起こっていることは、邦憲法によって定められた制度を変革しない限り変えようがない。したがって、全米レヴェルでの新憲法制定によってできるのは、中央政府をより強力な存在にすることに限られる。しかし同時に、権限を強めた中央政府に再び「多数派の専制」が生じたならば、各邦の政治と同じ問題に直面して、アメリカの危機的状況を解消することはできないであろう。

かくして、より強力な中央政府を創出するために連邦制が、新しい中央政府である連邦政府の内部における「多数派の専制」を回避するために権力分立制が、新しい憲法(合衆国憲法)では採用された。連邦政府は、州政府が相互の合意に基づいて創設した存在ではなく、アメリカ国民からの直接の委任に基づいて存在することになった。課税権や通商規制権など連合規約よりも広範な権限が与えられ、それらについては州政府の関与は認められないことが定められた。

連邦政府内部における権力分立は、憲法制定会議の途中までは、議会の下院を上院が抑制することが想定されていた(Taylor et al. 2014)。会議に参加した人々は、当時のアメリカで最高水準の有識者たちであったが、彼らは混合政体を理想としていた。混合政体とは、君主政・貴族政・民主政の要素が含まれる政治制度を指すが、当時その代表例はイギリスにあると考えられていた。イギリスは、君主・貴族院(議会上院)・庶民院(議会下院)の間に抑制均衡関係があるとされていた。アメリカの場合、君主がいない共和政であることが大前提なので、貴族政と民主政の混合を議会の二院制によって実現することが目指された。しかし、それでは下院への抑制として不十分であるという意見が出され、議会とは切り離された大統領職が創設されることになったのである。

議会下院が民主主義的要素を体現する存在として、二年という短い任期で有権者から直接公選されることを前提に、議会上院と大統領は下院を抑制することで連邦政府内に均衡を創り出す存在とされた。そのため、上院は州議会による間接選挙と六年の任期が、大統領は選挙人による間接選挙と四年の任期が、それぞれ与えられることになった。しかしもちろん、君主の暴政と政治参加の不十分さを非難してイギリスから独立した以上、アメリカにおける政策決定の主役は下院でなければならない。連邦政府の権限として定められた事項は、大部分が連邦議会の立法の対象とされ、その議会では財政案件の下院先議などによって下院が優越することが想定されていた。予算編成権もその一部であり、当然ながら議会に帰属することになった。大統領には、連邦議会が不適切な立法を行った場合の拒否権と、立法を行わない場合に促す勧告権（教書送付権）が与えられたに止まる。つまり、議会（下院）を抑制する存在として、アメリカの大統領は出発したのである。

大統領制の変容あるいは転用

混合政体論を近代の共和政に導入して成立したアメリカの大統領制は、その後何度か大きな変化を経験し、次第に民主主義体制下の政治制度の一類型になっていった（待鳥二〇一六）。

最初の変化は、政党の登場である。選挙人による間接選挙を導入した際に、選挙人投票で一位となった人物が大統領に、二位になった人物が副大統領に就任するとされていたのは、政党の存在を想定していなかったことの表れであった。自らも識見に富んだ選挙人が、これはと思う人物を大統領に選任することが考えられていたのである。それは、当時のヨーロッパやアメリカにおいて主流であった、市民的徳性を持つ人物が政治権力の担い手になるべきだとする共和主義に基づくものであった。しかし、ジョージ・ワシントンが二期八年務めた後、一七九六年の大統領選挙では、既にワシントン政権下で対立を強めていたフェデラリスツとリパブリカンズという二つの勢力が相まみえるようになっており、大統領と副大統領の所属政党が異なるという不都合が生じた。一八〇四年の憲法修正によって、大統領と副大統領は別個に選出されることになり、各政党が大統領候補と副大統領候補を擁立することが事実上容認された。

次の変化は、大統領選挙人の自律性の喪失である。大統領選挙人を各州がどのように選出するかは州法に委ねられていたが、州議会が選任した選挙人は、その州において一般有権者の投票で一位となった政党の候補者に投票することが、一八三〇年代には事実上の標準となった。その後、選挙人が一般有権者の投票結果と異なった候補者に投票することを州法で禁じるようになり、今日ではほぼすべての州において禁止されるに至っている。これは、間接選挙制を完全に骨抜きにすることを意味しており、大統領は事実上有権者からの直接公選となった(3)。

これらの変化は、アメリカ政治全体における共和主義的要素の後退と民主主義的要素の強まり、すなわち民主化と軌を一にするものであった。ジャクソニアン・デモクラシーの時代である一八三〇年代には、連邦議会の下院選挙における白人男子普通選挙が実現した。行政部門におけるスポイルズ・システムの広がりも、教育の機会均等が充足されていない当時の状況では、縁故採用というよりもむしろ平等志向の表れであった。州レヴェルにおいて裁判官公選制が普及し始めたのも、この時代のことであった（木南二〇〇八、重村二〇一七）。最後まで間接選挙制が残ったのは連邦議会の上院であり、州議会による選出が廃止になるのは、一九一二年の合衆国憲法修正一七条の成立まで待たねばならなかった。

大統領が民主主義的要素を抑制する存在でなくなれば、予算編成を含む財政権限を議会にのみ与えておく必要性は乏しくなる。一九世紀においては連邦政府の役割は限定的であり、それに見合うように歳出規模は小さかった。主たる財源は関税だったため、その水準を定めてしまえば、歳入について別の政策的検討を進める必要性にも乏しかった。全体として、連邦政府の予算編成が持つ意味は大きくはなかったのである。だが、それは問題を伏在化させていたに過ぎなかった。二〇世紀に入り、連邦財政が社会経済に与える影響を強めるとき、多くのアクターが民主主義的正統性を持っているという状況は、予算制度に新しい変化を生み出さずにはおかないであろう。

二　アメリカの予算制度史

一九二一年予算・会計法の制定

合衆国憲法が制定され、連邦政府が創設されてから一〇〇年以上にわたって、予算編成はおおむね次のように進められてきた（Kettl 1992: 124-126）。

まず、各行政省は連邦議会に対して、それぞれ自らの省の支出についてのみ予算要求を提出する。それを受けて、連邦議会は要求内容を検討し、予算をつけるかどうかを決定する。その際、議員たちは選挙区への利益配分を重視する傾向にあったといわれる(川崎二〇一四)。連邦政府歳入は一九世紀末頃まで関税に六割程度を依存していたが、関税水準の決定は地域や産業のミクロな要求の影響を強く受ける傾向があり、予算編成の全体像との関係は希薄であった。[4] 各行政省の要求内容や総額についての事前調整は、南北戦争中のように例外的な状況でなければ行われることがなく、大統領が関与する機会もほとんどなかった。

そこで行われていた予算編成とは、連邦政府の政策の包括的かつコーディネートされた一覧の作成作業というよりも、年度ごと、行政機関ごとに認められた支出プログラムのアドホックな集積という性格を濃厚に帯びていた。次第に大きくなっていく予算規模に対して、連邦議会が何ら手も講じなかったわけではない。一八六〇年代には、歳入と歳出を別々の委員会で扱うようになり、さらには委員会の下部に小委員会を設けて、分業によって専門性を高めようと試みたのである。しかし、それは議会内の各アクターの自律性をさらに強めてしまう結果になり、財政規模が大きくなった国家での予算編成に必要な全体像を得ることは困難であった。

ただし、この時期の課題は財政難ではなかった。一八世紀末や一九世紀半ばまでのアメリカは、経済規模などから見れば依然として小国であり、連邦制を採用して州政府が多くの役割を担っていたことも相まって、連邦政府の役割は小さかった。一九世紀後半になると、産業革命によって急激な経済成長を遂げ、世紀末には世界一の経済力にまで至るが、その過程では税収も伸びる一方で連邦政府が担う役割は依然として小さかったから、財政上の課題はむしろ過大な黒字基調にあった。制度上の問題は、予算編成があまりにも断片化し、多くのアクターが関与しすぎるために、財政運営の責任の所在が不明確になってしまうことであった。

かくして、二〇世紀に入ると予算制度の改革が進められることになった。当時のアメリカは革新主義の全盛期であり、能率や管理といった用語が公共部門にも多用されるようになっていた。そこで追求されたのは、民主主義的な正統性とは切り離された、専門能力に基づいた合理的な政府の運営であった。それは行政部門が担うとされ、民主主義的正統性を担う立法部門との間には分業関係が想定された。行政学にいうところの政治行政二分論である。予算編成に関しても、財政規模の大きさに見合った合理性や責任所在の明確化が追求されるべきであり、その担い手は行政部門だとされた。このような発想に基づき、行政部門に予算局を設けて全体像の提示を担わせる改革は、革新主義期の多くの改革と同じく、州政府や都市政府において先行した(Kettl 1992: 126)。

連邦政府においては、ウィリアム・タフト政権の時期から、大統領の下に予算編成に関与する機関を設けるべきであるという議論が強まった(川崎二〇一四：四七—八〇)。革新主義は社会経済的課題に対する政府の関与について従来に比べて広範に追求する考え方でもあったため、連邦政府の財政規模はさらに拡大基調を強めていた。セオドア・ローズヴェルト政権の後半やタフト政権の時期には、関税やその他の小規模財源では賄いがたくなりつつあり、予算編成の合理化の意義は強まっていた。大統領は既に実質的に直接選挙されている以上、民主主義的正統性の問題もあまりないはずであった。しかし予算編成は、合衆国憲法に規定された連邦議会の最も重要な権限であり、それを部分的であっても行政部門に移すことへの抵抗は大きかった。

結果的に、一九二一年予算・会計法に結実した改革では、予算編成権を連邦議会に残したまま、行政部門が実質的に関与する方策が取られることになった。財務省の内部に予算局を設置し、予算局において各行政機関からの要求を査定し、かつ税収など歳入の見通しも立てる。それに基づいて、大統領が連邦政府財政の全体像を取りまとめ、大統領予算(予算教書)として連邦議会に送付し、予算編成に活用してもらうという方式である。この方式であれば、大統領予算は憲法に定められた立法勧告権を行使して送付される文書であり、議会が従う義務は生じないから、予算編成権を奪われることにもならない。それは、議会を政策過程の中心に据える古典的大統領制の枠内での、最大限の改革

であった。(5)

大統領主導の確立と憲法的危機

大統領予算の導入と予算局の創設を柱とする、一九二一年予算・会計法に基づく改革は、連邦政府の予算編成に対して大きな影響を与えた。大統領の役割の著しい拡大と、連邦議会に対する優越の確立である(Kettl 1992: 126–129)。

変化が生じた理由は大きく二つであった。一つには、政権側と議会側の大きな情報と能力の格差である。政権側は、合理的な手法に基づくマクロ経済予測や税収見積もりを踏まえて、総合的な予算像を提示するようになった。それに対して議会側にはそのような推計を行うスタッフ機構も存在せず、かつ予算の全体像を把握する制度的枠組みもないままであった。元来、議会は選挙区などの個別利益を代表し、それを歳出プログラムに反映させることに関心が向かいがちであり、マクロ経済に関する情報や全体像を踏まえた予算編成は得意ではなかった。そのため、議会は予算編成に際して大統領予算やそれに付随する予算局の予測に多くを依存するようになったのである。

もう一つには、とりわけニューディール期以降においては、政権側が内政の基本的方針を打ち出し、議会側はそれをおおむね受け入れる傾向が強まったためである。しばしばリベラル・コンセンサスあるいはニューディール・コンセンサスという用語が与えられるように、一九二九年の世界大恐慌以降、アメリカが直面する社会経済的課題に連邦政府が積極的に取り組むこと、そしてそれを主導するのが大統領であることは、単に議会のみならず、裁判所さらには一般有権者にも広く受容された方向性であった。大統領予算は、まさにそのような方向性に合致する形で、政権側が連邦政府の「政策そのもの」を提示する文書としての役割を果たした。

しかし、一九六〇年代の社会運動の噴出に伴う混乱、相対的な経済力の低下と財政悪化、そしてヴェトナム戦争の泥沼化などによる連邦政府への信頼の低下は、リベラル・コンセンサスを崩壊させた。連邦財政は毎年度、世界大戦期などを除けば記録的な水準の赤字を生み出すようになった。一九六九年に政権を発足させたリチャード・ニクソンは、財政赤字の主因を連邦議会の予算編成に求めた。予算の全体像やマクロ経済見通しを自ら提示することなく、一九世紀とほぼ同じやり方で予算編成を行っているがゆえに、無責任な歳出プログラムなどが多数含まれているというのである。ニクソンはそれを理由として、連邦議会を通過した歳出プログラムの一部について執行留保を行った。

予算の執行留保は、ニクソンが生み出した方策ではない。しかし、連邦議会との政策的な立場の違いや予算制度に対する批判から執行留保を行うことが許されれば、予算編成権は空洞化し、さらには合衆国憲法に定める権力分立も実質を失ってしまうであろう。それは、ヴェトナム戦争において議会に適切な情報開示がなされなかったのと同様な「憲法的危機」であった。同時に、一九二一年予算・会計法に見合う改革を約五〇年にわたって行わないまま、マクロな推計や情報を大統領予算に依存して、利益配分政治に専念してきたという批判は、議会にとって痛いところを突くものであった。予算編成権を維持するには、執行留保を制限するとともに、予算制度の改革も不可欠であるという認識は、議会内部で急速に広まっていった。

一九七四年議会予算法による議会主導の試みと挫折

予算編成過程における大統領の実質的な優位と、その極限的な表れとしての大規模かつ政治的意図を伴った執行留保、そしてその裏面にあった連邦議会内部の予算制度の旧態依然ぶりを解決すべく成立したのが、一九七四年議会予算・執行留保統制法であった（待鳥二〇〇三）。この法律は、名称からも明らかなように、議会内部の予算制度改革と大統領による執行留保への統制という二つの要素から成り立っていた。以下では予算制度改革に関係する部分のみを扱い、名称も一九七四年議会予算法、あるいは単に議会予算法と略記する。

議会予算法による予算制度改革は、二つの柱から成り立っていた。一つは予算決議制度の創設と予算決議を所管する予算委員会の設置であり、もう一つは予算に関する議会内部のスタッフ機構としての議会予算局の設立であった。予算決議は連邦議会に政府財政と予算の全体像を提示するものであり、議会予算局はそのための情報収集や経済推計を行う役割を担う。これらは一九二一年予算・会計法によって大統領予算制度が創設され、予算局が設けられたことと同じ動きであり、行政部門で進められた予算制度改革を五〇年以上の遅れで追いかけるものだともいえた。そして、予算編成権を行使する既存の議会内組織からの権限移譲がなされなかったという点でも共通していた。

一九七〇年代前半の連邦議会は、直接的にはニクソン政権による批判に応えるべく、より広い意味ではリベラル・コンセンサスが失われた後の政治過程において新しい役割を見出すべく、多くの自己改革を進めていた。長らく続いた先任者優先制（シニオリティ・ルール）や委員会中心の立法過程の変革、戦争権限に対する議会の関与を改めて明確化するための戦争権限法の制定などである。予算制度改革もその重要な一部をなしていた。しかし、リベラル・コンセンサスの下で連邦政府の積極的役割が広く受け入れられ、そこでは大統領が主導的役割を果たすことが期待されるようになったのは、社会経済的課題の深刻化や複雑化といった背景事情によるものであった。リベラル・コンセンサス以前の時代に単純に戻れるわけではない。また、自己改革を行いつつも議会内過程の変化は漸進的だったから、短期間に効果が表れるのは期待薄であった。

事実、議会予算法に基づく新しい予算制度は、政権側との影響力関係という点でも、議会内部の予算編成の変化という点でも、所期の成果を挙げたとは言い難い。予算決議は、歳入法案、歳出権限法案、歳出予算法案に細分化され、コーディネーションを欠くという議会内部の予算編成の欠点に対して、大統領予算とは異なる参考情報を提示する機能しか果たすことはできなかった(6)。予算決議の内容によって歳出予算法を縛る予算調整手続きなど、様々な手法も使われた。だが、その実効性は短期間しか持続せず、結局のところ予算決議は連邦議会が政権側や有権者に対して財政についての自らの立場をアピールする手段としての意味しか持たなくなったのである。議会として予算編成権を持つが、内部では多数の法案に区分され、それぞれが別の委員会で所管されるという仕組みを維持したままでは、大統領予算に屋上屋を重ねるような役割の予算決議を行ったところで、多くの変化を想定すること自体に無理があったというしかない。

三　今日の予算編成

制度の空洞化

長らく赤字が続いた連邦政府の財政は、一九九〇年代初頭から急速に改善し、一九九七年度には三〇年ぶりの単年度黒字が生まれるまでに至った。だが、その最大の要因は一九九〇年代のＩＴブームなどによる好景気の持続であり、予算制度改革の成果とは言い難かった。

確かに、一九九〇年と九三年の二度にわたり、政権側と議会側の交渉によって包括予算調整法（Omnibus Budget Reconciliation Act: OBRA）が制定されたことは、増税や歳出削減に対する双方のコミットメントにつながった。ＯＢＲＡは議会予算法に定められた予算調整手続きを使った立法だから、改革の成果だと考えることは不可能ではない。しかし、それはリベラル・コンセンサスが失われた時代において自律的な予算編成権の行使を目指した一九七四年議会予算法が目指した方向性とは異なり、政権側と議会側が交渉を通じた協調を実現することで果たされた財政再建立法であった。元来が個別利益代表としての性格が強い連邦議会が、予算編成を含めマクロな政策の方向性を独力で打ち出すには、現代のアメリカが直面する諸課題は難しすぎるのである（待鳥二〇〇八、二〇〇九ａ）。

予算制度の観点からは、一九九〇年代以降はむしろ、制度と実態の乖離ないし制度の空洞化が進んだ時期だというべきであろう。議会予算法に基づく予算調整手続きは、一九九〇年代には連邦議会によって自律的になされる予算決議に実効性を与えるという本来の趣旨から大きく離れて、政権側と議会側の協議の結果を反映させ、議会内部に残る反対派を封じ込める手段になった。さらに二〇〇一年にジョージ・W・ブッシュ政権の下で共和党が議会多数派を確立すると、議会内過程において議事妨害から保護されるという予算調整手続きの特徴を活用して、共和党の求める減税案を実現する手段になったという（河音二〇一〇、Mansbridge and Martin 2013）。

予算調整手続きが変質しながらも使われるとき、そこに共通して見られる意図は、反対派ないし少数派を予算編成から実質的に排除することであった。反対派は、予算をめぐる合意に含まれる何らかの個別項目（たとえば、増税や特定プログラムの歳出削減）に反対していることが多く、議会内部の予算制度が複雑で多数の立法に分割されていることを利用して、様々な手続きを駆使しつつ個別立法の成立に抵抗する。それを乗り越えるために、予算制度は本来想定されていない運用がなされることになったのである。裏返せば、今日のアメリカ政治において多数派形成の流動性が失われ、時間をかけて議論を進めたとしても超党派の合意形成は難しいことの表れでもあった。

関連した変化は他にも生じた。一つには、包括立法が多用されるようになったことである。包括立法はオムニバス立法ともいわれ、複数の立法としてなされるべき議案について一本化し、個別処理した場合に生じる矛盾の回避や時間の節約を図る。先に述べたように、連邦政府の予算を構成する立法は複数あり、とりわけ歳出予算法は政策領域ごとに一二本（二〇〇四年度までは一三本）に区分されているという特徴を持つ。これらについて、たとえば歳出予算法のうちの五本あるいは一〇本をまとめて単一の包括法案とし、一気に採決してしまうという方式が一般化したのである。

もう一つは、会計年度が開始される時点で予算編成が終わることが、ほとんどなくなったことである。これは、一見すると包括立法の多用による抵抗の排除と矛盾するようだが、実際にはそうではない。包括立法による予算編成は原則ではなく、当初は個別立法による予算編成が試みられるが、イデオロギー的な分極化や硬直化が進んでいる今日の状況では結局多数派形成がうまく行かず、最終的には反対派の排除が選択されて、会計年度開始後に包括立法化される。これは、とりわけ政権側と議会多数党執行部の関係が円滑でない場合に強まる傾向であり、近年では暫定予算に当たる継続決議の不成立によって連邦政府の一部閉鎖が長期化することとも重なり合う現象である(7)。

分極化の渦中における予算編成

予算制度と実態の乖離、あるいは空洞化は、なぜ生じたのだろうか。先に述べたように、現在の議会内部の予算編成の制度的枠組みを定める一九七四年議会予算法は、立法当初から中途半端な性格を帯びていたことは間違いない。連邦議会が全体として持つ予算編成権の再生や強化を目指しつつ、議会内部では既存の過程や分業関係を大きく侵すことなく、予算決議などを前置きしたに過ぎなかったからである。ウォーターゲイト事件によるニクソンの辞任などもあり、政権側との激しい対立と憲法的危機が過ぎ去ると、予算編成権の強化よりも既存の仕組みの維持に多くの議員の関心が向かったのは当然であった。選挙区や支持者の個別利益を表出することが、議員にとってはより大きな行動の誘因である以上、ミクロな利益配分よりもマクロな観点からの予算編成を優先させることは難しい。改選サイクルが二年と短い下院の場合、その傾向はより顕著にならざるを得ない(Meyers 2017)。

それを助長したのが、一九八〇年代以降に次第に強まった、議会内における政党(多数党)の役割拡大であった。議会予算法を含む一九七〇年代の議会内改革は、委員会制度やシニオリティ・ルールの弱まりを伴っていた。それは一方において、若手議員の影響力を拡大し、いわゆる「鉄の三角形」に代表される既得権益擁護の仕組みを解体した。しかし他方では、委員会制度やシニオリティ・ルールによって確保されていた立法過程の生産性を低下させることにつながった。政策過程における議会の役割が大きいアメリカの政治制度上、立法生産性の低下は政策展開の停滞と有権者からの批判に直結する。これを回避するには、従来とは異なる生産性確保の手段が必要であった。多数党、とりわけその執行部が立法過程で果たす役割が拡大した一因は、この点に求められる(待鳥二〇〇九b)。

多数党執行部の役割が拡大するとき、予算編成もその意向を反映しやすくなる。執行部に所属しない多数党の若手議員から見れば、予算編成へのマクロ的観点の導入や日程管理などを執行部に委ねつつ、自らは個別利益追求が図れるのであれば、いちばん好都合であった。もちろん、両者は予定調和的に合致するわけではなく、一九九〇年や一九九三年の包括予算調整法の立法過程のように、政権側との協議で得られたマクロ的な観点を重視する執行部側と、あくまで個別利益追求を図る若手議員側の対立が深刻化する例も見られた(8)。だが、個々の議員(とくに執行部に属さない議員)の誘因を大きく変えることなく予算編成を円滑に進めようとするとき、このような分業関係とそれによる予算制度の実質的変化は、いわば当然の帰結だったともいえよう。

その傾向は、多数党執行部が政党間関係の分極化の一翼を担うようになると、さらなる予算編成の質的変化を導いた。すなわち、一九九四年中間選挙において共和党がニュート・ギングリッチらに率いられた「保守革命」を標榜し、その後はほぼ一貫して二大政党のイデオロギー的懸隔が拡大するにつれて、予算編成は多数党のイデオロギー的手段として用いられる傾向を強めた。それでもなお二〇〇〇年代初頭までは、予算決議にイデオロギー色を強く打ち出し、その後の予算編成は相対的に穏健化するパターンも見られた(待鳥二〇〇八)。補正予算を通じた財政支出の拡大も、その主対象は国防支出だったが、全体として見れば利益配分政治の文脈に位置づけられる。もとより予算決議の後の予算編成過程は個別利益追求の手段である以上、このようなパターンになるのは珍しいことではない。

しかし、二〇一〇年代に入ると分極化がいっそう進展し、大統領すらもイデオロギー対立に身を投じるようになると、予算決議とそれ以外の分業も変わりつつある。イヤーマークなどと呼ばれる歳出面での個別利益配分は残存する一方で、あらゆる増税を拒否するといった動きも強まっている。予算編成はさらにイデオロギー対立の色彩を強め、分極化を反映したものとなっている。そこでは、マクロとミクロ、あるいはイデオロギーと個別利益追求の間での分業ではなく、党派的観点からの反対派の排除が進められるようになった。結果として、予算不成立による連邦政府の一部閉鎖などが珍しくなくなり、かつ財政悪化も顕著になっているため、議会の予算制度の機能不全が指摘される事態に至っているのである(Meyers 2014: Convergence Center for Policy Resolution 2016: Reynolds 2018)。

おわりに

本稿においては、アメリカの政治制度の中に予算編成を位置づけることを試みた。

アメリカの大統領制は、その基本的な特徴として、大統領ではなく連邦議会が政策過程を主導することが本来想定されている。予算編成についても例外ではなく、議会に帰属する権限である。しかし二〇世紀に入ると、財政規模の拡大やその背景にあった連邦政府の役割拡大と課題の複雑化によって、議会が予算編成を主導することは難しくなった。大統領が民主主義的正統性を強め、革新主義の潮流の後押しも受けて、一九二一年予算・会計法が制定され、行政部門に予算局が設置されるとともに、大統領予算が議会に送付されるようになった。大統領予算は、アメリカの予算制度史上初めて財政と予算の全体像を政治過程のアクターに与えるものであり、それ以後の予算編成は政権側が主導する傾向が強まった。ニューディール期のリベラル・コンセンサスによって、政策過程全体を大統領が中心になって動かす構図が一般化したことも、その傾向を助長した。

しかし、リベラル・コンセンサスが一九七〇年代初頭までに失われ、大統領と連邦議会の対立が強まると、議会側は予算編成権についてもその再確立を試みるようになる。一九七四年議会予算・執行留保統制法は、その主たる手段であった。議会の内部に議会予算局が設置され、財政と予算の全体像を得るための予算決議制度が創設されたことで、少なくとも政権側との情報格差はなくなった。しかし、議会内部における分権的な予算編成の仕組みは維持されたことから、予算決議を活用した自律的な予算編成には至らなかった。むしろ、議会予算法に規定された予算調整手続きなど、本来は自律的な予算編成を追求するための手段として想定されていた仕組みが転用され、政権側と議会側の協議の成果や、議会多数党執行部が望ましいと考える政策の実現手段になったのである。今日ではとくに、議会内部での政党間関係の分極化を反映して、反対派や少数派を予算編成から排除する手段として使われることも多い。連邦政府機関の一部閉鎖を伴う予算不成立の容認も、大統領を巻き込んだ分極化の時代における、反対派の排除や屈服の手段という色彩が強い。

アメリカの政治制度において民主主義的要素を体現するがゆえに、予算編成権は連邦議会に与えられた。もちろん、合衆国憲法制定のときとは全く異なる社会経済的条件や連邦政府の役割が存在する今日、初期設定に拘泥するのはあまりにナイーヴである。また、大統領の選出方法が実質的に有権者による直接公選になるなど、民主主義的正統性を議会のみが独占しているわけでもなくなった。むしろ、今日では独任ポストである大統領の方が、アメリカ全体の利益や民主主義的正統性をより体現していると考えられることも多い。予算編成における大統領の役割は次第に大きくなってきたのが基本的な方向性だが、その背景に存在しているのはアメリカ民主主義の全体的変容なのである。

しかし、連邦議会に予算編成権が残されている以上、合衆国憲法制定以後の変化が議会において十分な議論や多数派形成の試みを尽くさないことを正当化するわけではない。連邦議会、とりわけ議会内での予算編成について、新たな制度改革が必要であると指摘されるのは、そのためである。たとえば、超党派的な改革提言の一つにおいては、複数年度予算の導入による予算サイクルと選挙サイクルの合致や議会予算局の強化などが提唱されている（Convergence Center for Policy Resolution 2016）。本稿で論じてきたように、予算制度が直面している困難が議員の誘因構造や政党間関係の分極化と結びついているのであれば、提言されている改革は実現可能性と実効性の双方から悲観的にならざるを得ない。だが、アメリカにおける予算編成のあり方が大きな曲がり角に直面しており、当面は模索の時期が続くことだけは間違いないのであろう。

注

（1）　邦語での近年の成果としては、河音（二〇一〇）、田中（二〇一一、二〇一三）、渡瀬（二〇一二、二〇一六）などを参照。

（2）　既存の研究を概観したジョン・ギルモアは、一九七〇年代から九〇年代にかけては財政赤字の動向と研究の活発さが関連していたが、それ以降は財政赤字の再拡大にもかかわらず、研究は不活発な状態が続いていると指摘する（Gilmour 2011）。

（3）　ただし、州ごとの集計や、選挙人数が小さい州に有利に配分されているため、全米での一般得票数と選挙結果の相違が生じることがある。

（4）　一九世紀後半の連邦議会主導による関税水準決定については、小野（二〇〇二）を参照。

（5）　ここで「古典的」とは、大統領には政策過程におけるイニシアティヴや権限を限定的にしか認められず、議会の受動的な抑制役を期待する大統領制を指す。今日では、大統領制諸国の多くにおいて大統領に排他的な予算提出権を認め、かつ議会の予算修正権を制約している（Cox and Morgenstern 2002）。

（6）　歳出権限法案（authorization bills）とは政策プログラムの採否を決める法案であり、歳出予算法案（appropriations bills）とは採用されることが決まった政策プログラムにどれだけの歳出を行うかを決める法案である。歳出予算法案は、政策領域ごとに別法案として処理される。なお、歳出権限法案において予算額が事実上確定してしまう政策プログラムも多く、統制不可能支出などと呼ばれることがある（LeLoup 1980）。

（7）　政党間関係の分極化が目立つようになった一九九〇年代以降は、一九九五年、一九九五年一一月–九六年一月、二〇一三年、二〇一八年一月、二〇一八年一二月–一九年一月に一部閉鎖が起こっている。とりわけ二〇一八年末からの一部閉鎖は、過去最長の連続三五日間に及んだ。分極化が予算編成に与える影響については、たとえば Theriault（2015：157–158）；Thurber（2013：327–334）を参照。

（8）　待鳥（二〇〇三）において筆者は、予算編成の方向性を「総額管理」と「個別プログラム管理」に区分して、アメリカ連邦政府の財政再建には後者が有効であったと論じた。しかし、この区分は財政学などの予算編成研究におけるマクロとミクロの関係とは重なっていない。通常、マクロ予算編成（マクロ・バジェティング）とは、予算の全体像を認識しながら個別プログラム管理を行うことを指すのであり、筆者がかつて行った区分はいずれもマクロ予算編成の内部において個別プログラム管理にまで踏み込むか、財政赤字総額などの大雑把な指標のみに注目するかの差異である。政治学からの分析とはいえ、この点の整理が不十分であったことは、旧著の大きな欠点である。

参考文献

小野久美子(二〇〇二)「一九世紀後半のアメリカ関税史」『経営と経済』第八一巻四号。

粕谷祐子編(二〇一〇)『アジアにおける大統領制の比較政治学』ミネルヴァ書房。

川﨑紘宗(二〇一四)『アメリカにおける政府予算導入期の管理会計史研究』神戸大学博士(経営学)学位論文。

河音琢郎(二〇一〇)「アメリカ連邦予算過程における財政規律の弛緩とリコンシリエーションの変容」『研究年報』(和歌山大学経済学会)第一四号。

木南敦(二〇〇八)「アメリカの代表民主政と裁判官選挙」、紀平英作編著『アメリカ民主主義の過去と現在』ミネルヴァ書房。

重村博美(二〇一七)「アメリカ諸州における裁判官選任方法と裁判官の役割」『近畿大学法学』第六五巻二号。

曽我謙悟(二〇一三)『行政学』有斐閣。

建林正彦・曽我謙悟・待鳥聡史(二〇〇八)『比較政治制度論』有斐閣。

田中秀明(二〇一一)『財政規律と予算制度改革』日本評論社。

――(二〇一三)『日本の財政』中公新書。

中野勝郎(二〇一三)「植民地時代、独立革命、連邦憲法」、久保文明編『アメリカの政治[新版]』弘文堂。

待鳥聡史(二〇〇三)『財政再建と民主主義』有斐閣。

――(二〇〇八)「コンセンサスなき協調」、紀平英作編著『アメリカ民主主義の過去と現在』ミネルヴァ書房。

――(二〇〇九ａ)『〈代表〉と〈統治〉のアメリカ政治』講談社。

――(二〇〇九ｂ)「分極化の起源としての議会改革」、五十嵐武士・久保文明編『アメリカ現代政治の構図』東京大学出版会。

――(二〇一五)『代議制民主主義』中公新書。

――(二〇一六)『アメリカ大統領制の現在』ＮＨＫブックス。

――(二〇一八)『民主主義にとって政党とは何か』ミネルヴァ書房。

渡瀬義男(二〇一二)『アメリカの財政民主主義』日本経済評論社。

――(二〇一六)「アメリカの予算制度と財政規律」『経済のプリズム』第一四九号。

Convergence Center for Policy Resolution (2016) *Building a Better Budget Process*, Convergence Center for Policy Resolution.

Cox, Gary W. and Scott Morgenstern (2002) "Epilogue: Latin America's Reactive Assemblies and Proactive Presidents," in Scott Morgenstern and Benito Nacif eds., ***Legislative Politics in Latin America***, Cambridge University Press.

Gilmour, John B. (2011) "The Congressional Budget Process," in George C. Edwards III, Frances E. Lee, and Eric Schickler eds., ***The Oxford Handbook of the American Congress***, Oxford University Press.

Kettl, Donald F. (1992) ***Deficit Politics***, Macmillan.

LeLoup, Lance T. (1980) ***The Fiscal Congress***, Greenwood Press.

Mainwaring, Scott and Matthew Soberg Shugart (1997) ***Presidentialism and Democracy in Latin America***, Cambridge University Press.

Mansbridge, Jane and Cathie Jo Martin eds. (2013) ***Negotiating Agreement in Politics***, American Political Science Assocaion.

Meyers, Roy T. (2014) "The Implosion of the Federal Budget Process: Triggers, Commissions, Cliffs, Sequesters, Debt Ceilings, and Shutdown," ***Public Budgeting & Finance***, 34(4).

—(2017) "Is the U.S. Congress an Insurmountable Obstacle to Any 'Far-Sighted Conception of Budgeting'?" ***Public Budgeting & Finance***, 37(4).

Reynolds, Molly E. (2018) "The Politics and Tradeoffs of Congressional Budget Process Reform," ***Series Reimagining the Federal Budget Process***, March 19, Brookings Institution. https://www.brookings.edu/blog/fixgov/2018/03/19/politics-tradeoffs-budget-process-reform/（二〇一九年四月六日閲覧）

Schick, Allen (1980) ***Congress and Money***, Urban Institute Press.

Strøm, Kaare (2000) "Delegation and Accountability in Parliamentary Democracies," ***European Journal of Political Research***, 37(3).

Taylor, Steven L., Matthew S. Shugart, Arend Lijphart, and Bernard Grofman (2014) ***A Different Democracy***, Yale University Press.

Theriault, Sean M. (2015) "Party Worriors: The Ugly Side of Party Polarization in Congress," in James A. Thurber and Antoine Yoshinaka eds., ***American Gridlock***, Cambridge University Press.

Thurber, James A. (2013) "The Dynamics and Dysfunction of the Congressional Budget Process," in Lawrence C. Dodd and Bruce I. Oppenheimer eds., ***Congress Reconsidered*** (tenth edition), Sage.

Wildavsky, Aaron (1964) *The Politics of Budgetary Process*, Little, Brown（小島昭訳『予算編成の政治学』勁草書房、一九七二年）.

第II部

比較から見た日本の議院内閣制と国会

第6章

現代日本の代表制民主政治・序説
——思想と実証をつなぐ試み

谷口将紀

一　問題関心と分析視角

日本国憲法前文は「日本国民は、正当に選挙された国会における代表者を通じて行動」すると、その篇首において代表制民主政治を謳う。さらに「そもそも国政は、国民の厳粛な信託によるものであつて、その権威は国民に由来し、その権力は国民の代表者がこれを行使し、その福利は国民がこれを享受する。これは人類普遍の原理であ」ると続ける。

この国民と国民の代表者との関係はどのようなものであるのか、また、どのような関係であるべきなのか。代表制民主政治のあり方は、規範的理論、実証的分析の双方で政治学の大きな研究テーマであり続けてきた。ただ、こうした代表制民主政治の規範的理論と実証的分析の間で対話がなされてきたかについては——確かに互いの存在を意識し、それぞれの論考においてしばしば言及こそされてはいるものの——必ずしも十分とは言えない。

実証的分析

代表制民主政治の実証的分析の濫觴をなすのは、Miller and Stokes（1963）である。彼らはアメリカの一九五八年中間選挙で当選した連邦下院議員のうち一一六名と、その対立候補にインタヴュー調査を行い、これと並行して有権者に対して実施したAmerican National Election Studiesの調査データを各議員の選挙区別に集計した結果を突合《とつごう》することによって、有権者と議員の政策選好を比較した。同論文では、有権者と議員の関係のあり方として、議員は各選挙区の有権者の意思を反映すべきという命令委任に加えて、議員は選挙区の有権者の代表ではなく全国民の利益に仕えるというバーク的代表観、及び議員は選挙区よりも全国的な政党綱領に拘束されるという責任政党論の三つを想定する。そして、選挙区別の有権者と議員の争点態度の相関が高い公民権問題については命令委任モデルが、逆に両者の相関が低い外交政策についてはバーク的代表観、そして相関が中程度の社会福祉政策には責任政党モデルの一端が当てはまると結論付ける。

しかし、言うまでもなくバークは、議員が全国民の利益を指針とすべきと主張したのであって、議員と選挙区の争点態度が乖離している事実のみをもってバーク的代表観を成立させる十分条件のごとく扱う同論文の解釈は妥当とは言えない。また、同論文以降のアメリカにおける実証的分析では、議員は各選挙区の選好を代表する二項的代表観（dyadic representation）か、それとも議会または政党という制度として全国民を代表する集合的代表観（collective representation）のいずれが当てはまるのかというように問題が立てられるようになり、どちらかと言うと後者に軍配を上げる向きが多く見られる（Weissberg 1978）。ただ、これらの学説は実証的分析の中での相対的な優劣を競うものであり、人びとと代表との間に存在する選好の絶対的な差異に関しては規範的基礎が乏しい。

時代は下って、有権者と議員に留まらず、人びとと議会そして政府の選好を議論の俎上に載せ、またアメリカに留まらない国際比較を試みたのはPowell（2000）である。彼は、世界価値観調査などの各国調査データにおける、回答者の左右イデオロギー位置の自己評価——最左翼を1、最右翼を10とする10点尺度の中から自分自身の位置を答えさせる——から各国国民の中央値（または平均値）を、また政治学者などを対象にした専門家調査の中から各政党のイデオロギーを評価させた項目のデータを二次分析して、各国議会の中央値及び各国政府の政策位置——連立政権の場合、議席率に応じて重み付けされた連立与党の平均値——を比較した。

同様に、McDonald, Mendes and Budge（2004）は、各国の政党のマニフェストを共通のルールでコーディングしたデータ（Comparative Manifestos Project）に基づいて、各政党の左右イデオロギー位置を求め、そこに各党の得票率を加味することによって中位投票者、議会の中央値、そして政府の政策位置を推定した。Powell（2000）にしても、McDonald, Mendes and Budge（2004）にしても、代表制民主政治の中でも多数派支配的、比例代表的どちらのタイプがより人びとと議会なり政府なりの選好を近づけるのかという点に問題関心を持ち、そこでは各アクターの選好が一致しているほど望ましいという価値観を前提としている。

規範的理論

実証的分析の根底にある価値観が、人びとと代表の選好の一致（congruence）に単純化されがちな一方で、代表制民主政治の規範的理論はもっと多様で複雑である。例えば、代表制論の古典とも言うべきPitkin（1967＝2017）は、自然的人格である諸個人が代表に権威を与える側面を重視する権威付与理論、議会は社会の縮図でなければならないと考える描写的代表観、代表者の行為を事後的に評価・問責する答責的代表観、感情や信仰など非合理的な要素を含めて代表が有権者のあり方を表現する象徴的代表観、そして代表される者の利益が議会において実質的に代表されていることを重視する実質的代表観という、さまざまな代表観を提示している。

また、Birch（1971＝1972）は、代表には、本人に代わって行動する代理人ないし代弁者という委任的代表、ある部類に属する人びとの性質をいくつか共有していることを指す縮図的代表、ある部類に属する人びとの一体性ないし資質を象徴していることを指す象徴的代表、そして選挙で選ばれた代表機関の成員という選挙制代表という四つの類型があり得て、いずれかが「真の」代表の性質とは言えないと論じる。

Eulau and Karps（1977）はさらに進んで、ミラーとストークス以来の実証的研究が、人びとと代表の争点態度の一致ばかりに気を取られている点に直接的に警鐘を鳴らしている。そして彼らは、反応性（responsiveness）の観点から、選挙区の政策位置が代表の選好及び行動と関連付けられる政策的反応性、代表が選挙区内の特定の個人または集団のために行う（立法以外の）便宜供与であるサービス反応性、選挙区に対する利益誘導である配分反応性、そして選挙民の議員に対する拡散的支持・信頼を意味する象徴的反応性の四つに代表概念を分解した。

課　題

代表制民主政治の規範的理論の問題は、どのような状態ならば特定の代表観が成立しうる／しないのかという検証可能性を欠いている点にある。例えば、ピトキンの実質的代表観は、しばしばバークを引いている点からもうかがえる通り、代表は選挙時に表明される有権者の選好や意見に必ずしも従う必要はなく、結果として代表の行為が代表される者の利益に適っていること、この点の説明責任を代表が果たすことを重視する。しかし、世論調査の数字に表れる特定争点に対する賛否の比率や選挙の得票率に拠らずに、どのようにして人びとの利益を測れるのか。その際しばしば持ち出されるのが、ユーローとカープスも指摘する代表に対する人びとの支持・信頼だが、人びとの利益の実現度合いが内閣や議員に対する支持率の全てを規定するのではないし、現職の再選が前回選挙以降の代表行為を全て正当化するわけでもない。

他方、代表制民主政治の実証的分析には、人びとや代表の選好の操作化に大きな問題がある。パウエルが利用した専門家調査は、有権者調査と実施時期が異なっている上、異なる尺度で測られた——一一点尺度法で計測されたものを、一〇点尺度へ強引に変換した上で分析している——データが混在している。

また、マニフェスト・コーディングに基づく、各政党や中位投票者のイデオロギー位置の推定法も、人びとは自己のイデオロギーに最も近接した政党に必ず投票するという現実的ではない仮定に基づいており、さらにはマニフェストによって計測した各政党のイデオロギー位置を、有権者と政府両方のイデオロギー位置の推定に用い(た上で両者を比較す)る循環論法的な性格を帯びている。

こうした問題を指摘しながら、Blais and Bodet (2006) は、人びとが自身と各政党のイデオロギー位置をそれぞれ評価した、選挙制度の効果に関する国際比較調査(Comparative Study of Electoral Systems：CSES)データを用いて、人びとと代表(政党と政府与党)の位置を比較する。しかし、これとて人びとは支持政党の政策位置は自身の近くに、他党の政策位置を遠くに置く投影の問題があり、その発生メカニズムを解明しないまま単に全回答者を平均するのでは推定上のバイアスを免れない。

さらに言えば、専門家調査にせよ、マニフェスト・コーディングにせよ、また有権者調査における自己及び他己評価にせよ、政策位置を計測される対象は政党であって、一人ひとりの議員や閣僚が持つイデオロギーの多様性を直接操作化できない。この点、本稿冒頭で挙げた Miller and Stokes (1963) のような政治家調査は最も直截な方法であるが、彼らの調査対象は全議員の約三分の一に過ぎない。その後も政治家調査は盛んに試みられているものの、管見の限り、少なくとも近年の主要国における調査の回収率は低迷している。例えばアメリカの Political Courage Test (旧 National Political Awareness Test) の回収率は、近年五割前後であるし、他の政治家調査を見ても回収率三割台で普通、六割台なら高率の部類に入るという相場である。

政治家調査は日本でも行われている。学術調査の先駆的業績としては一九七八－七九年に村松岐夫によって実施された、衆議院議員一〇一名を対象とした調査が挙げられる（村松一九八一）。また、一九九八年には蒲島郁夫と読売新聞社が衆参両院の全議員に対して調査票を送付し、有効回収率は六〇％であった（蒲島一九九九）。定数五〇〇名の議会で、ある議案に対する賛成者が五割である場合、そこから無作為に抽出された一〇〇名の標本における賛成者の割合の誤差範囲はおよそ九％に上る。さらに、実際の調査では無回答バイアス——例えば党派やシニオリティによって回収率にばらつきが生じる——やサンプリング・バイアスなどの非標本バイアスが加わるため、信頼に足りるだけの争点態度や政策位置を計測するためには相当の回収率を確保する必要がある。特に議院内閣制において、有権者と議員の比較に留まらず、内閣の政策位置を検証する場合には、通常このような調査には応じにくい政党幹部・閣僚クラスの議員から回答を得ることが必須条件となる。

本稿の方法

前項で述べた課題——規範的理論における評価基準、実証的分析における政策位置の計測——に対して、本稿では以下の方法を用いることにする。

まず、規範的理論としては、Mansbridge（2003）が提示した四つの代表観を採用する。[(1)] 過去二〇年の実証的分析に規範的理論を追い付かせることを目的として、さまざまな代表の類型を列挙するに留まらず、それぞれが成り立っているかどうかの評価基準を明示した点が、同論文の眼目である。

第一の代表観は約束的代表（promissory representation）と呼ばれ、これは人びとを本人、代表を代理人とみなす古典的な考え方に対応するものである。本人・代理人関係には、代理人が本人による明示的または暗黙裡の指示から逸脱することは良くない（が往々にして起こる）という含みがあるから、従来の実証的分析の多くと同様に、選挙の時点で人びとと代表の選好の乖離が小さいほど望ましいことになる。

第二の代表観は予測的代表(anticipatory representation)である。これは投票行動研究における業績評価投票の理論に影響された代表観で、選挙時に人びとは前回選挙以来の現職の業績が自分自身の利益を適えているかどうかを判断して投票を行い、そのため代表は未来(＝次回選挙時)に人びとを満足させるべく行動する、と考える。任期中に人びととのコミュニケーションを通じて、選挙時点(t)での代表と、次の選挙時点($t+1$)での人びとの選好が対応するようにすることが肝要とされる。

第三の代表観は独楽《こま》的代表(gyroscopic representation)と名付けられる。代表は独楽のように自らの軸——議員個人が持つ信念や原理原則、あるいは政党の綱領など——からぶれずに行動することを旨とする。そこでは有権者は、自分自身の利益を理解した上で、自らの利益に適う行動を期待できる代表に一票を投じられているかどうか——代表は自らの動機に基づいて行動しているにしても、彼または彼女に代表を続けさせるか、それとも別の人に交代させるかどうかの選択権が人びとに握られていること——が良き独楽型代表の評価基準となる。

そして第四の代表類型は代用的代表(surrogate representation)である。性的マイノリティを代表する議員やアフリカ系アメリカ人の代表を標榜する議員がいるように、他の選挙区から選ばれた議員によっても自らの利益が代表されうる点に注目する考え方である。これを突きつめると、選挙にあっては個別の選挙区よりも議会全体としてさまざまな選好が議席分布において比例的に代表されているかどうか、そして議会内の意思決定にあっては当該議案に関連する利益が十分に考慮されているかどうかが成否を分かつメルクマールとなる。

右記の代表観のうち、予測的・独楽的・代用的代表観は伝統的な権威付与とアカウンタビリティの基準を満たさないと代表観の多様性を主張する点では、Mansbridge(2003)も従来の規範的理論の系譜を継ぐものと言える。その上で実証的分析との架橋を念頭に置き、どのような場合にそれぞれの代表観がうまくいっているかどうかという基準を措定した点に本稿は注目し、これに基づいて日本の代表のあり方を検証することにした。

人びとや議員さらには政府の選好の計測という実証分析上の課題に関して、本稿は東京大学谷口研究室・朝日新聞社共同調査データを用いることにする。二〇〇三年から衆議院議員総選挙及び参議院議員通常選挙のたびに行われている東京大学谷口研究室・朝日新聞社共同調査[2]は、有権者を対象とする調査(以下、有権者調査)と主として候補者を対象とする調査(以下、政治家調査)から成る。有権者調査と政治家調査には、争点態度を中心に共通の質問項目が数多く含まれているため、人びとと代表の政策位置を直接比較することが可能である。また、両調査とも前後の選挙で同じ質問項目を持っており、有権者の間で、または代表内で時系列的な政策位置変化も追跡できる。前述の通り、既存の政治家調査は低回収率という致命的問題を抱えていたが、本政治家調査は世界有数の発行部数という日本の新聞の特性を生かし、新聞の選挙報道と連動させる――各候補者にとっても、調査に回答することで全国数百万人規模の購読者及び数十万規模のページビューを通じて、自らの政見を有権者に伝えられるメリットがある――ことによって、全数調査と言いうる世界的にも稀少価値の高いデータを得られた。本稿は、このうち二〇一二・二〇一四・二〇一七年総選挙時に行われた有権者調査と政治家調査データ[3]を用いて、日本における人びとと代表の関係を、マンスブリッジが提示した代表観と判断基準に照らして検証する。

各調査の概要は以下の通り。有権者調査は全国の有権者から層化二段無作為抽出法で選ばれた各三〇〇〇人を対象に、総選挙の投開票日直後に郵送法によって行われた。有効回収数(回収率)は、二〇一二年一九〇〇名(六三・三%)、二〇一四年一八一三名(六〇・四%)、二〇一七年一七七八(五九・三%)であった[4]。

もう一つの政治家調査については、各回選挙の候補者全員に調査票を配付して、二〇一二年は一四〇四名(九三・四%)、二〇一四年は一一三二名(九五・〇%)、二〇一七年は一一四二名(九六・八%)から回答を得た。なお、有権者調査・政治家調査それぞれの個票データ(有権者調査については調査対象者の氏名などの個人情報を含まない)は、筆者のウェブサイト(http://www. masaki. j. u-tokyo. ac. jp/utas/utasindex. html)で公開されている[5]。

二　データによる検証

イデオロギー位置の推定方法

本稿では、有権者調査と候補者調査の争点態度に関する項目を用いて、項目反応理論の段階反応モデルで、有権者と議員、閣僚のイデオロギー位置を推定する。

東京大学谷口研究室・朝日新聞社共同調査においても、前節で取り上げた専門家調査やＣＳＥＳと同じように「日本に限らず、世界各国では政治的立場を「左」―「右」の言葉で表現することがよくあります。このものさしで、あなたの立場を示すとしたらどうなりますか。0（＝最も左）から10（＝最も右）のうち、あてはまる番号に一つだけ○を付けてください」という質問文によって、人びとのイデオロギーを自己評価させる項目が（一部）含まれている。しかし、争点態度など他の質問項目と比べて、このイデオロギー自己評価の無回答率は抜きん出て高いことが示唆している通り、今日において左と右、まして保守と革新（またはリベラル）というシンボルが、どこまで人びとに浸透しているかは疑問と言わざるを得ない。[6][7] また、ホテリングの立地競争モデルにおける海水浴場のアイスクリーム売りの喩え話であれば、海水浴場の両端とそこから導き出される中間地点の在り処は、関係者全員にとって自明な共通認識である。ところが、イデオロギー・スペクトラムについては左右両端そして中点は、必ずしも全員に合意された情報ではない。客観的尺度（が仮に存在したとして）においては保守的とされる人が、自分自身を中道と評価しても不思議ではない。

そこで本稿は、「日本の防衛力はもっと強化すべきだ」「社会福祉など政府のサービスが悪くなっても、お金のかからない小さな政府の方が良い」などの意見に対する賛成または反対、及び「Ａ：社会的格差が多少あっても、いまは経済競争力の向上を優先すべきだ／Ｂ：経済競争力を多少犠牲にしても、いまは社会的格差の是正を優先すべきだ」

など相対立する意見のどちらに近いか、という政策争点態度を五点尺度で計測したものを基に、イデオロギー位置を推定することにした。例えば二〇一七年調査の場合、イデオロギー位置の推定に用いた質問数は三〇項目に上る。

また、争点態度に関する項目からイデオロギー位置を推定する場合、かつての筆者を含めて因子分析(主成分分析)に拠る例が多く見られる。但し、因子分析は、観察が連続変数であることを前提としている上、最尤《さいゆう》法やベイズ推定は観察が多変量正規分布に従うという――少なくとも本稿のデータにとっては現実的ではない――仮定に基づいている。このため本稿は、多変量正規分布を前提とせず、さらには一部無回答のケースの処理が比較的容易である項目反応理論を採用することにした(8)。

具体的な各主体のイデオロギー位置の推定方法は、以下の通りである。政治家調査は実質的に全数調査であるとはいえ、男女比ひとつをとっても――女性候補者は二割に満たない――有権者調査(の母集団)とはずれがある上、選挙毎に政党の参入・退出や各党候補者数の変化が大きく、さらには同一政治家の中でも同じ質問に対する回答を時とともに大きく変える場合があるため、各回の政治家調査を単位として項目母数を求めても、尺度が揃わない。他方、有権者調査データはそれぞれ無作為に抽出された標本に対する第一波調査であるから、全部無回答(調査拒否)から生じるバイアスを除けば、母集団すなわち有権者の分布を概ね反映している。そこで政治家調査データから項目母数を求めるのではなく、まずは同じ年に行われた有権者調査データによって項目母数を求め、そこに有権者調査と政治家調査で共通の質問項目に対する各政治家の反応パターンをあてはめることによって、有権者と政治家それぞれの尺度値つまりイデオロギー位置を、同一のスケール上で推定する。同じ年の有権者調査データから得られた日本人全体の物差しで、政治家の位置を測るわけである。

約束的代表

約束的代表は、本人と代理人——議院内閣制においては、有権者と議員、議員と首相、首相と首相以外の大臣——間の政策位置が同じであることを要件とする。代理人の選好や行動が本人から逸脱しないように、十分吟味した上で代理人を選べるような事前統制の仕組みや、代理人が本人の立場を踏み外すのを監視し、止められるような事後統制のあり方が問題となる（Strøm 2000）。

日本において約束型代表が成り立っているかどうかを検証するために、前項で述べた方法に従い、二〇一七年有権者調査データから推定した項目母数から、有権者、政治家それぞれの尺度値（イデオロギー位置を表した値、以下同じ）を求めた。

推定された項目母数は、**表6－1**の通りである。各項目は、項目識別力（以下、識別力）の絶対値が大きい順に並べてある。識別力とは、それぞれの項目が尺度値の高いサンプルと尺度値が低いサンプルを区別できる程度を表している。識別力の大きい項目としては、

- 「憲法を改正すべきだ」
- 「現在の憲法九条一項、二項はそのまま残しながら、自衛隊の意義と役割を憲法に書き込む」という憲法改正案
- 「原子力規制委員会の審査に合格した原子力発電所は運転を再開すべきだ」
- 「日本の防衛力はもっと強化すべきだ」
- 「A：いますぐ原子力発電を廃止すべきだ／B：将来も原子力発電は電力源のひとつとして保つべきだ」
- 「他国からの攻撃が予想される場合には先制攻撃もためらうべきではない」
- 「北朝鮮に対しては対話よりも圧力を優先すべきだ」
- 「首相には靖国神社に参拝してほしい」

表 6-1　項目母数の推定値

	識別力	b_0	b_1	b_2	b_3
憲法改正	2.20	−2.44	−0.74	1.57	3.41
憲法 9 条 2 項を維持し，自衛権・自衛隊を明記する	1.81	−2.83	−0.65	1.48	2.95
審査に合格した原発の運転再開	1.70	−3.41	−1.56	0.21	1.59
防衛力強化	1.63	−1.72	0.28	2.42	4.03
A：原発即時廃止／B：将来も原発は電力源	−1.46	−1.88	−0.63	1.26	2.90
先制攻撃をためらわない	1.39	−2.70	−1.16	0.59	2.17
北朝鮮に対し圧力優先	1.24	−1.90	−0.31	1.44	2.92
首相の靖国神社参拝	1.15	−2.04	−0.94	1.52	2.30
A：経済競争力優先／B：社会的格差是正優先	1.00	−2.88	−0.85	1.01	2.84
長期的に日銀は量的金融緩和を継続	0.90	−3.59	−1.42	1.68	3.36
歳出抑制よりも財政出動	0.88	−2.71	−0.77	1.75	3.36
非核三原則堅持	−0.83	−0.50	0.66	2.64	3.74
治安のためプライバシーや私権制限	0.75	−1.86	−0.33	1.29	2.57
長期的に基礎的財政収支均衡達成を先送り	0.63	−4.48	−2.58	1.48	3.23
A：財政赤字は心配不要／B：危機的水準	0.61	−4.47	−2.72	−0.14	1.61
消費税率の 10% への引上げ	0.59	−1.93	−0.21	0.48	1.55
A：経済的規制緩和を徹底／B：慎重	0.57	−2.60	−0.94	1.24	3.03
長期的に年金や医療費の給付を抑制	0.56	−3.51	−1.89	−0.09	1.47
長期的に消費税率を 10% 超にする	0.54	−3.12	−1.47	−0.49	0.94
長期的に競争力のない産業・企業保護を削減	0.44	−2.81	−1.13	1.40	2.93
公共事業による雇用確保	0.42	−1.75	0.15	2.17	3.58
A：夫婦と複数の子どもが基本／B：家族の形は多様	0.33	−1.94	−0.59	0.27	1.31
同性婚	−0.28	−2.05	−0.75	0.95	1.78
高所得・資産層の課税強化	−0.27	−0.71	0.93	2.49	3.70
選択的夫婦別姓	−0.24	−1.65	−0.49	1.18	2.12
被選挙権年齢引下げ	0.13	−3.31	−2.15	−0.11	1.22
一院制	0.13	−1.83	−0.88	0.77	1.73
政府のサービスが悪くなっても小さな政府	0.07	−2.61	−1.55	0.58	2.28
教育無償化	0.05	−1.77	−0.71	0.53	1.88
外国人労働者受入れ	0.00	−2.96	−1.06	1.10	2.55

対数尤度：−69464.05.
データ：2017 年有権者調査.
出所：筆者作成.

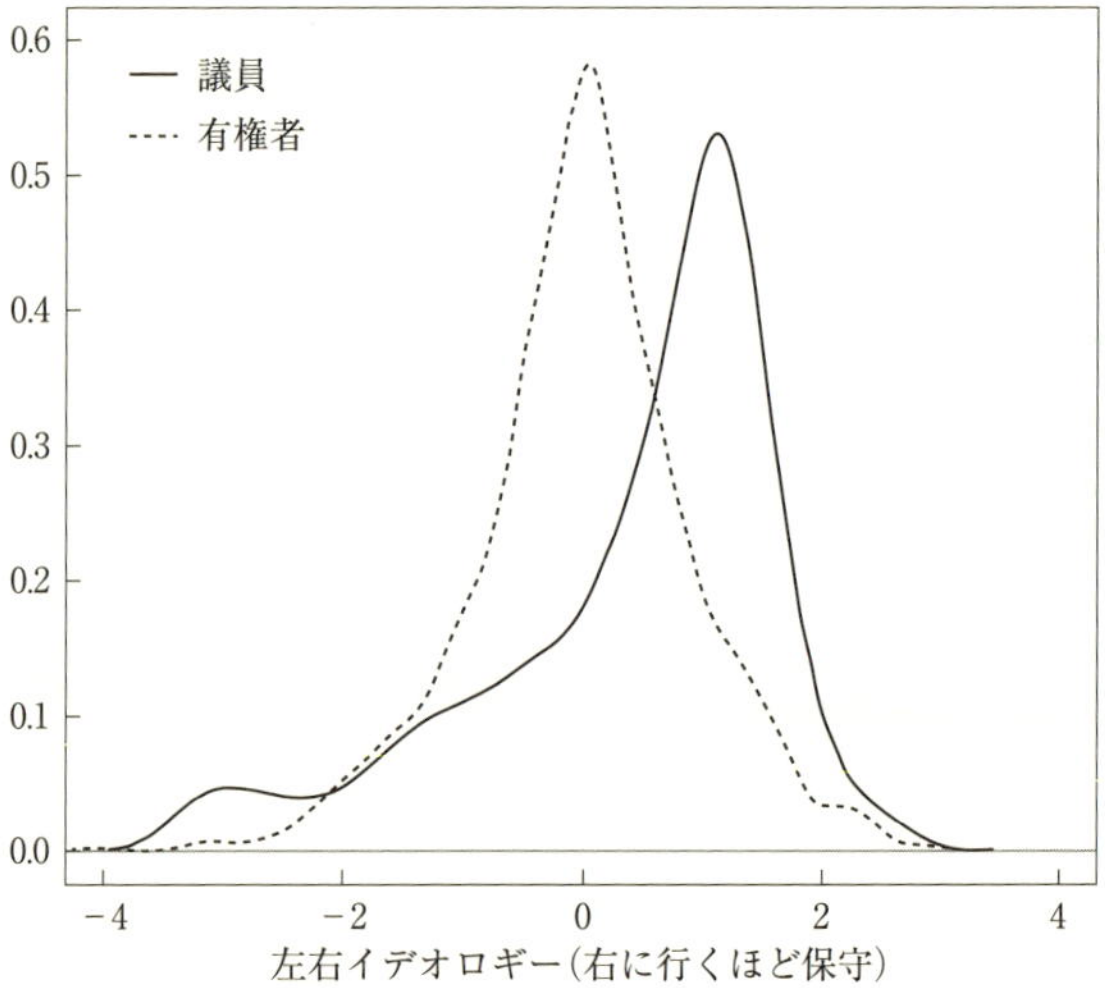

データ：2017年有権者調査・政治家調査.
出所：筆者作成（以下図6-6まで同じ）.

図6-1　有権者と議員のイデオロギー

などが挙げられる。よって、これらの項目母数を用いて計算された各人の尺度値は、左右対立軸におけるイデオロギー位置を表すと考えられる。

ちなみに、経済政策に関しては、右に列挙したものに次いで識別力が大きい項目として、「A：社会的格差が多少あっても、いまは経済競争力の向上を優先すべきだ／B：経済競争力を多少犠牲にしても、いまは社会的格差の是正を優先すべきだ」が登場する。イデオロギーが右（左）寄りになるほど、経済競争力を優先する（優先しない）という関係である。ただ、ほぼ同様の識別力を持つ「当面は財政再建のために歳出を抑えるのではなく、景気対策のために財政出動を行うべきだ」という項目については、右寄りの人ほど財政出動に積極的である。また、「社会福祉など政府のサービスが悪くなっても、お金のかからない小さな政府の方が良い」という項目には、ほとんど識別力がない。従って、日本人の間には左右イデオロギーと経済政策をめぐる社会民主主義と新自由主義の対立との結び付きは小さく、少なくとも二〇一七年時点では、自民党政権の経済政策に対する賛否が伝統的な左右イデオロギーと関連付けられていると考えられる。

図6-1は、二〇一七年有権者調査データから得られた項目母数を基に、有権者と同年総選挙で当選した衆議院議員の尺度値を求め、それぞれの確率密度をグラフにしたものである[9]。有権者の尺度値分布は、尺度値0を挟んで左右がほぼ対称形であるのに対して、代議士の尺度値分布は、明らかに右側にずれている。これは議院全体として見ると

き、有権者全体の分布と比べて、右寄りのイデオロギーが過大に代表されていることを意味する。

約束的代表の条件を緩めて、国全体であれ、選挙区であれ、代表は有権者全体の選好を体現するのではなく、自分に投票してくれた人または自らと党派性を同じくする人を代表するという考え方についても検証しよう。図6－1の中から、有権者については自民党の支持者、議員については自民党議員だけを取り出したものが、**図6－2**である。「○○党を支持する」という場合、そこには○○党に投票する、○○党が好きといった比較的軽い意味から、○○党員である、○○党にアイデンティティを持っているなど相対的に重い意味まで、多様な含意がありうる。[10] ○○党支持者を投票者と同定すると、同党に投票者した無党派層も含むことになるから、○○党支持者全体のイデオロギーは中央に寄り、党議員との差が開きがちになる。こうした用語の定義から生じる紛れを少なくするため、東大谷口研・朝日有権者調査では「多くの人が「長期的に見ると、自分は△△党寄りだ」とお考えのようです。短期的に他の政党へ投票することはもちろんあり得るとして、長い目で見ると、あなたは「何党寄り」と言えるでしょうか」という質問文を用いて各党支持(長期的党派性)を計測した。

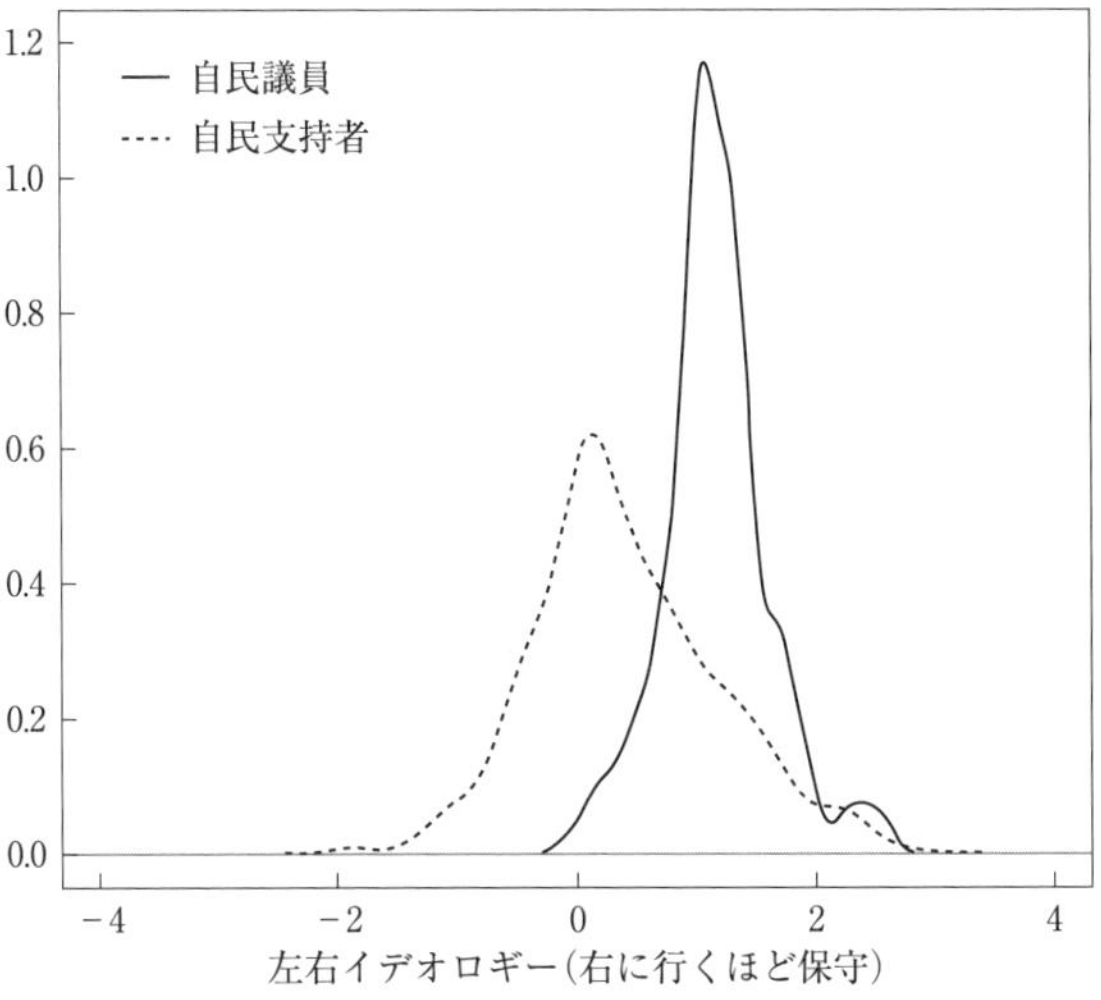

データ：2017年有権者調査・政治家調査.

図6-2　自民党支持者と議員のイデオロギー

有権者について、自民党支持者は全有権者(図6－1)と比べて右寄りで、確率密度が最大となる点よりも右側の分布が多くなっている。それでも、自民党議員の分布との間には依然として隔たりがある。そして自民党議員の尺度値分布は、裾野が狭

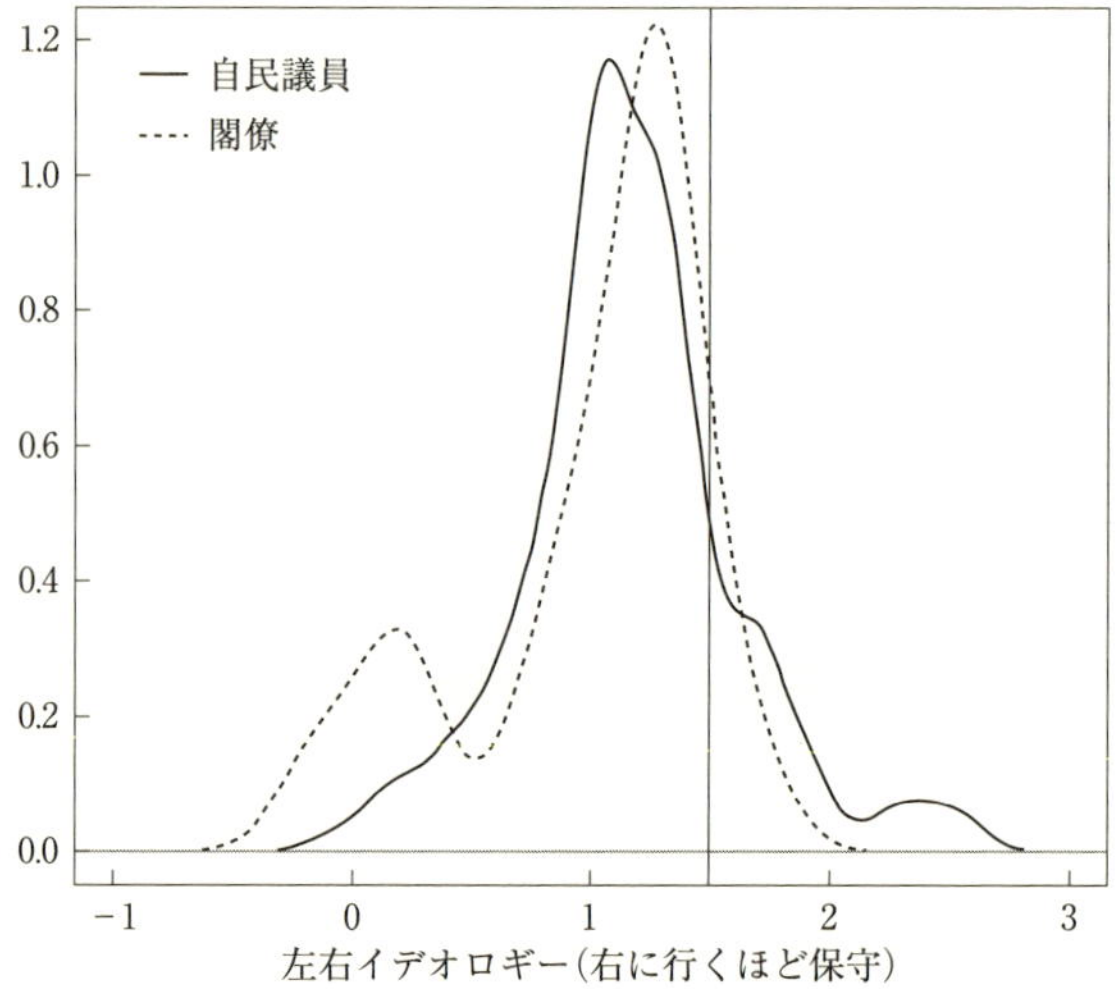

注：図中の縦線は，首相・副総理・正副官房長官（衆）・自民幹事長の平均．
データ：2017年政治家調査．

図6-3　自民党議員・閣僚（第4次安倍内閣）のイデオロギー

く、かつ頂点——図6-1と縦軸のスケールが異なる点に注意されたい——がとても高くなっている。これは、単に自民党議員の尺度値の平均が自民党支持者のそれよりも右というだけではなく、自民党議員の凝集性が高い、すなわち議員間のばらつきが小さいことを表している。自民党の支持者と議員の間に限っても、約束的代表が成立しているとは言い難い。

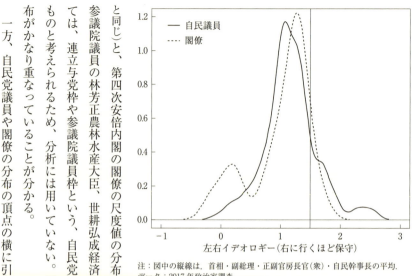

次に、委任と責任の連鎖を進めて、議員と内閣の間に約束的代表が成立している、すなわちエージェンシー・スラック（エージェント＝代理人が本人とは離れた利益を追求すること）が生じていないかどうかを確かめる。二〇一七年政治家調査では、安倍晋三首相を含む第四次安倍内閣の閣僚全員[11]が調査に回答しているから、内閣のイデオロギー位置と閣内の分布も直接観察可能である。**図6-3**は、自民党議員の尺度値（図6-2と同じ）と、第四次安倍内閣の閣僚の尺度値の分布を比較したものである。なお、公明党の石井啓一国土交通大臣と、参議院議員の林芳正農林水産大臣、世耕弘成経済産業大臣、中川雅治環境大臣、松山政司内閣府特命担当大臣については、連立与党枠や参議院議員枠という、自民党または首相とのイデオロギー位置とは別の論理で閣僚に任命されたものと考えられるため、分析には用いていない。図6-1・2とは異なり、自民党議員と閣僚の間では、尺度値の分布がかなり重なっていることが分かる。

一方、自民党議員や閣僚の分布の頂点の横に引かれた垂線は、安倍首相と、麻生太郎副総理・財務大臣、菅義偉内閣官房長官、西村康稔内閣官房副長官（衆議院）、二階俊博自民党幹事長——言わば政権中枢部の尺度値の平均である。

自民党議員と閣僚全員の尺度値分布は重なりあう部分が大きいが、政権中枢部の尺度値を勘案すると、解釈はそれほど単純ではない。まず、ストロムの言う委任と責任の連鎖のうち、議院内閣制の特徴とされる与党議員と首相の本人・代理人関係については、イデオロギー位置に基づく約束的代表が成り立っているとは考えにくい。連立パートナーである公明党議員を加えれば、図6－3の与党議員の尺度値分布はもう少し左寄りになるだろうし、安倍首相には——従来の言動からして、本当ははっきりした賛成または反対の態度を持っていると推測される質問についても——無回答の項目があり、それらを補間すればさらに尺度値は右寄りになると予想されることから、実際の与党議員と首相のポジションにはさらに大きな開きがあろう。

ところが、首相は、自分とイデオロギーの近い議員を首相の代理人として閣僚に登用するというよりも、内閣が自民党議員の尺度値分布を概ね反映するように組閣を行っている。その一方で、副総理、正副官房長官、幹事長といった政権中枢部については自らと選好を同じくする議員で固めている。首相を中抜きすれば内閣が与党の約束的代表になっているように見せつつ、要所ではむしろ首相が与党の選好を牽引する構図になっている。

予測的代表

予測的代表の考え方によると、議員は選挙時に有権者の選好を体現している必要はない。議員の行動及び有権者との熟議を通じて、事後的に見て議員が有権者の選好を実現すること、すなわち選挙時（t）の議員の選好はその次の選挙時（$t+1$）の有権者の選好に見合うものであれば良い。

自民党は、二〇一二年・二〇一四年・二〇一七年と総選挙を三連勝して、政権を維持している。もし予測的代表が成り立っているのならば、初めは有権者と議員にイデオロギーの乖離が見られても、時間が経つにつれて有権者がもともとの議員の立場に歩み寄る形で両者の架橋がなされているはずである。

この点を検証するため、二〇一二年有権者調査の回答者を基準集団として、二〇一四年・二〇一七年有権者調査の項目母数を等化することによって、有権者と政治家の尺度値を時系列的に比較する。各回の調査データ毎に因子分析を行う場合、それぞれの第一因子は左右イデオロギー対立軸と解釈されうるものの、各因子のスケールは似て非なるものであるから、それらを直接比較してイデオロギー位置の変化を見ることはできない。国民経済計算や物価指数のように、基準年次を設ける必要がある。各回調査に共通の質問項目だけを抜き出して、結合したデータから因子を求めたり、ある年の調査で求められた因子得点係数を別の調査の回答データに当てはめたりして尺度を統一するやり方もあるが、因子の解釈や各回共通ではない質問項目を――それぞれの選挙時にレレヴァンスがあるから質問されているにもかかわらず――分析から排除してしまうなどの問題がある。

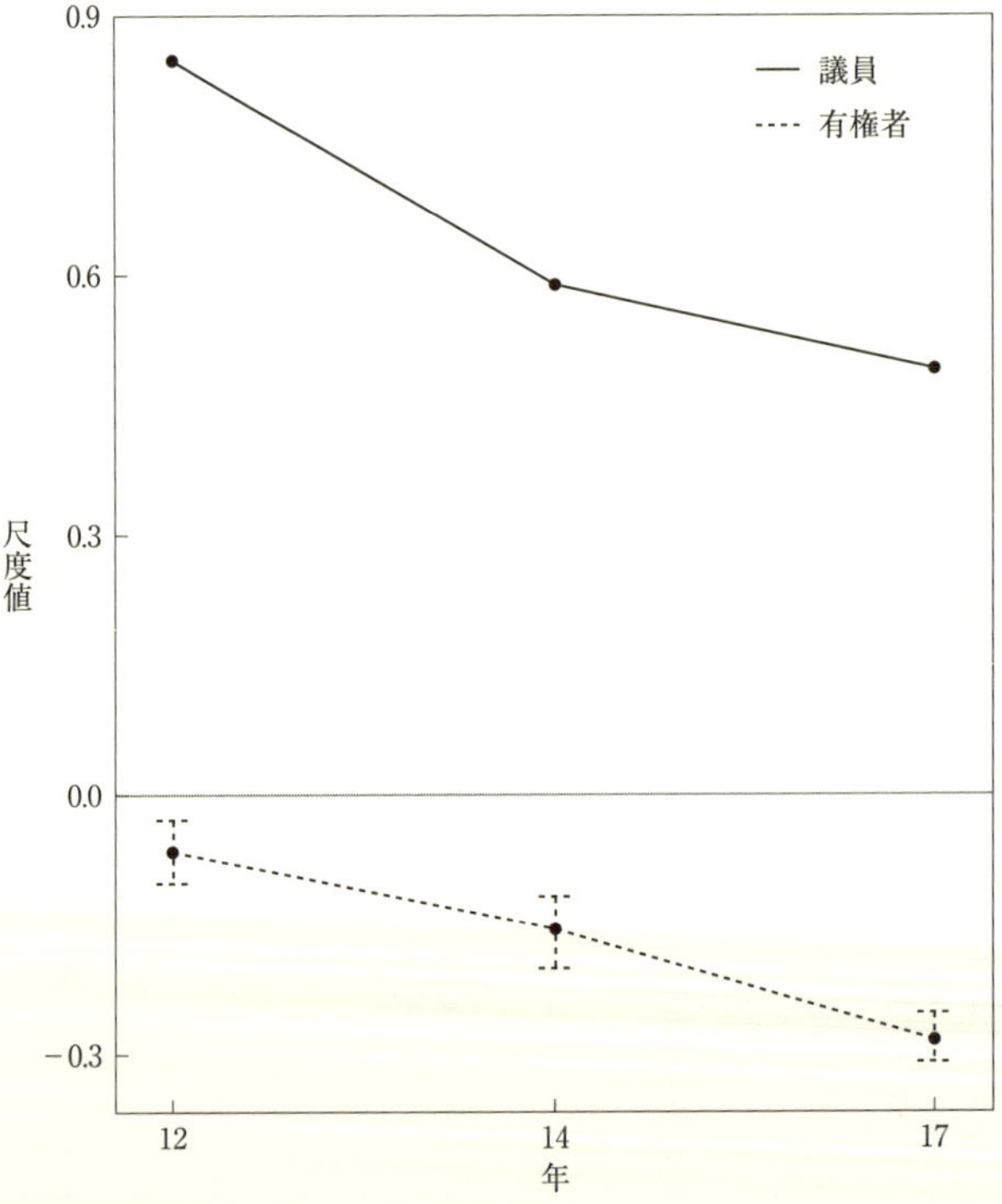

注：折れ線はメディアン，エラーバーは95％ブートストラップ信頼区間.
データ：2012・2014・2017年有権者調査・政治家調査.

図6-4　有権者と議員のイデオロギー（2012年有権者を基準集団とする時系列比較）

具体的な等化の手順は、次の通りである。まず、二〇一二年・二〇一四年・二〇一七年有権者調査のそれぞれについて項目母数を推定した上で、共通尺度法によって二〇一二年有権者調査の尺度に等化する。このようにして調整された項目母数を用いて、有権者及び対応する政治家調査の同一項目の反応パターンデータから、各主体の尺度値を求める。二〇一二年を基準年次にしたのは、同年が比較の始点になっていることと、この分析期間内では二〇一二年調査が最も多くの争点態度に関する質問を行っており、他の年の調査と共通項目を得られやすいためである。

各回総選挙における有権者と全当選者のメディアンの推定値を示したのが、**図6‐4**である。有権者のメディアンには、標本調査であるため、九五％ブートストラップ信頼区間を付してある。二〇一二年から二〇一七年にかけて、衆議院議員のメディアンは左に寄った。これは個々の政治家が左傾化したというよりも、この間に――自民党の議席率には大きな変化はないが――民主党系諸政党が議席を漸増させた選挙変動の影響が大きいと思われる。その一方で有権者は、横ばいまたは緩やかに左に寄っている。二〇一四年・二〇一七年の有権者の尺度値が、前回以前すなわち二〇一二年・二〇一四年の議員の尺度値に近寄るという、予測的代表で生じるはずのパターンは観察できない。

代用的代表

代用的代表とは、選挙区内では多数派ではなくても、全国規模では一定の割合存在する意見や社会経済的属性の代表を標榜する議員を指している。このような意見や属性として、Mansbridge (2003) では戦争反対や同性愛、女性、アフリカ系、ポーランド系、障がい児のいる家庭、農村出身をはじめ、多数の例が挙げられているが、調査では個別の意見や属性を網羅的に検証することは困難である。

さらに、特に代用的代表の有無が注目される争点では、単なる賛否にとどまらず、当該争点態度の強度も問題になりうる。例えば、二〇一七年の東大谷口研・朝日調査には、前記の例のうち、同性愛に関して同性婚に対する賛否を問う質問項目があり、有権者では賛成寄り三二％・中立三九％・反対寄り二八％、衆議院議員では賛成寄り二七％・

中立四四%・反対寄り二九%と、分布にそれほど大きな差はない結果が出た。しかし、日本のLGBT層の比率は七・六%とされるが、[12]——その多くがLGBT層にアイデンティティ、あるいは性的少数者をめぐる争点に関心を持つと仮定して——それだけの規模に見合うような自身がLGBTの議員、または全国のLGBT層の代表を自任する議員がいるかどうかは明らかではない。

このため本稿では、個別の意見や属性を左右イデオロギーという一つの指標にまとめたときに、マンスブリッジの挙げた評価基準の前段部分である、それぞれの立場が比例的に代表されているかどうかを確かめることにしたい。但し、二〇一七年調査時点で、衆議院議員のイデオロギーが全体として有権者よりも右寄りであることは、図6-1で示した通りである。そこで

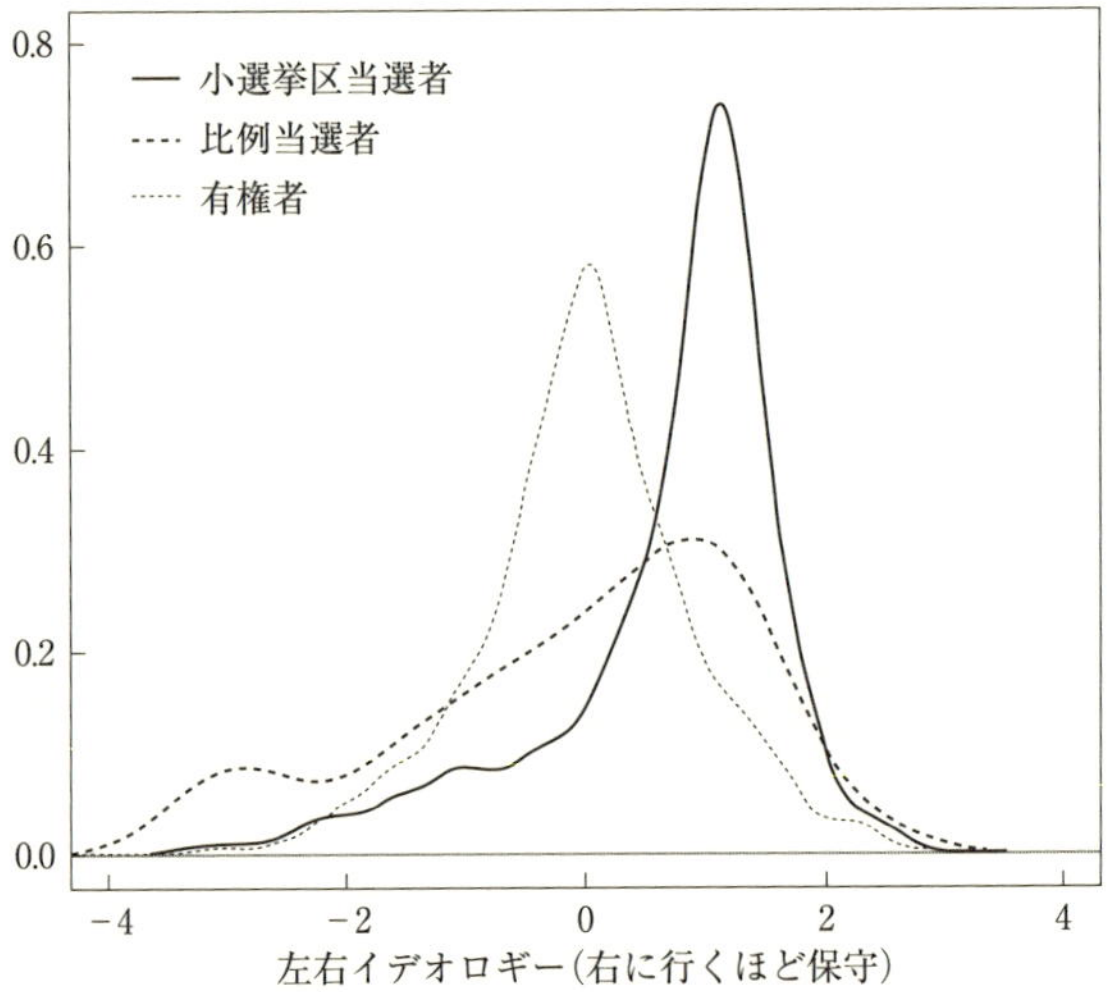

データ:2017年有権者調査・政治家調査.

図6-5　有権者と議員(小選挙区・比例代表別)のイデオロギー

この項においては、議員のイデオロギー位置が有権者のそれよりも右(左派政権においては左)にずれるのは、得票率以上に議席差を拡大する小選挙区制中心の選挙制度を採用しているためという仮説を検証してみよう。裏返せば、小選挙区比例代表並立制のうち、比例代表で選出された議員だけを取り出せば、有権者と(比例代表選出)議員の尺度値分布は一致するかどうか、である。

図6-1の議員のグラフを、小選挙区当選者と比例代表当選者に分けて図示し直したものが**図6-5**である。二〇一七年総選挙の結果、自民党は小選挙区の四分の三で勝利した一方、比例代表での議席率は四割に満たない。こうし

た選挙制度の効果を反映して、小選挙区当選者と比例代表当選者を比べると、後者（比例）は野党議員が相対的に多くなる分、尺度値分布も左側に寄っている。しかし、分布の頂上の位置は、小選挙区選出議員も比例代表選出議員もあまり変わらない。さらに重要なのは、比例代表選出議員と有権者の分布を比較したとき、左右両極において比例代表選出議員の分布が有権者を上回っている点である。図６‐２で自民党について見たのと同じく、野党――とくに立憲民主党や共産党――についても議員のイデオロギーは支持者以上に左寄りにずれている。これは、選挙制度の比例性を高めさえすれば、有権者のイデオロギーが比例的に代表される――アグリゲート・レヴェルでの代用的代表が成立することにはならないことを示している。

独楽的代表

独楽という比喩が示しているように、軸がぶれないことが独楽的代表の大前提である。谷口（二〇一五）が明らかにしたとおり、東大谷口研・朝日調査が開始された二〇〇三年以降、自民党・民主党とも大きく政策位置をシフトさせているから、（政治家個人はともかく）少なくとも政党や議員団というレヴェルにおいて、自民党や民主党にそもそも独楽的代表はあてはまらない。

これだけでは身も蓋もないので、もう少し掘り下げてみたい。特定のタイムスパンまたは政策分野等に限定するなど、何らかの形で政党・議員が（有権者から離れた位置で）不動の立場を貫いているとしたら、それが「良き」独楽的代表であるためには、選挙を通じて代表に権威を与え、またそれを更新するに際して、有権者が真の利益を自覚し、それに適う行動を取ると予測できる代表を選びうることが必要である。

この点を、本稿では次のように翻案した上で検証しよう。議員は全ての有権者の選好を踏まえていないかもしれないが、政治的に洗練され、自らの利益の在り処を自覚している有権者層に限定すれば、議員が目指すべき方向を指示

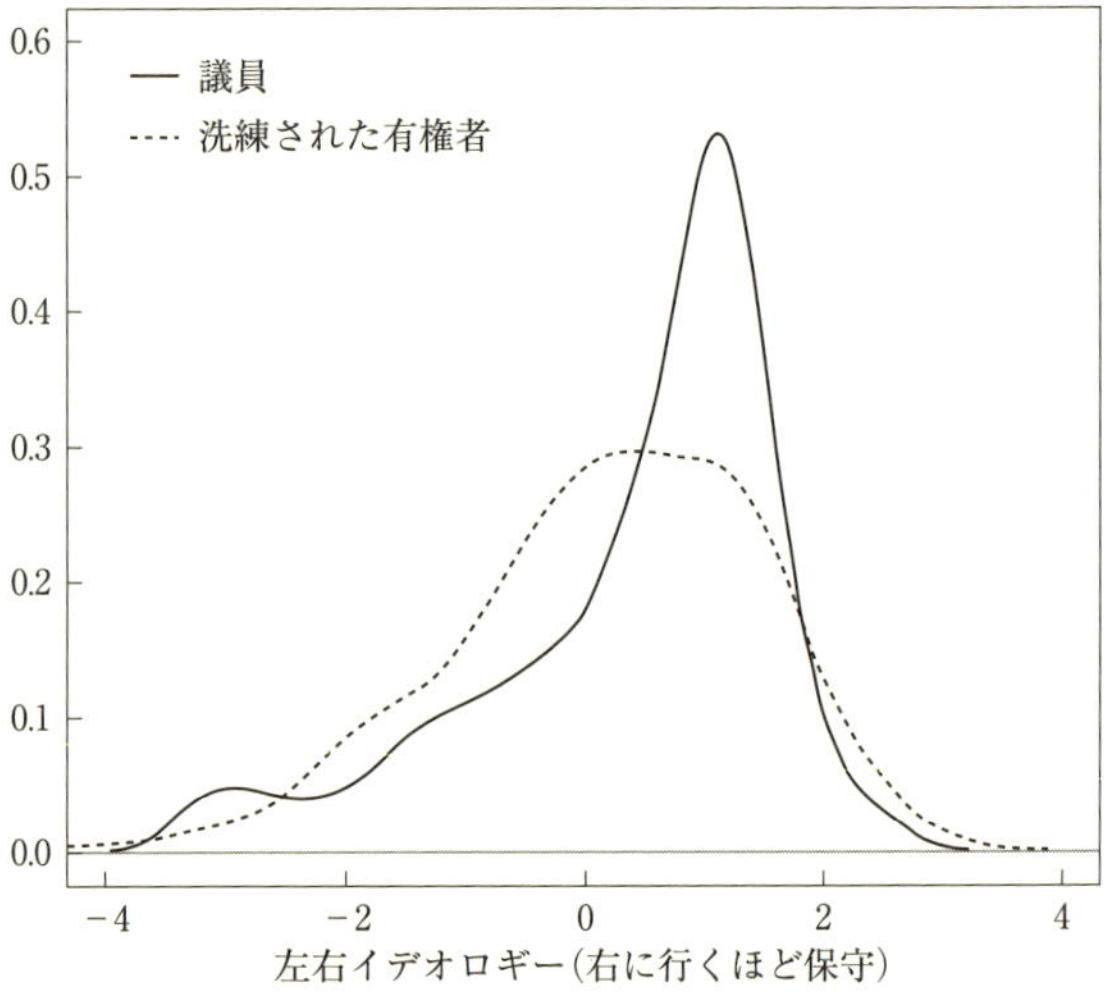

データ：2017年有権者調査・政治家調査.

図6-6　洗練された有権者と議員のイデオロギー

し、それは有権者の利益に合致しているという対応関係が成り立っているはずである。

面接法による調査の場合、調査対象者宅を訪れた担当者による評価やクイズのような——例えば、各国首脳の氏名や、憲法や選挙制度の内容など——質問項目によって、有権者の政治的洗練度を測ることが多い。ところが東大谷口研・朝日有権者調査のような郵送法では、調査担当者は対象者と面会していない上、調査対象者は「正解」を調べて回答できる。そこで本稿では、次善策として「政治家や評論家でもないかぎり、政治のことをよく知っている人がいたり、そうでない人がいたりするのは、ごく普通のことです。あなたは、ご自身についてどう思いますか」という自己評価[13]によって、政治的洗練度の代替指標にした。実際にも、政治的洗練度の自己評価が低くなるほど、争点態度を答えられない可能性も高い（無回答数が多い）傾向にある。

図6－6は、前記の質問に対して「よく知っている方だと思う」「どちらかといえばよく知っている方だと思う」と回答した有権者のみを取り出して、全当選者の分布と重ね書きしたものである。図6－1の全有権者のグラフと比べると、政治的洗練度が高い有権者の尺度値平均は右に移動しているが、それでもなお議員全体の分布とは開きがある。

ただ、図6－5と図6－6を比べると、政治的洗練度が高い有権者と比例代表当選者の尺度値分布は、かなり似ていることが分かる。各党の得票率が比例的に議席率に反映される選挙制度を採用した場合――の良し悪しは本稿とは別の問題として――、政治的に洗練された有権者に限定すれば、正当な代表[14]が成り立つ余地がある。しかし、日本において、衆参両議院は全国民を代表する選挙された議員によって組織されるのであって、政治的に洗練された有権者だけの代表ではない。洗練されていない有権者との乖離を説明するためには、さらに説得を通じ予測的代表を成り立たしめるか、あるいはその他の道具立てを考える必要がある。

三　結論と含意

二〇一七年の衆議院議員のイデオロギーは有権者よりも右寄りであり、自民党支持者と自民党議員の関係だけを見てもバイアスが存在しており、伝統的な約束的代表の実在は疑わしい。比例代表選出議員だけを取り出しても、議員のイデオロギー分布のピークとなる点は有権者よりも右寄りであり、また左右両極で議員の確率密度は有権者を上回っており、有権者のイデオロギーが比例的に代表されているというアグリゲート・レヴェルでの代用的代表も、成り立ち得るとは言い難い。議会活動を見て、次の選挙時までに有権者の政策選好が前回選挙時の議員に追いつくという予測的代表も、データと適合的ではない。予測的代表の考え方の基となった実証的分析における業績評価投票の理論が措定する効用関数は、政策上の近接性に基づくものではないことが示唆されている。

議員は有権者の選好を忖度することなく、議員自身の信念に従って行動するという点では、日本の代表制には独楽的代表が一番あてはまるのかもしれない。しかし、「良き」独楽的代表であるためには、議員自身の行動は――たとえ議員側には有権者に従うという意識がないにせよ――有権者の真の利益に沿っていると評価しうるものでなければならない。政治的洗練度が高い有権者は格別、全有権者と議員のイデオロギーには依然として説明されるべき溝が存在する。

有権者と議員の関係に限らず、与党議員と首相、首相と大臣の関係についても、自民党と同党所属の閣僚のイデオロギー分布は重なるが、それよりも政権中枢は右に位置するから、イデオロギーの近接性に基づいて議員↓総理・総裁↓大臣という約束的代表の連鎖が成り立っているとは言えない。政策選好とは別の論理で議員は首相を選び、首相は内閣全体としては与党の選好を反映するように見せつつ、政権中枢部は自らとイデオロギーを共有する議員で固めようとする。

以上のような日本の有権者と議員、与党議員と政府の間にみられるイデオロギー上の乖離は、どのように説明されるのか。まず、有権者と議員の関係については、本稿冒頭で挙げた政策位置比較の嚆矢である、ストークス自身が別のところで提唱した valence politics が参考になろう。valence politics とは、イデオロギーや争点態度が分かれている中で自らの態度と近いほど望ましいという政策位置をめぐる争い(positional issue)ではなく、景気は拡大している方が良い、犯罪は少ない方が良いというように、選好自体は人びとに広く共有されていて、それをやり遂げるにはだれがふさわしいかをめぐって各政党が争う(valence issue)[15]政治のあり方を指している。

民主党政権期と比べて、第二次以降の安倍内閣の下で有権者の景気判断は良好であり、二〇一七年有権者調査でも四割近くが第三次安倍内閣の経済政策全般に肯定的な評価を与えた[16]。量的金融緩和と財政拡張という短期的な経済政策の効果で得られた「政治的貯金」すなわち valence をもって、左右イデオロギー軸における有権者からの乖離つまり positional issue でのエージェンシー・スラックの贖宥状にする。同様に、(与党)議員も政策の近さではなく、選挙に勝利できるかどうかを基準に党首を選ぶというのが、日本における代表制民主政治の現在位置である。

本来、政権党は中位投票者の「真の利益」の約束的代表であるべきだ。しかし、人びとは常に自らの「真の利益」を知っているわけではないため、そこには政権党によるリード／ジャッジメント／エージェンシー・スラックが存在しうる。但し、そのリード／ジャッジメント／エージェンシー・スラックが白紙委任になってはならない。そのためには、まずは人びとと政治家、マスメディア間の政治的コミュニケーションをより密にして、合理的な期間内に中位投票者が「真の利益」を自覚できるようにすることが必要である。真の中位投票者の予測的代表、または正当な独楽的代表とも言い換えられよう。マンスブリッジによる各代表観の評価基準でも、熟議という語がたびたび登場する。

もう一つ指摘できるのは、政権交代の必要性である。左派政党が政権を取れば政府の政策位置は人びと（や左派政党支持者）よりも左にずれ、逆に右派政党が政権を担当している時期には政府の政策位置は人びと（や右派政党支持者）以上に右寄りになることは避けられない。しかし、中位投票者の「真の利益」から政府の施策が過度に逸脱した場合には、左派から右派へ、右派から左派へと政権を移動させることによって、政府の政策位置を真の中位投票者付近に復元するメカニズムが必要になる。政権交代には、政治に緊張感を与えるという従来の意味付けに加えて、人びとと代表をより近づけるという規範的意義が存在するのである。この点は、稿を改めて検討することにしたい。

注

（1）マンスブリッジの代表観を詳しく紹介した邦語文献としては早川（二〇一四）がある。但し、同書と本稿では訳語が若干異なる箇所がある。

（2）二〇〇五年までは東京大学蒲島＝谷口研究室・朝日新聞社共同調査。

（3）各回調査の結果概要は、谷口・梅田・孫・三輪（二〇一三）、谷口・三輪（二〇一五）、谷口・金子・高宮・築山・淺野・川口（二〇一八）を参照されたい。

（4）本調査では、死亡・転居などの理由で調査対象者に調査票が到達しなかったケースも、有効回収率を算出する際の分母に含めている。このため、有権者調査の回収率が漸減しているのは、標本抽出から調査実施までの時間が近年長くなっている――総選挙は衆議院の解散によって実施されることがほとんどのため、選挙の時期に合わせてサンプリングを行うことが難しい――点がひとつの要因と思われる。
（5）　近日公開予定。
（6）　二〇一七年有権者調査の場合、争点態度に関する項目の無回答率（調査の有効回収総数に対する当該項目無回答者の割合）は平均四・一％であるのに対して、イデオロギー自己評価の無回答率は一八・七％であった。
（7）　日本人のイデオロギー理解に関しては、三輪（二〇一八）に詳しい。
（8）　項目反応理論については、谷口（二〇一五）及び同論文で言及した諸文献も参照されたい。
（9）　保守／右がグラフの右側に来るように、尺度値の符号を反転させた。以下同じ。
（10）　詳細は、谷口（二〇一二）を参照。
（11）　参議院議員の閣僚（二〇一七年調査の対象外）を除く。
（12）　二〇一五年四月に電通ダイバーシティ・ラボが実施した調査。但し、二〇―五九歳を対象としたインターネット調査であり、セレクション・バイアスが含まれている可能性がある。
（13）　「よく知っているほうだと思う」から「あまり知らないほうだと思う」までの五点尺度。
（14）　洗練された有権者と比例代表選出議員間限定の約束的代表ということは、独楽的代表の一要件であると同時に、代用的代表の部分的成立の可能性を意味する。
（15）　しばしば合意争点と訳されるが、これは「valence をめぐる争い」という本来の用語法ではなく、「選好自体は人びとに広く共有されている」という部分に注目した意訳である。valence は、感情価・誘意性などと訳される。
（16）　五点尺度中「評価する」「どちらかと言えば評価する」の合計。

参考文献

蒲島郁夫（一九九九）「全国会議員イデオロギー調査――連立時代の議員と政党」『中央公論』第一一四巻五号。

谷口将紀（二〇一二）『政党支持の理論』岩波書店。

――（二〇一五）「日本における左右対立（二〇〇三―二〇一四年）――政治家・有権者調査を基に」『レヴァイアサン』第五七号。

谷口将紀・梅田道生・孫斉庸・三輪洋文（二〇一三）「二〇一二年衆院選・二〇一三年参院選――民主党票はどこに消えたのか」『世界』第八四九号。

谷口将紀・三輪洋文（二〇一五）「二〇一四年衆院選――熱狂なき与党圧勝の背景」『世界』第八六七号。

谷口将紀・金子智樹・高宮秀典・築山宏樹・浅野良成・川口航史（二〇一八）「二〇一七年東京大学谷口研究室・朝日新聞共同

調査」『国家学会雑誌』第一三二巻九・一〇号。
早川誠(二〇一四)『代表制という思想』風行社。
三輪洋文(二〇一八)「現代日本の有権者とイデオロギー」東京大学大学院法学政治学研究科提出博士論文。
村松岐夫(一九八一)『戦後日本の官僚制』東洋経済新報社。
Birch, Anthony H. (1971) ***Representation***, Pall Mall Press(河合秀和訳『代表』福村出版、一九七二年).
Blais, André and Marc André Bodet (2006) “Does Proportional Representation Foster Closer Congruence Between Citizens and Policy Makers?” ***Comparative Political Studies***, 39(10).
Eulau, Heinz and Paul D. Karps (1977) “The Puzzle of Representation: Specifying Components of Responsiveness,” ***Legislative Studies Quarterly***, 2(3).
Mansbridge, Jane (2003) “Rethinking Representation,” ***American Political Science Review***, 97(4).
McDonald, Michael D., Silvia M. Mendes and Ian Budge (2004) “What Are Election For? Conferring the Median Mandate,” ***British Journal of Political Science***, 34(1).
Miller, Warren E. and Donald E. Stokes (1963) “Constituency Influence in Congress,” ***American Political Science Review***, 57(1).
Pitkin, Hanna Fenichel (1967) ***The Concept of Representation***, University of California Press(早川誠訳『代表の概念』名古屋大学出版会、二〇一七年).
Powell, G. Bingham (2000) ***Elections as Instruments of Democracy: Majoritarian and Proportional Visions***, Yale University Press.
Strøm, Kaare (2000) “Delegation and Accountability in Parliamentary Democracies,” ***European Journal of Political Research***, 37(3).
Weissberg, Robert (1978) “Collective vs. Dyadic Representation in Congress,” ***American Political Science Review***, 72(2).

第7章

有権者の認知における議院内閣制統治の構造

平野　浩

一　議院内閣制統治の構造――委任と責任の連鎖モデル

議院内閣制による統治構造の本質をどこに措定するかについては、歴史的、地域的、あるいは理論的な文脈によって様々な視角があり得るが、政治過程の実証的分析という文脈においては、これを委任と責任の連鎖（言い換えれば、「本人－代理人（principal-agent）」関係の連鎖）と見るのが今日における一つのスタンダードであろう（飯尾二〇〇七、川人二〇一五、待鳥二〇一八、Strøm 2000）。

例えばStrøm(2000)は、これを「有権者→議会→首相→各省大臣→各省」というシンプルで単線的な連鎖としてモデル化している[1]。日本に関しても、基本的にはこの枠組みが適用できると考えられるが、その一方で、時期的な、あるいは個々の政権の特徴に従って、これに様々なヴァリエーションを加えることも行われる。例えば川人（二〇一五）は、①国会から首相への委任関係が弱く、その一方で国会から各省大臣への直接的委任関係が見られる――言い換えれば、各省大臣や官僚制に対して、国会と首相が二重に「本人」としての位置を占める――「権力分立制と組み合わされた国会中心主義と議院内閣制」モデル、②国会から首相への委任関係が弱く、同時に新たに与党というアクターが加わり、大臣と与党が各省に対して相互に独立的に(すなわち二重に)「本人」の役割を果たす「法案事前審査制」モデル、③上記②とアクターの布置は同様だが、首相から各省大臣への委任関係が弱く、同時に各省大臣と各省との関係が後者から前者への委任関係となっている「官僚内閣制」モデル、④与党から各省への委任関係が無く、与党は専ら首相に対する「本人」となっている——言い換えれば、「与党→首相→各省大臣→官僚制」という単線的連鎖が見られる——「民主党政権」モデル、といったヴァリエーションを提示している(2)。

他方、待鳥(二〇一八)は、政党政治という視点から、議院内閣制における委任の連鎖を「有権者→議会多数派(与党)→内閣→官僚」と定式化している。これは議会ではなく与党(のみ)を明示的なアクターと見做す点で、国会から与党と首相へという複線的な委任関係を考える川人とは若干異なる解釈となっている。

いずれにしても、以上の議論は議院内閣制の統治構造の「実態」に関するものであるが、他方こうした委任の連鎖の出発点、言い換えれば究極の「本人」である有権者自身は、これをどのように見ているのであろうか。この点を明らかにすること、すなわち、日本における議院内閣制統治の構造に関する有権者の「認知マップ」を描くことを通じて、今日の日本政治のあり方を考察することが本稿の目的である。

二　委任と責任の連鎖に関する有権者の認知

それでは、上述のような委任と責任の連鎖に関する有権者の認知は、どのような方法によって析出可能であろうか。最も直接的な方法は、委任と責任の連鎖関係についての人々の認識(あるいはイメージ)そのものをストレートに訊くことであろう。しかし残念ながら、現在入手可能な世論調査データで、こうした分析を可能とするような質問を網羅したものは見当たらない。そこで次善の策として、そのようなストレートな質問は含まれていなくても、議院内閣制統治の構造に直接的、間接的に関連した質問を数多く含む政治意識調査のデータから、こうした「認知マップ」の推定を行うことが考えられる。具体的には、委任と責任の連鎖を構成する様々なアクターや制度に対する評価や信頼に関する質問を用いて、認知構造の分析を進めるのである。

例えば、アクターAに対する評価や信頼がアクターBに対する評価や信頼をもたらしているとすれば、そこにはAからBへの適切な影響あるいはコントロール関係（すなわち、代理人であるBが、本人であるAの意向に沿って行動する）が存在するという認知があることを推測できる。

以下、本稿では、こうした評価や信頼の連鎖モデルの解析を通じて、有権者が抱く議院内閣制統治の構造――委任と責任の連鎖の構造――に関する「認知マップ」の推定を行うこととする。なお、統治構造の「実態」と同様、それに関する認知もその時々の政治状況によって左右される部分があろう。川人が統治構造の「実態」として示したヴァリエーションと同様に、有権者も民主党政権下における統治構造を自民党政権下におけるそれとは異なるものとして認識している可能性は大きい。また、同じ自民党政権下であっても、政治のスタイルを異にする内閣の間では統治構造に関する認知も異なっている可能性がある。そこで、以下の分析においては、首相のリーダーシップが相対的に前面に出た小泉内閣期、自民党政権としてはよりオーソドックスなスタイルと考えられる麻生内閣期、民主党政権下の菅内閣期の三つの時期を取り上げ、それぞれの時期における統治構造の「認知マップ」の比較を行うこととする。

さらに本稿では、各時期における統治構造がどのような政策的アウトプットに結び付くと認知されているのか、という点にも注目する。すなわち、それぞれの時期における委任と責任の連鎖が、最終的にどのような政策的帰結をもたらすとイメージされているかを、同様な分析のロジック――様々なアクターや制度への評価・信頼が、どのような政策選好と関連しているかを考察すること――に基づき明らかにしていく。具体的な政策領域としては、財政や社会保障といった経済・社会的政策を取り上げる。その理由としては、第一に、今日の日本における主要な政策的争点のうち憲法・安全保障に関する有権者の政策選好は、党派的選好との関連が極めて大きいため、これを用いることは、様々なアクターや制度への評価・信頼に基づいて統治構造に関する「認知マップ」――「選好マップ」ではなく――を推定するという本稿での方法に照らして適切ではないと考えられるのに対し、経済・社会的な政策選好は党派性との関連が相対的に弱く、また自民・民主両党の内部での政策位置の広がりも――「実態」においても、有権者の「認知」においても――大きいため、ここで用いるのにより適していると考えられるためである（平野（二〇〇七、二〇一五）を参照）。第二に、より実質的な理由として、特定の統治構造が、財政規模、税制、社会保障制度等に関しても特定のあり方をもたらすものであるのか、という比較政治学的にも重要なテーマに対して、有権者の認知という観点からアプローチしてみたいという問題関心からである。

三　データ

上述の通り、本稿では小泉、麻生、菅の3内閣期に実施された政治意識調査データを分析対象とする。各時期に関するデータは以下の通りである。

小泉内閣期

ＪＥＳⅢ二〇〇五年衆院選前後調査データ：ＪＥＳⅢ調査は、科学研究費特別推進研究（二〇〇一―〇五年度）「二一世紀初頭の投票行動の全国的・時系列的調査研究」（研究代表者：池田謙一）の一環として行われた、全国の有権者を母集団とする無作為抽出サンプルに対するパネル調査（全九波）で、二〇〇五年衆院選前後調査は、その第八波、第九波となるものである。調査方法はいずれも面接法で、有効回答数は事前調査一五一七、事後調査一五一一である（ＪＥＳⅢ調査全体の概要については、池田（二〇〇七）を参照）。

麻生内閣期

ＪＥＳⅣ二〇〇九年衆院選前後調査データ：ＪＥＳⅣ調査は、科学研究費特別推進研究（二〇〇七―一一年度）「変動期における投票行動の全国的・時系列的調査研究」（研究代表者：平野浩）の一環として行われたもので、ＪＥＳⅢ調査と同様に全国の有権者を母集団とする無作為抽出サンプルに対するパネル調査（全七波）で、二〇〇九年衆院選前後調査は、その第二波、第三波となるものである。調査方法は面接法、有効回答数は事前調査一八五八、事後調査一六八四である（ＪＥＳⅣ調査全体の概要については、平野（二〇一五）を参照）。

菅内閣期

ＪＥＳⅣ二〇一〇年参院選前後調査データ：右記ＪＥＳⅣ調査の第五波（事前）、第六波（事後）をなす調査で、調査方法はいずれも面接法である。有効回答数は、事前調査一七六七、事後調査一七〇七である。

四　分析モデル

認知構造の推定は、共分散構造分析（ＳＥＭ）により行った(3)。分析モデルは以下の通りである（モデル中の各変数の詳細に関しては、補遺を参照）。

まず、外生変数として、「与党評価（与党第一党＝首相所属政党への好意度）」、「野党評価（野党第一党への好意度）」、「選挙信頼」の三つの変数を外生変数に置く（いずれも観測変数）。次いで、これら三変数が「国会信頼（観測変数）」に影響を及ぼし、さらに「与党評価」と「国会信頼」が「内閣評価（潜在変数）」に影響を及ぼす。ここで「内閣評価」は「首相評価（首相への好意度）」と「内閣支持」という二つの観測変数に影響を及ぼしていると仮定する。

さらに、この「内閣評価」が「与党評価」、「国会信頼」と共に「官庁信頼（中央官庁への信頼感に関する観測変数）」に影響を及ぼすとするモデル（「政治主導モデル」）と、逆に「官庁信頼」が「内閣評価」に影響を及ぼす（ただし「与党評価」と「国会信頼」は「政治主導モデル」と同様に「官庁信頼」に影響を及ぼす）とする「官僚主導モデル」のそれぞれのモデルについて推定を行う(4)。

最後に、上記の「与党評価」、「国会信頼」、「内閣評価」、「官庁信頼」がそれぞれ「財政政策（潜在変数）」に及ぼす影響を推定する。「財政政策」は、「景気重視（財政再建よりも景気対策）」、「福祉重視（負担軽減よりも福祉充実）」、「補助金重視（競争よりも補助金の配分）」、「保険料重視（公的年金制度維持のために、消費税率引き上げより保険料増額）」という四つの観測変数に影響を及ぼすものと仮定される。

以上のモデル設定に関して、若干の説明を加えておきたい。第一に、上述の川人のモデルでは、国会から与党への委任関係が前提とされていたが、ここでは「与党評価」から「国会信頼」への因果モデルという形で、これとは逆の委任関係を仮定している。これは、有権者の認知においては、与党を含め政党（さらには選挙制度）への信頼が国会への信頼に結び付くと考える方が自然であり、主観的に見た委任の連鎖という点からはこの形が適切であろうと考えたためである。また、すべての時期を通じて「与党評価」から「内閣評価」へというパスを明示的に仮定する点で、待鳥と同様に政党政治という視点を重視したモデルとなっている(5)。

第二に、「与党評価」と「野党評価」がそれぞれ与党第一党と野党第一党のみに対する評価である点だが、これはモデルをできるだけシンプルなものとしたいこと、分析対象とするのが自民、民主両党による二大政党化が進んだ時期であること、いずれの内閣においても与党第一党から首相が出ていること等により、この方法で問題ないと判断したためである。

第三に、「内閣評価」を潜在変数として、「首相評価」と「内閣支持」をこれに関する観測変数としたことである。これは使用するデータに「各省大臣」への評価・信頼が含まれていないため、これを前提に考えた場合、有権者の認知において部分的にオーバーラップしつつもそれぞれに固有の意味を持つ「首相評価」と「内閣支持」の両項目によって測定される潜在変数としての「内閣評価」をこの位置に置くことが適切であると考えたためである(6)。

最後に、「政治主導モデル」と「官僚主導モデル」の推定を別々に行う理由である。これは本来、ＳＥＭの特徴を生かして双方向的な因果のパスを推定できるのであれば、そのようなモデルを設定することが望ましい。しかし実際にそうしたモデルの推定を様々に試みた結果、どのようなモデルを構築しても識別性に問題が生じたことから、ここでは次善の策として、二つのモデルを別々に推定することとした。

五　分析結果

分析の結果は以下の通りである。いずれの分析においても、まず上述のモデルの推定を行った上で、五％水準で統計的に有意ではなかったパス（および外生変数間の相関）を除いて、再度分析を行った結果を示す。図に示された数値のうち、外生変数間の双方向的な矢印に付された数値は相関係数、変数間のパスに付された数値は標準化回帰係数で、一つを除いてすべて五％水準で統計的に有意なものである(7)。また各内生変数の右上に示された数値は決定係数の値を示している。いずれの推定結果も、ＧＦＩは〇・九五以上であり、他の指標も勘案した上で、十分な説明力を持つモデルであると判断したものである。

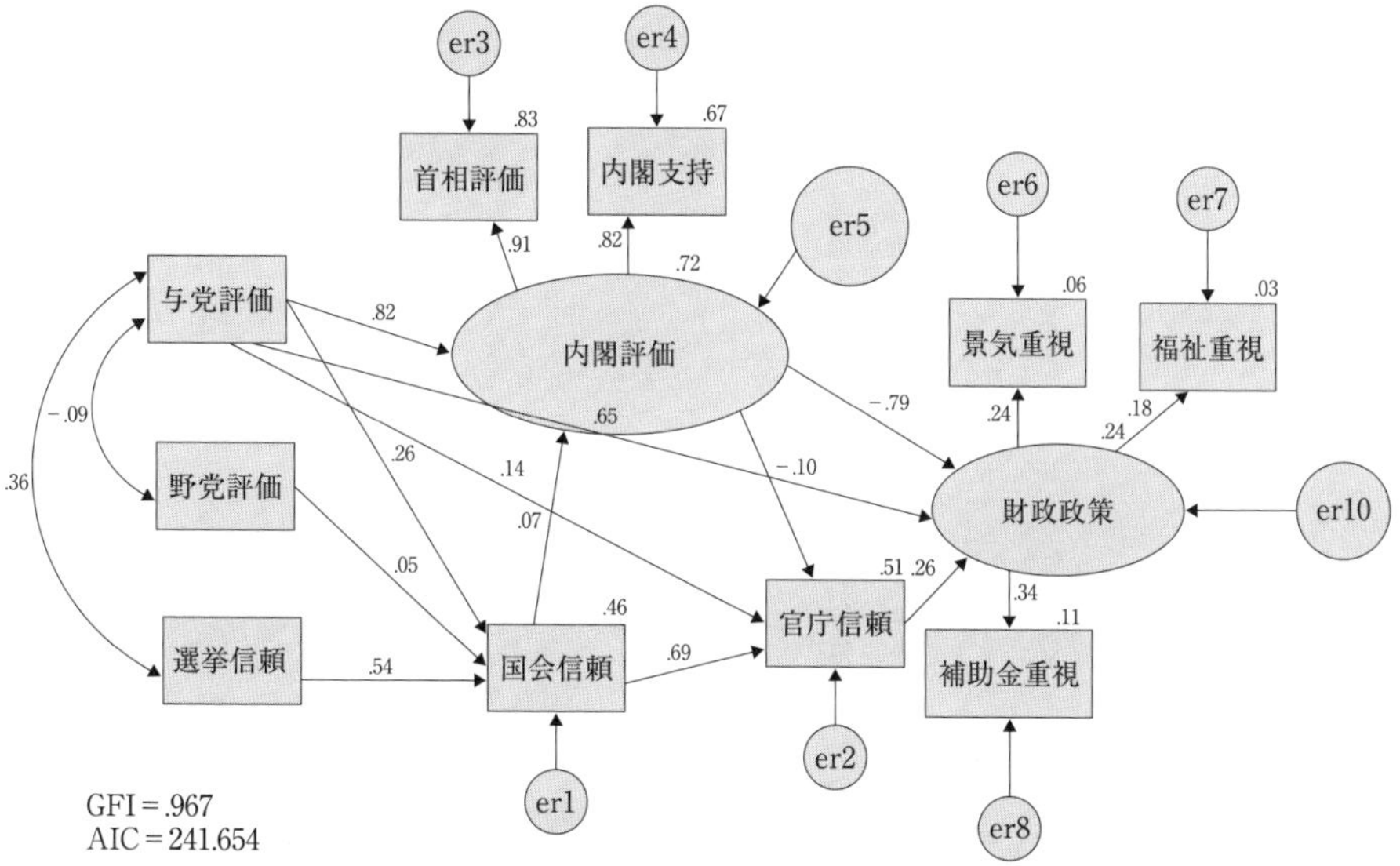

出所：筆者作成（以下同）.

図 7-1　小泉内閣期「政治主導モデル」の推定結果

小泉内閣期

小泉内閣期に関する「政治主導モデル」の推定結果は**図7-1**の通りである。まず三つの外生変数間の相関を見ると、「与党評価」と「野党評価」の間に有意な負の相関が見られるが、その関連は大きなものではない。また「与党評価」と「選挙信頼」の間には正の相関が見られるが、「野党評価」と「選挙信頼」の間には有意な相関が見られなかった。すなわち、自民党への好意度と選挙制度への信頼感の間には関連が見られるが、民主党への好意度と選挙制度への信頼感の間にはそうした関連が見られない。

次に、これら三つの変数が「国会信頼」に対して及ぼす影響については、選挙制度を信頼しているほど、与党に好意を抱いているほど、また野党に好意を抱いているほど、国会を信頼しているという結果が示された。ただし、その影響の大きさは選挙制度への信頼が最も大きく、与党への好意度はその半分程度、野党への好意度はかなり小さく、有権者の主観における国会への信頼の基盤が窺える。

さらに、「与党評価」と「国会信頼」が「内閣評価」に及ぼす影響であるが、まず潜在変数である「内閣評価」から、これを観測した変数であると仮定した「首相評価」と「内閣支持」へのパスの係数は両者とも大きな値を示しており、ここでの「内閣評価」が首相への好意度や内閣への支持の原因となる態度であると考えてよいことが分かる。そこで「与党評価」と「国会信頼」から「内閣評価」へのパスを見ると、「与党評価」の効果が非常に大きい一方、「国会信頼」の効果は有意ではあるが相対的に小さいものであることが分かる。すなわち、内閣に対する評価は（国会への信頼ではなく）専ら与党への好意度によって決定されている。

それでは、「内閣評価」から「官庁信頼」へのパスはどうであろうか。図には、大きくはないが有意な負の効果が示されている。すなわち、内閣への評価は官庁への不信に繋がっている。他方、「国会信頼」は「官庁信頼」に大きな正の影響を及ぼし、また「与党評価」もそれほど大きなものではないが正の効果を示している[8]。すなわち、国会への信頼や与党への好意は中央官庁への信頼をもたらしている。

最後に、これらの変数の経済・社会的な政策選好への影響を見てみよう。まず、潜在変数である「財政政策」に関する四つの観測変数のうち、「保険料重視」のみはパスが有意ではなかった。従って、ここでの分析における政策選好は他の三変数、すなわち「景気重視」、「福祉重視」、「補助金重視」によって測定されるような態度である。各測定変数へのパスを見ると、すべて係数は中程度の正の値となっている。すなわち、ここで測定されている政策選好は、「財政再建よりも景気対策、税負担は増えても福祉レベルを維持、競争よりも補助金が重要」といった選好か、これとは正反対の選好かである。この政策選好に対する各変数の効果を見てみると、まず「内閣評価」からは大きな負の効果が見られる。すなわち、内閣への評価は「財政再建、税負担の軽減、競争重視」といった新自由主義的政策選好へと結び付いている。これに対して「与党評価」からの効果も大きいが、方向は正である。すなわち、自民党への好

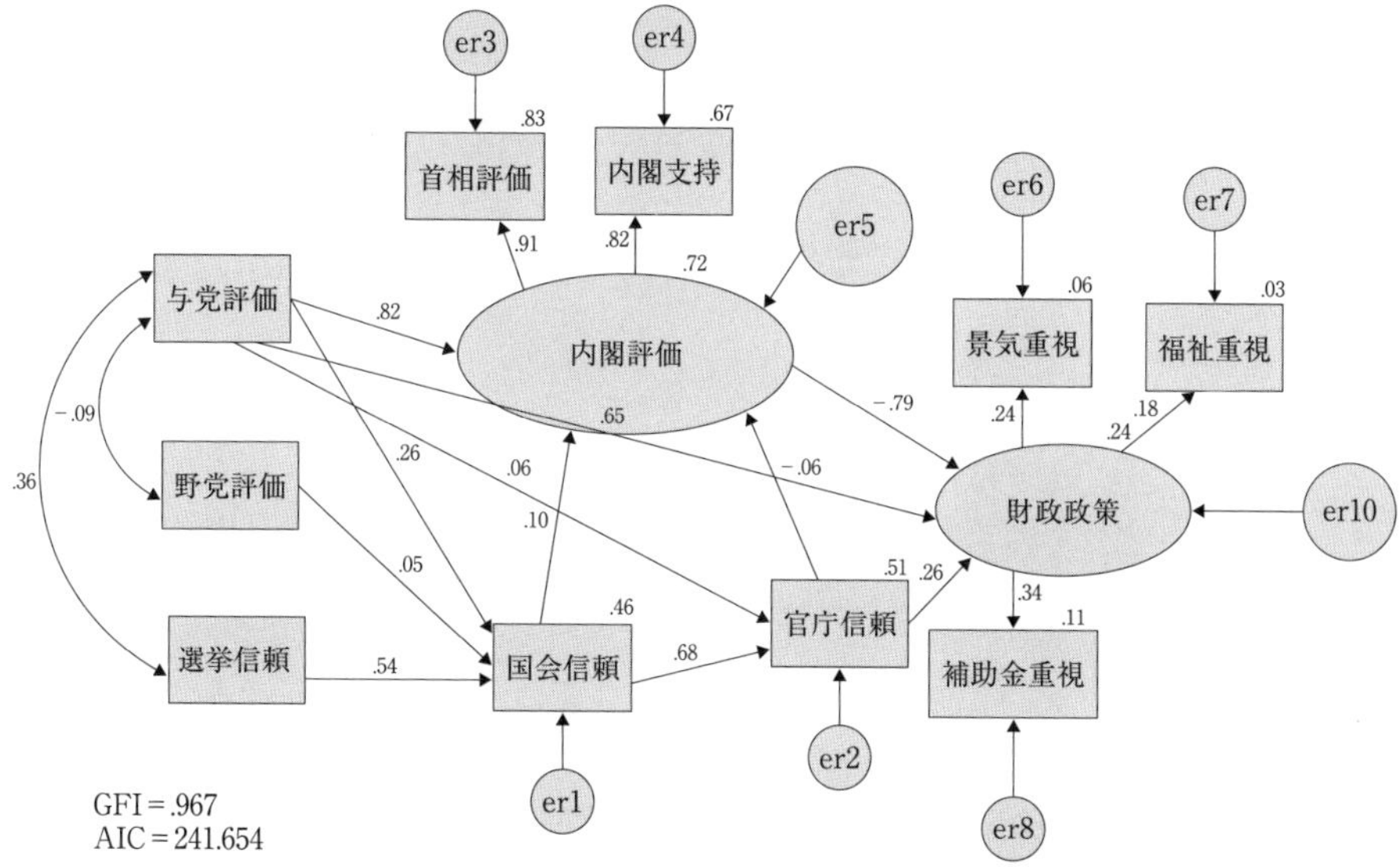

図 7-2　小泉内閣期「官僚主導モデル」の推定結果

意は「景気対策、福祉の維持、補助金の重視」といった積極的な財政政策の支持へと繋がっている。また、「官庁信頼」からも中程度の正の効果が認められる。すなわち、中央官庁への信頼感が積極的な財政政策への支持と結び付いている。なお、「国会信頼」から政策選好への直接的なパスは有意ではなく、国会への信頼は官庁への信頼を経由して政策選好に影響を与えていることが分かる。

以上、このモデルの推定結果から、委任の連鎖に関する有権者の認知としては、「与党→内閣」と「与党→国会→官庁」という二つの相対的に独立した経路――なおかつ、そこでは内閣が官庁の行動を抑制している――がイメージされ、また前者の経路は新自由主義的財政政策に、後者の経路は積極的財政政策に結び付くと認識されていると推測される。

次に小泉内閣期に関する「官僚主導モデル」の推定結果は**図 7-2** の通りである。上述の通り、これは上の「政治主導モデル」における「内閣評価」から「官庁信頼」へのパスの方向を「官庁信頼」から「内閣評価」へと変更した以外は、すべて「政治主導モデル」と同じモデルである。

結果を見ると、「官庁信頼」から「内閣評価」へのパスが小さな負の効果を示す――すなわち中央官庁への信頼が内閣への低評価に繋がる――という、上に見た「政治主導モデル」と対称的な構造となっていること以外は、ほぼすべて「政治主導モデル」と同一の推定結果となっている。すなわち、ここでも「与党→内閣」と「与党→国会→官庁」という二つの独立的な経路――またその中で、官庁の内閣に対する反発が見られる――が存在する。そして前者から新自由主義的財政政策が、また後者から積極的財政政策が帰結するというイメージが示されていることも同じである。

では、小泉内閣期の統治構造に関する有権者の認知として、どちらのモデルがより適切かということになるが、まず統計的な指標に関しては、GFI等の適合度の指標についてもAICのような倹約性の指標についても二つのモデルは同一である。他方、小泉内閣期が一般的に「首相主導」、「官邸主導」の時代であるとされていたことを踏まえれば(9)、有権者においても「政治主導モデル」により近いイメージが抱かれていたのではないかと推測することに合理性があろう。

以上の結果から、小泉内閣期における委任と責任の連鎖についての有権者の認知の特徴としては、第一に、「与党→内閣→財政政策」と「与党→国会→官庁→財政政策」という二系統の連鎖がイメージされている。第二に、これら二つの系統は相互に独立性が高いと認識されている。すなわち、「国会→内閣」という連鎖の認知はあるものの、「与党→内閣」のそれに比べればはるかに弱い。第三に、内閣と官庁の間には、前者が後者の活動を抑制するといったネガティヴな連関(少なくとも、委任と責任の連鎖ではない)が存在すると認知されている。第四に、「与党→内閣」の連鎖からは新自由主義的な経済・社会的政策の帰結がイメージされ、「与党→国会→官庁」の連鎖からはより積極的な財政政策の帰結がイメージされている。この点に関連して、小泉内閣期においては「与党評価」から政策選好への直接的で大きな効果が見られるが、以下に示す通り、こうした直接的な効果は他の二つの内閣期においては見られないものである。

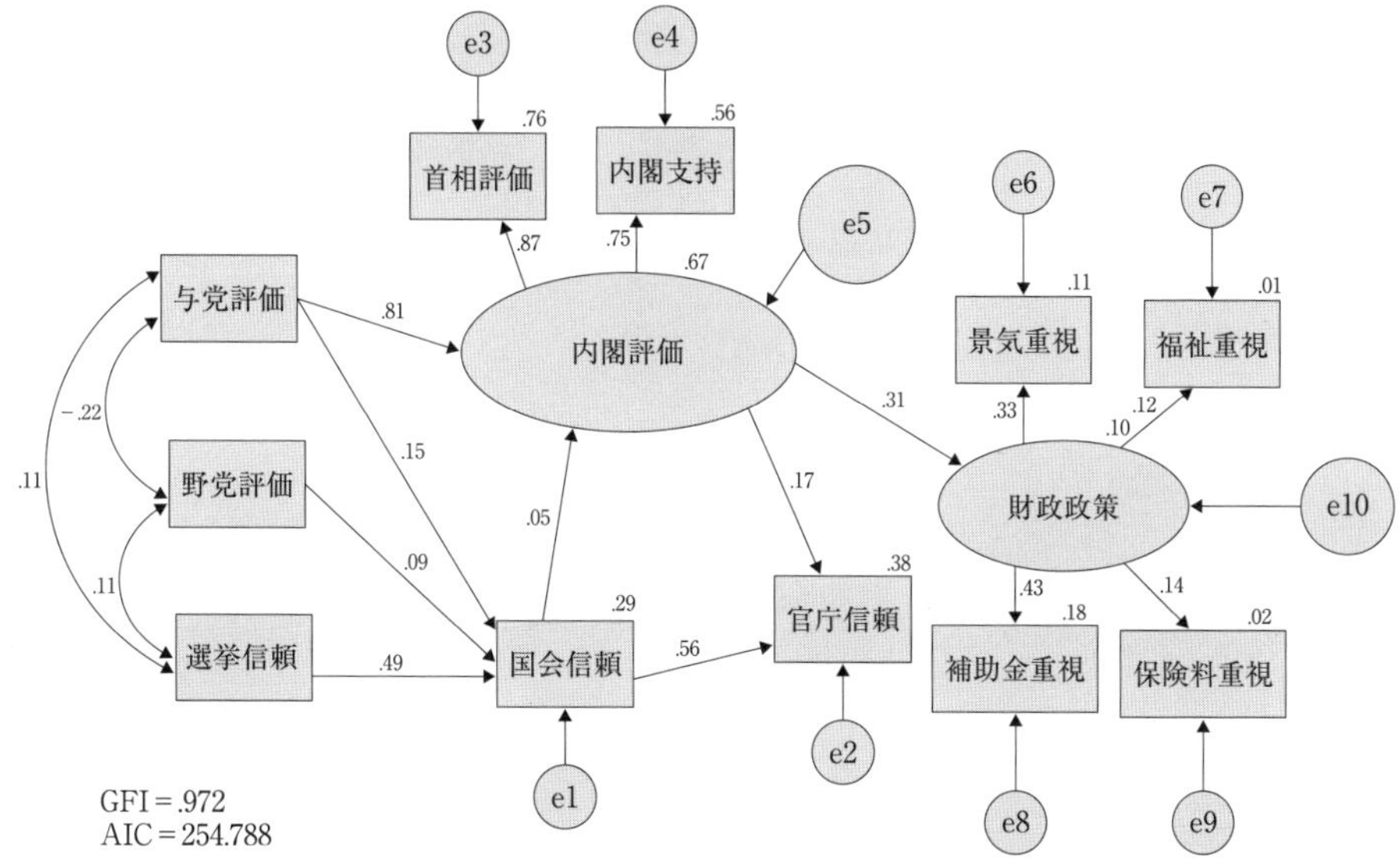

図 7-3　麻生内閣期「政治主導モデル」の推定結果

麻生内閣期

次に、麻生内閣期に関する「政治主導モデル」の推定結果は**図 7－3**、「官僚主導モデル」の推定結果は**図 7－4**に示す通りである。ここでは二つのモデルの推定結果の間に若干の重要な違いが認められる。

まず「政治主導モデル」の推定結果であるが、ここでは三つの外生変数間の相関はすべて有意である、すなわち、「与党評価」と「野党評価」の間には予想される通りの負の相関が見られ、また「与党評価」と「野党評価」のいずれもが「選挙信頼」と正に相関している。換言すれば、自民党への好意も民主党への好意も、共に選挙制度への信頼に繋がっている。

次に、「国会信頼」に対するこれら三変数の効果であるが、ここでもすべてのパスが正の有意な効果を示しており、また効果の大きさが「選挙信頼」、「与党評価」、「野党評価」の順であることも小泉内閣期と同様である。また「与党評価」と「国会信頼」から「内閣評価」(ここでも「首相評価」と「内閣支持」により適切に観測されていると判断できる)への影響について

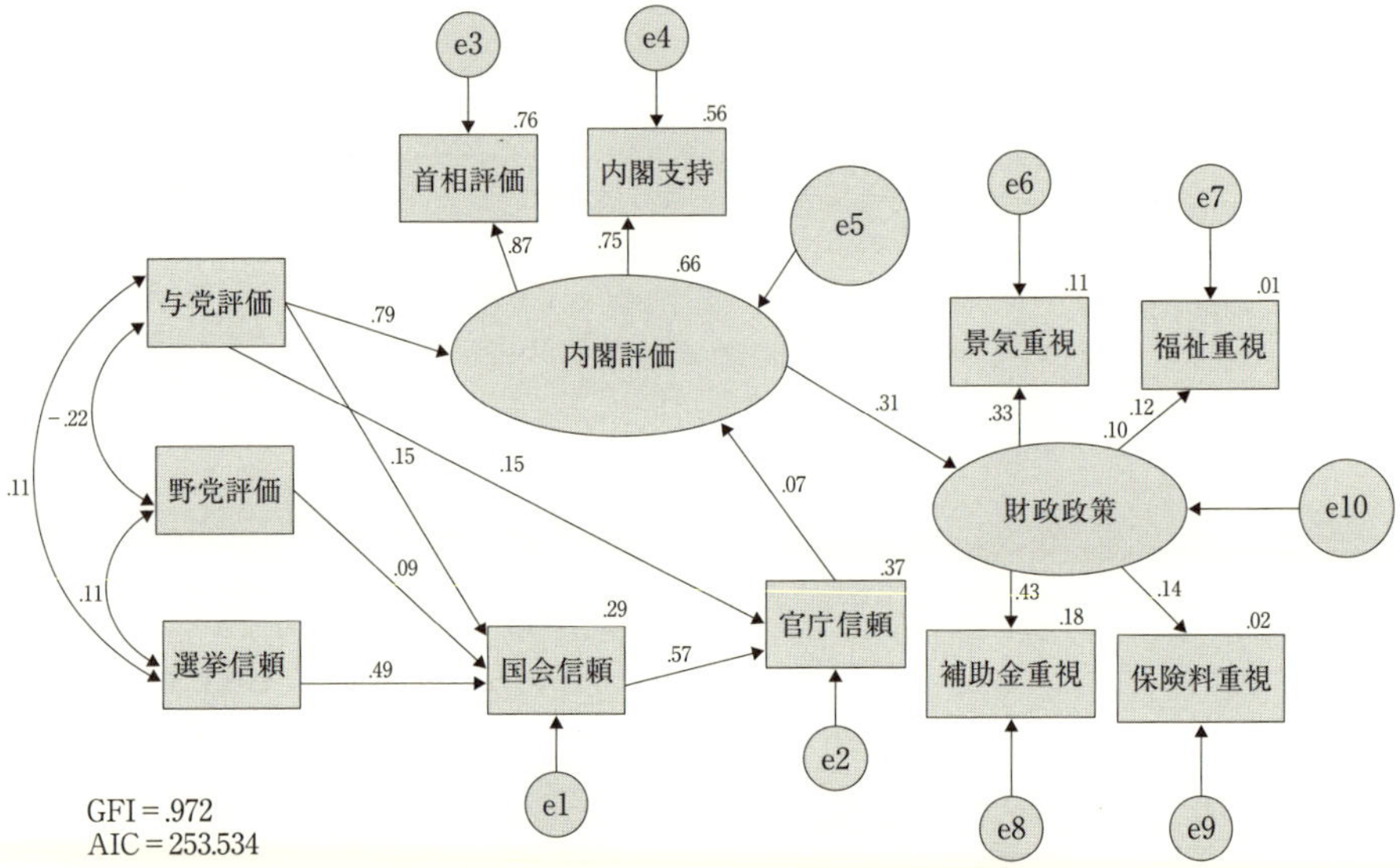

図 7-4　麻生内閣期「官僚主導モデル」の推定結果

も、小泉内閣期と同じく、「与党評価」からの効果が非常に大きく、「国会信頼」の効果は有意ではあるが、その大きさはかなり小さい。

さらに、諸変数の「官庁信頼」への影響を見ると、まずここでは小泉内閣期とは異なり、「内閣評価」からの正の効果が見られる。すなわち、内閣を評価することが官僚への信頼に繋がっている。他方、ここでも小泉内閣期と同様に「国会信頼」からのパスは大きな正の効果を示している。その一方で、「与党評価」からの有意な効果は認められない。

最後に、政策選好への影響についてであるが、ここでは潜在変数である「財政政策」に関して、四つの観測変数へのパスはすべて有意となっている。すなわち「財政政策」は「財政再建よりも景気対策、税負担は増えても福祉レベルを維持、競争よりも補助金が重要、消費税増税よりも保険料の値上げ」という選好とこれとは正反対の選好との対立を意味する変数となっているが、その中でも「補助金重視」と「景気対策」のウェイトが大きいことが特徴となっている。この「財政政策」に対する諸変数の影響であるが、ここでは「内閣評価」のみが有意な正の効果を示している。すなわち、麻生内閣への評価は、補助金や景気対策を中心とした積極的な財政政策の選好と結び付いている。その一方で、他の諸変数、すなわち「与党評価」、「国会信頼」、「官庁信頼」のいずれに関しても、ここでは有意な効果が認められない。

以上、麻生内閣期に関する「政治主導モデル」の推定結果に現れているのは、「与党→内閣→官庁および政策選好」という単純なイメージで、そこでは「与党→官庁」や「官庁→政策選好」といった経路が見られない。換言すれば、法案の事前審査や、その結果の政策への反映に対応するパス自体が存在していない。これらの点については、以下の「官僚主導モデル」の推定結果との比較の中で再度考察を加え、その妥当性を検討する。

そこで「官僚主導モデル」の推定結果を見ると、まず「官庁信頼」から「内閣評価」へのパスは、大きなものではないが有意な正の効果を示している。すなわち（小泉内閣期とは異なり）中央官庁への信頼は内閣への評価に繋がっている。その上で、ここでは次のような「政治主導モデル」との重要な違いが認められる。すなわち、このモデルでは「国会信頼」から「内閣評価」へのパスが有意でなくなり、その一方で「与党評価」から「官庁信頼」への有意な正の効果が見られるようになっている[10]。なお、「官庁信頼」から「財政政策」への直接的な効果はここでも有意ではないが、「官庁信頼」から「内閣評価」へのパスが引かれているため、それを経由した間接的な効果は示されている。

このように、「官僚主導モデル」の推定結果には、「与党→内閣」および「与党→（国会）→官庁→内閣」という最終的には内閣へと収斂する二つの経路からなる連鎖のイメージが示されている。そして内閣への評価のみが政策選好（積極的財政政策への支持）に結び付いている。

それでは、麻生内閣期の統治構造に関する有権者の認知としては、どちらのモデルがより適切であると考えられるであろうか。統計的な指標の点では、ＧＦＩ等の適合度の指標に関しては二つのモデルは同等であり、ＡＩＣのような倹約性の指標においては僅かではあるが「官僚主導モデル」の方がより倹約的であり好ましい。他方、より実質的なモデルの内容から検討すると、法案の事前審査のイメージである与党から官庁への直接的なパスが存在すること

（川人の「官僚内閣制」モデルも与党による事前審査の存在を前提としたモデルである）、また間接的にではあっても官庁から政策選好へのパスが存在するという点において、やはり「官僚主導モデル」の方が現実の統治構造により近いイメージであるように思われる(11)。

以上の点を総合的に勘案して、麻生内閣期の統治構造に関する有権者の認知として、ここでは暫定的に「官僚主導モデル」に示されたイメージがそれに近いものであると結論しておきたい。すなわち、有権者の認知においては「与党→内閣→財政政策」および「与党→（国会）→官庁→内閣→財政政策」という二系統の連鎖が存在し、政策的帰結を直接的にもたらすのは専ら内閣であるとイメージされている、というものである。

菅内閣期

最後に菅内閣期に関する分析結果であるが、ここでは「政治主導モデル」においても「官僚主導モデル」においても、「内閣評価」と「官庁信頼」の間のパスは有意にならなかった。そこで、以下ではこのパス（および他の有意でないパス）を除いた一種類の推定結果（**図7‐5**）のみを考察対象とする。

まず、三つの外生変数間の相関は、麻生内閣期と同様にすべて有意である。すなわち「与党評価」と「野党評価」の間には負の相関が、また「選挙信頼」と「与党評価」および「野党評価」との間には正の相関が、それぞれ見られる。

次にこれら三変数から「国会信頼」への経路であるが、いずれも有意な正の効果が見られ、その大きさは「選挙信頼」、「野党評価」、「与党評価」の順となっている。ここでは「与党評価」よりも「野党評価」の効果の方が大きくなっているが、自民党への好意度の方が民主党への好意度よりも大きな効果を示すという点で、自民党内閣期の結果と一貫している。もちろん、これは議院内閣制における委任と責任の連鎖構造という点からはイレギュラーなものと言

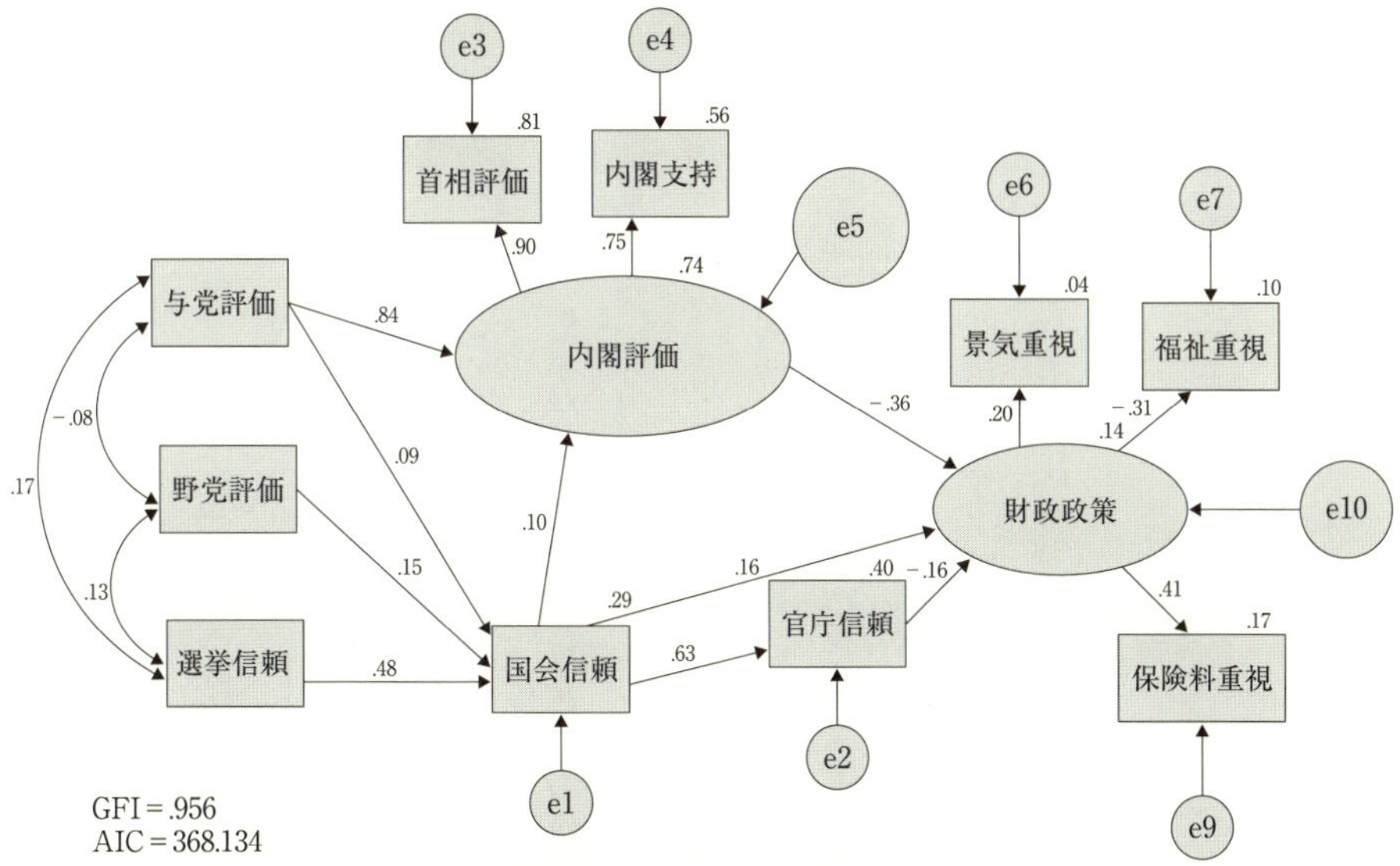

図 7-5　菅内閣期の推定結果

わねばならないだろう。

また「与党評価」と「国会信頼」から「内閣評価」(自民党内閣期同様、観測変数である「首相評価」と「内閣支持」へのパスは大きな正の値を示している)への影響についても、「与党評価」からの効果が非常に大きく、「国会信頼」の効果は有意ではあるが比較的小さいという点で、自民党内閣期から一貫した結果となっている。

次に「官庁評価」への諸変数の効果であるが、上述の通り「内閣評価」からの経路は有意ではない。またここでは「与党評価」からの効果も有意ではなく、「国会信頼」からの経路のみが大きな正の効果を示している。

最後に、政策選好に対する諸変数の影響であるが、まずここでは潜在変数である「財政政策」の内容自体が自民党政権期とは異なっている。すなわち、観測変数のうち「補助金重視」へのパスが有意ではなく、また「景気重視」と「保険料重視」へのパスの係数が正であるのに対し、「福祉重視」へのパスの係数は負である。換言すれば、ここでの「財政政策」は、「財政再建よりも景気対策、福祉レベルの維持よりも税負担の軽減、消費税増税よりも保険料の値上げ」という選好と、これと正反対の選好との対立を意味するものとなっている。[12] この「財政政策」に対する諸変数の影響であるが、まず最も大きな効果は「内閣評価」からのもので、その方向は（菅内閣の政策から予想される通り）負である。すなわち、菅内閣へのポジティヴな評価が「財政再建、福祉レベルの維持、消費税増税」という政策選好に繋がっている。また「官庁信頼」の効果についても、その方向は「内閣評価」と同じく負であり、官僚機構が「財政再建、福祉レベルの維持、消費税増税」を目指しているとイメージされているように見える。[13] また麻生内閣期と同様に、ここでも「与党評価」から「財政政策」への直接的な効果は認められないが、他方、菅内閣期のみの特徴として、「国会信頼」から「財政政策」への直接的な効果が見られ、またその方向は（「内閣評価」や「官庁信頼」とは逆の）正である。すなわち、国会への高い信頼が「景気対策と税負担の軽減」という政策選好に結び付いている。

以上の結果から、菅内閣期の委任と責任の連鎖についての有権者の認知の特徴としては、「与党→内閣→財政政策」、「与党→国会→官庁→財政政策」、「野党→国会→財政政策」という三系統の連鎖がイメージされていることが挙げられる。また小泉内閣期と同程度には「国会→内閣」という連鎖も認知されている。そして「与党→内閣」、「与党→国会→官庁」の連鎖からは「消費税増税と財政再建」といった政策的な帰結が予想され、また「野党（自民）→国会」の連鎖からはそれとは逆の「消費税増税はせずに景気対策」という政策的な帰結が予想されていると考えられる。こうした構造は、川人のヴァリエーションの中では、「民主党政権」モデルよりもむしろ「権力分立制と組み合わされた国会中心主義と議院内閣制」モデルとの類縁性を感じさせるもののように思われ興味深い。

六　考察と結論

以上、本稿では、日本の議院内閣制統治の基本構造、すなわち委任と責任の連鎖構造に関して、究極の「本人」である有権者がこれをどのように認知しているかを、小泉、麻生、菅という三つの内閣期について、世論調査データの解析を通じて推定してきた。

その結果、三つの時期を通じて有権者の認知は、委任と責任の連鎖構造に関する既存の議論に大枠としては適合的であることが示された。また三つの時期を通じて、「内閣評価」に対して「与党評価」の及ぼす効果が非常に大きいのに対し、「国会信頼」の及ぼす効果は相対的に小さいという特徴が見られた。すなわち、有権者の認知においては、内閣は主として与党からの支持と委任に基づき存立するものであり、国会からの委任を存立基盤とするという認識は希薄であるように見受けられる。その点にやや拘《こだわ》れば、内閣への委任の主体を議会(国会)とする Strøm や川人の(「民主党政権」モデルを除く)モデルよりは、これを議会多数派(与党)とする待鳥のモデルにより適合的であると言えるかも知れない(14)。

他方、認知された委任／責任構造の細部に関しては、時期ごとに特徴的な差異が見られた。すなわち、小泉内閣期においては、「与党→内閣」と「与党→国会→官庁」という相互に独立的な二系統の連鎖がイメージされ、内閣は官庁の活動に対して抑圧的な存在として認知されていた。これに対して麻生内閣期には、「与党→内閣」および「与党→官庁→内閣」という最終的には内閣へと収斂する二系統の連鎖がイメージされていた。さらに菅内閣期には、「与党→内閣」、「与党→国会→官庁」、「野党→国会」といった若干複雑な、あるいはやや混乱したイメージが抱かれているようであった。

同時に、こうした委任の連鎖からどのような政策的な帰結がもたらされるかについての認知にも時期ごとに大きな違いが見られた。すなわち、小泉内閣期においては、「与党→内閣」の連鎖からは競争志向の新自由主義的政策が、「与党→国会→官庁」の連鎖からはより積極的な財政政策が帰結すると予想されており、積極的な財政政策に関しては与党からの直接的な影響も認知されていた。他方、麻生内閣期においては、補助金、景気対策などを中心とした積極的な財政政策が内閣によってもたらされるとの認知がなされている。そして菅内閣期には、「与党→内閣」、「与党→国会→官庁」の連鎖からは「消費税増税と財政再建」といった政策的な帰結が、また「野党→国会」の連鎖からは逆に「消費税増税はせずに景気対策」という政策的帰結が予想されていた。

このように、委任と責任の連鎖、またその政策的帰結に関する有権者の認知は、自民党政権か民主党政権かによって異なり、また同じ自民党政権下でも各内閣の統治スタイルの違いが有権者の認知にも反映されているように見える。本稿で取り上げた小泉内閣と麻生内閣に関しては、前者に関してはより「政治主導」的イメージが、また後者に関してはより「官僚主導」的イメージが持たれていたのではないかと推測される。同時に、こうした認知が、その時々における政策争点の構造を含む政治的コンテクストにも影響を受けていることは間違いない。

また以上の分析結果は、自民党政権期における、事前審査制と表裏一体となった与党の国会からの退出・外部アクター化(本書第9章、第10章を参照)が有権者の認知においても反映されていることを明確に示しており興味深い。すなわち、与党は国会を経由せずに直接的に内閣を支えると同時に、官僚機構に対しても直接的に影響を及ぼすとイメージされている。これを裏側から見れば、委任と責任の連鎖関係の中で、国会は主として野党をその統治構造の内に包摂するための場として機能しているものとイメージされていることが分かる。野党となった菅内閣期において、自民党が国会を通じて(そしてそこから直接的に)財政政策に対して影響を及ぼそうとする存在として認知されていたことにも、こうした見方が現れているように思われる。

ただし、以上の結果から日本の議院内閣制統治の構造に関する有権者の認知について何らかの結論を下すにあたっては、いくつか留意すべき点がある。第一に、本稿で分析した有権者の認知構造は、様々なアクターや制度に関する信頼や評価から推定されたものであり、また政策的帰結に関しても、そうした信頼・評価と政策選好の関連から推定されたもので、直接的に委任と責任の連鎖や政策的帰結に関する認識を質問したデータから導かれたものではない。

この点に関しては、今後こうした直接的な測定を含め、より適切なデータの収集、分析が必要である。第二に、委任と責任の主体として、「与党」のようにより直接的にアクターをイメージさせる概念と、「国会」のように制度そのものをイメージさせる概念が混在したモデルとなっている。これは議院内閣制の統治構造に関するこれまでの議論においても存在する問題であるが、この点に関してもさらに整理する必要があるように思われる。

最後に、本稿の分析は、あくまでも有権者の認知に関する分析であって、直接的には議院内閣制統治の実態に関するものではない。しかし、有権者が究極の「本人」であるならば、その認知に基づく人々の行動は必ずや統治の実態にも影響を及ぼしてきたであろうし、またその今後をも大きく左右する要因となろう。そうした意味においても、本稿が日本の議院内閣制統治の将来を考える上での何らかの示唆を提供できれば幸いである。

補　遺　分析に使用した変数

①与党評価　「自民党」（小泉内閣期および麻生内閣期）あるいは「民主党」（菅内閣期）に対する好意度。最も強い反感（０）から最も強い好意（100）までの一〇一段階尺度での質問への回答を、０から１に再スケールしたもの。（DK、NAは欠損値扱い。以下②から⑦も同様）

②野党評価　「民主党」（小泉内閣期および麻生内閣期）あるいは「自民党」（菅内閣期）に対する好意度。最も強い反感（０）から最も強い好意（100）までの一〇一段階尺度での質問への回答を、０から１に再スケール。

③選挙信頼　「選挙制度」に対する信頼感を「信頼していない」（０）から「信頼している」（10）までの一一段階尺度で質問したものを、０から１に再スケール。

④国会信頼　「国会」に対する信頼感を「信頼していない」（０）から「信頼している」（10）までの一一段階尺度で質問したものを、０から１に再スケール。

⑤官庁信頼　「中央官庁」に対する信頼感を「信頼していない」(0)から「信頼している」(10)までの一一段階尺度で質問したものを、0から1に再スケール。

⑥首相評価　各時期の首相(「小泉純一郎」、「麻生太郎」、「菅直人」)に対する好意度。最も強い反感(0)から最も強い好意(100)までの一〇一段階尺度で質問したものを、0から1に再スケール。

⑦内閣支持　「あなたは小泉／麻生／菅内閣を支持していますか」に対する四段階尺度による回答を、「ほとんど支持していない」(0)から「かなり支持している」(1)に再スケール。

⑧景気重視　A「今のように景気がよくない時には、財政再建が遅れることになっても景気対策を行うべきである」、B「今のように政府の借金が多い時には、景気対策が遅れることになっても財政再建を行うべきである」に関して、「Aに近い」から「Bに近い」までの四段階尺度で回答したものを、「Aに近い」(0)、「どちらかといえばA」(0.75)、「DK、NA」(0.5)、「どちらかといえばB」(0.25)、「Bに近い」(0)に再スケール(DK、NAについては、欠損値とすると分析ケースの減少が大きいため、このような扱いとした。以下⑨から⑪も同様)

⑨福祉重視　A「増税してでも、福祉などの公共サービスを充実させるべきである」、B「福祉などの公共サービスが低下しても、税負担を軽減すべきである」に関して、「Aに近い」から「Bに近い」までの四段階尺度で回答したものを、「Aに近い」(1)、「どちらかといえばA」(0.75)、「DK、NA」(0.5)、「どちらかといえばB」(0.25)、「Bに近い」(0)に再スケール。

⑩補助金重視　A「競争力の弱い地域を助けるためには、国が補助金などを配分するのは当然である」、B「国の補助金などを減らして、地方の自由な競争による活力のある社会を目指すべきである」に関して、「Aに近い」から「Bに近い」までの四段階尺度で回答したものを、「Aに近い」(1)、「どちらかといえばA」(0.75)、「DK、NA」(0.5)、「どちらかといえばB」(0.25)、「Bに近い」(0)に再スケール。

⑪保険料重視　A「将来的に安定した財源を確保するために、保険料を値上げすべきである」、B「全ての世代が同じように負担するために、消費税の税率を上げるべきである」に関して、「Aに近い」から「Bに近い」までの四段階尺度で回答したものを、「Aに近い」(1)、「どちらかといえばA」(0.75)、「DK、NA」(0.5)、「どちらかといえばB」(0.25)、「Bに近い」(0)に再スケール。

注

(1)　ただし、各省大臣以下は複数の経路に分岐する。

(2)　以上の②から④のヴァリエーションのいずれにおいても、国会は与党と首相の両者に対して「本人」の位置に置かれているが、その委任／責任関係は、すべて弱いものとされている。

(3)　分析には Amos 23 を用いた。

(4)　「内閣評価」と「官庁信頼」の関係に関して、「内閣評価」→「官庁信頼」というモデルは川人(二〇一五)の「法案事前審査制」モデルと、また「官庁信頼」→「内閣評価」というモデルは川人の「官僚内閣制」モデルとそれぞれ一致するが、両モデルの違いがより直感的に明らかになるように、本稿では前者を「政治主導モデル」、後者を「官僚主導モデル」と呼ぶこととする。

(5)　川人のモデルにおいては、与党から首相への直接的な委任関係が仮定されているのは「民主党政権」モデルのみである。

(6)　上述の通り、待鳥(二〇一八)のモデルにおいても、「首相」と「各省大臣」は「内閣」として一体的に措定されている。なお、与党評価、首相評価、内閣支持の関連については前田・平野(二〇一六)も参照。

(7)　菅内閣期における「官庁信頼」→「財政政策」のパスのみは p＝.052 で僅かに五％水準に達していなかったがモデルに残した(他には同様に有意水準に僅かに達していない例は見られなかった)。なお、各図において er1～er10 と表示された変数は、誤差変数である。

(8)　以下のすべての推定結果において、「国会信頼」から「官庁信頼」への効果は相対的に大きなものとなっているが(またより緩やかではあるが「選挙信頼」から「国会信頼」への効果に関しても同様の結果が見られるが)、これに関しては、これらの質問が調査票の中で近い位置にあり、同じ形式で質問されたものであることに留意する必要がある。

(9)　例えば、飯尾(二〇一一)を参照。

(10)「国会信頼」は制度としての国会への信頼を問う質問であるが、「内閣評価」への効果が見られない点については、この質問が選挙後調査（衆院選直後の三週間ほどの期間で実施され、最後の一週間は鳩山内閣の成立後）に含まれていた点も考慮すべきであろう。ただし、ここでも自民党への好意度の方が民主党への好意度に比べて「国会信頼」への効果は大きい。

(11) 他方、先述の通り国会から内閣へのパスは「政治主導モデル」においてのみ存在するが、そこで推定された効果はかなり小さい。

(12) 言うまでもなく、こうした選好の構造が生じたのは、二〇一〇年参院選における最大の争点の一つが、菅内閣が打ち出した消費税増税の是非であったためであると考えられる。

(13) ただし注7で述べた通り、このパスは五％の有意水準に僅かに達していないことに留意されたい。

(14) より心理学的な視点からは、有権者においては、制度ベースの委任と責任の連鎖よりも、アクターベースの委任と責任の連鎖の方が、よりヴィヴィッドにイメージされやすいと言えるかも知れない。

参考文献

平野浩（二〇〇七）『変容する日本の社会と投票行動』木鐸社。

――（二〇一五）『有権者の選択――日本における政党政治と代表制民主主義の行方』木鐸社。

飯尾潤（二〇〇七）『日本の統治構造――官僚内閣制から議院内閣制へ』中公新書。

――（二〇一一）「内閣・官僚制――統治能力の向上問われる」、佐々木毅・清水真人編著『ゼミナール現代日本政治』日本経済新聞出版社、三七三―四一九頁。

池田謙一（二〇〇七）『政治のリアリティと社会心理――平成小泉政治のダイナミックス』木鐸社。

川人貞史（二〇一五）『議院内閣制』東京大学出版会。

待鳥聡史（二〇一八）『民主主義にとって政党とは何か――対立軸なき時代を考える』ミネルヴァ書房。

前田幸男・平野浩（二〇一六）「投票選択の分析――内閣支持が果たす役割」、二〇一六年度日本政治学会研究大会報告論文。

Strøm, Kaare (2000) "Delegation and Accountability in Parliamentary Democracies," *European Journal of Political Research*, 37(3), pp. 261-289.

第８章

日本における財政・租税政策の比較分析と通時分析
――連立政治は増税をめぐる日本の政治の何を変えたのか

加藤淳子

はじめに

日本の政党政治は、一九八〇年代までは、一党優位体制の典型であり(Pempel 1990)、自民党の実質的な単独政権は一九五五年から三八年続いた。一九九三年の自民党分裂をきっかけに、非自民党連立政権である細川護熙《もりひろ》政権が成立し、政党の離合集散が始まるとともに、連立政権の時代に入った。その後、自民党の政権復帰と連立政権の形成を経て、一九九六年に、小選挙区比例代表並立制下での第一回目の衆議院議員選挙が行われた。新しい選挙制度の下で、自民党と、衆院選直前に形成された民主党の二党制の成立が予想されたが、二〇〇九年、自民党から政権を奪った民主党は、下野後、分裂した。二〇一二年に政権へ返り咲いた自民党が、両院で安定多数を占めながらも公明党と連立して政権を維持し、現在(二〇一九年)に至っている。一九九三年以降二六年間の連立政治下でも、ほとんどの時期、自民党は政権の座にあり続けたとはいえ、一九五五年体制下の政党政治のダイナミズムは、もはや存在しない。こうした政党政治の変化にもかかわらず、財政・租税政策をめぐる状況は変わらないままである。

租税政策がどの国においても政争の具となりやすく増税が難しいことは、論を俟たない。この点、二〇一二年、民主党連立政権下で成立した超党派合意は例外であった。この合意により、自民党、民主党のどちらを中心とする政権であっても、消費税率を五％から一〇％に引き上げる状況が整ったからである。しかし二〇一二年の自民党・公明党への政権交代後、二〇一四年四月に第一段階である八％への引上げは実施されたものの、一〇％への引上げは二度延期された。アベノミクスの下、景気浮揚策を優先したとも考えられるが、先進国の間で突出して高い累積債務残高が上昇する中で、安倍政権が超党派合意という政治的好機を逃し、増税を延期したことは興味深い現象である。

本稿では、日本において「なぜ増税が難しいか」を、比較租税政策から解明し、さらに一九五五年体制の一党優位体制のダイナミズムとの関係を探る。この問題意識に立って、二〇一二年の民主・自民・公明の超党派合意の成立から消費税増税の度重なる延期の政治過程を振り返る。最終節では、再び比較の観点に戻る。財政租税政策をめぐる政党間競争の結果、問題解決のための対立軸が形成されなくなってしまった点で、日本は、先進国では逸脱的な事例であることを示し、結論とする。

一　比較の中の日本――租税政策の経路依存性

増税に政治的困難は付き物である。民主主義国では、負担増大に対する民意の理解を得ることができなければ、また、増税により経済運営に失敗すれば、政権党は支持を失う。本節では、比較租税政策の観点から、付加価値税（＝日本の消費税の専門的な呼称）を事例としてその理由を探る。(1) 付加価値税は新興国から先進国まで、世界一三六カ国（二〇〇七年時点）（Bird and Gendron 2007）で導入されており、所得課税と並び税収を得る重要な手段となっている。累進税率を設定することができる所得課税に対し、消費一般にかかる定率課税は逆進性を持ち、それが、付加価値税増税に対する主要な反対の理由となりうる。しかしながら、付加価値税は、財政基盤を支える重要な役割を担っており、高い公共支出を持つ成熟した福祉国家ほど、所得税と並んで付加価値税に税収を依存する傾向が見られることは比較福祉国家研究では通説となっている（Steinmo 1993；Kato 2003；Beramendi and Rueda 2007）。ここでは、先進諸国から新興国までを事例に、逆進的課税と福祉国家の財政基盤の関係の比較分析（Kato 2003）に基づいて、日本における増税の困難がどのように生じたか、比較の観点から検証する。

所得税から付加価値税へ

ここで、日本と比較対象となるのは、一九六〇年代時点で産業化された民主主義国で、その中でも財政や租税に関するデータが通時的に同一基準で得られるＯＥＣＤ一八カ国である。ＯＥＣＤ一八カ国では、第二次世界大戦直後、累進的所得課税中心主義の考え方が租税理論で有力になり、各国で程度の差は存在するものの、包括的所得課税制度の整備が進められた。ところが一九七〇年代、高度経済成長の終焉を迎えて、インフレによる名目所得の上昇で高い税率区分に押し上げられ（ブラケットクリープ）、負担が増大するなど所得税制の問題点が明らかになった。特別措置や控除による課税基盤の縮小は政治的圧力により避けられず、さらに経済状況や景気により、所得税の税収は左右されてしまう。それを補完する税収源として重視されるようになったのが付加価値税である。付加価値税は一九六〇年代にかけて、一般消費税の最も先進的制度としてフランスで確立し、急速に広まった。その結果、ＯＥＣＤ一八カ国では、まずどれだけ包括的所得課税を整備したか、さらにその後、どれだけ付加価値税制にも税収を依存するようになったかによって、税収構造が特徴づけられる。日本で消費税増税のたびに、代わりに所得税の増税をと反対が起こるのも、こうした歴史的発展の経緯を考えれば理解できる。

興味深いことに、租税の発展の歴史を共有しているＯＥＣＤ一八カ国の間でも、必ずしも租税制度のあり方が収斂していない。高度経済成長期の一九六五年に、付加価値税を導入していたのはフランス以外デンマーク、フィンランドの二国のみであったが、高度経済成長後の一九八五年には導入国は一三カ国に増えた。この間、付加価値税を含む消費課税負担を増大させた北欧諸国が、総課税負担の最も高い国となり、この傾向は一九九五年、二〇一〇年にも維持されている（**図8－1abcd**：導入年は国名の横に記載）。各国の税収構造は、総課税負担の高低も含めて、大きく三つのグループに分けられる。①累進的所得課税を拡充し税収を得るとともに、付加価値税も早く導入し、両者から税収を上げ、高い総課税負担を支えているスウェーデン、ノルウェー、ベルギーなど北欧の国、[2]②累進的所得課税が弱く税収も少ないものの、付加価値税など消費にかかる間接税を中心とし、平均以上の総課税負担を上げているフランス、イタリアなど大陸ヨーロッパ諸国、③低い総課税負担と累進的所得課税中心主義で特徴づけられ、付加価値税の導入が遅い（あるいは導入していない）北米、オセアニアのアングロサクソン諸国である。日本は最後の③グループに最も近い。

これら三グループの対比から、所得課税に加えて付加価値税のような逆進的課税に依存する度合が高いほど総課税負担が高く、総課税負担が高い国は全て一九八〇年までに付加価値税を導入していることがわかる。早い導入と高い総課税負担を持つ①グループの国が典型であり、早い導入国である②グループの総課税負担がそれに次ぐ。それに対し、一九八〇年代以降に導入した③グループの国は、逆進的課税を導入しても総課税負担を高めることができないままである。例えば、日本の消費税導入も、一九八九年と遅い部類に属するが、それでも導入後すでに三〇年近く経過している。しかしながら**図8－3**（後出）で見る通り、現在に至るまで、相対的に総課税負担も消費から得る税収も低いままである。さらに、導入のタイミングによる総課税負担の相違と相まって、福祉国家のあり方もグループ間で異なる（Esping-Andersen 1990）。①グループの国は、普遍主義的な考え方により給付を行う社会民主主義的福祉資本主義の類型に属し、②グループの大陸ヨーロッパ諸国は保守主義的福祉資本主義、それに対し、③グループには、日本の他、アングロサクソン諸国が属し、これらの国は自由主義的福祉資本主義で小さな福祉国家となっている。ここで二つの疑問が生じる。導入のタイミングが遅い国（③グループの国が典型例）では、なぜ税収の伸びが鈍化するのであろうか。さらに、成熟した福祉国家（①グループが典型で②グループがそれに次ぐ）であるほど、所得分配の平等に反する逆進的課税に依存するのであろうか。

比較福祉国家論においても興味深い第二の論点「福祉国家はなぜ逆進的課税に依存するのか」は、最終節で日本の政策対立軸の議論と絡めつつ論じることとし、次節では、まず、「日本ではなぜ増税が難しいか」に直接関わる第一の論点「付加価値税導入のタイミングによりなぜ税収構造が異なるのか」を取り上げる。

二　付加価値税の導入と税収構造の経路依存性

ＯＥＣＤ一八カ国において、付加価値税の導入は二つのパターンに分かれる。①②グループの早期導入グループでは、最も遅い国でも一九七三年までに導入を終えている。その後、ニュージーランドの一九八六年まで導入はなく、日本（一九八九年）、カナダ（一九九一年）、スイス（一九九五年）、オーストラリア（二〇〇〇年）と続き、米国ではいまだに導入されていない。

これらの国におしなべて大きな影響を与えたのは、第一次オイルショックをきっかけとした高度経済成長の終焉（一九七三年）である。すなわち、高度経済成長が終焉するより前に付加価値税を導入した国ほど、総課税負担が高い傾向があり、かつ成熟した福祉国家となっている。高度経済成長後の一九八〇年代中葉以降の導入国は、総課税負担が低い傾向があり、かつ小さな福祉国家である。高度成長の終焉の前の導入か後の導入かにより、各国の総課税負担と税収構造が決定し、福祉国家のあり方が左右されているように観察される。これは、高度経済成長が終わる前に導

a　1965年　（% 対 GDP 比）

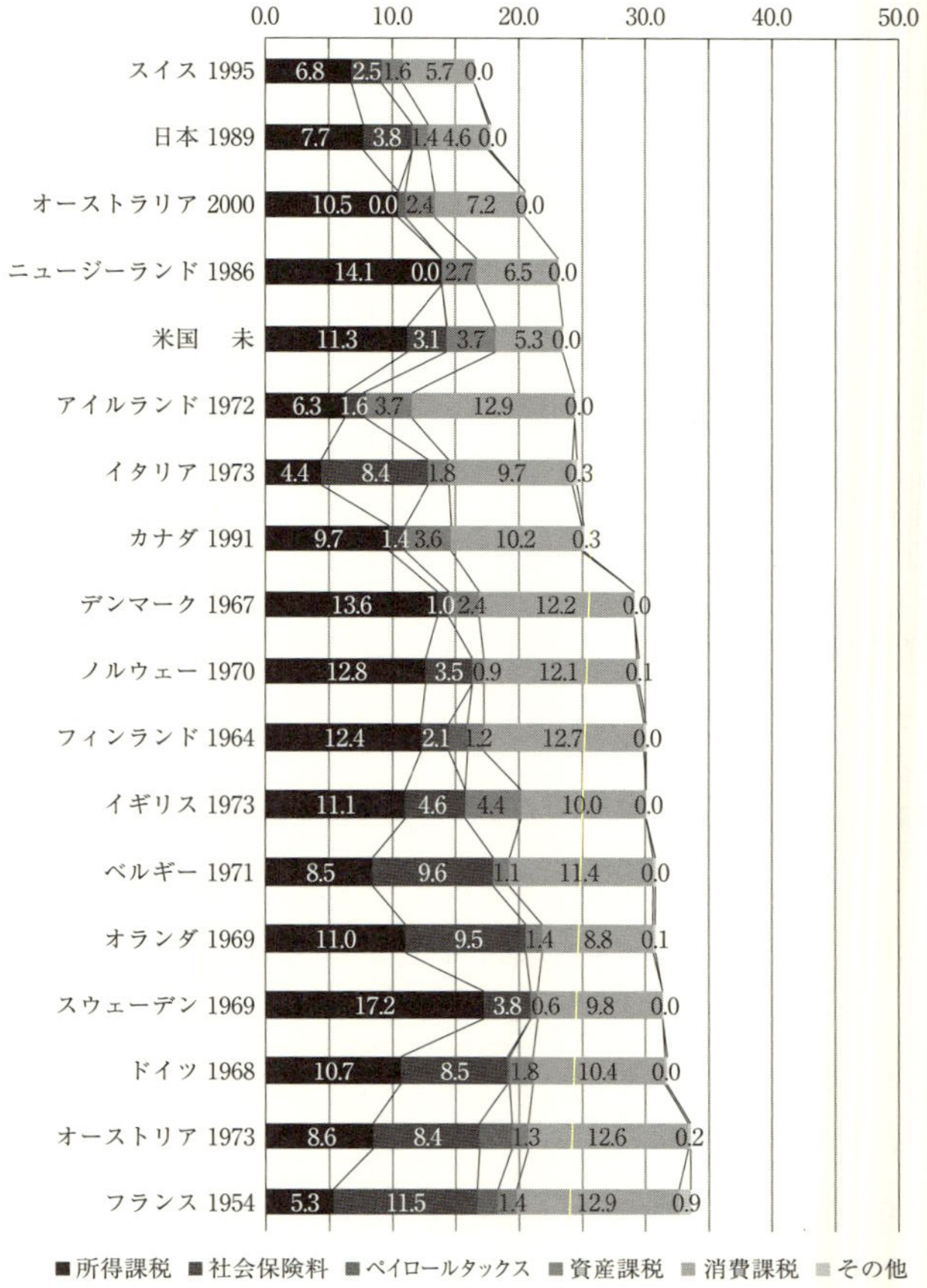

b　1980年　（% 対 GDP 比）

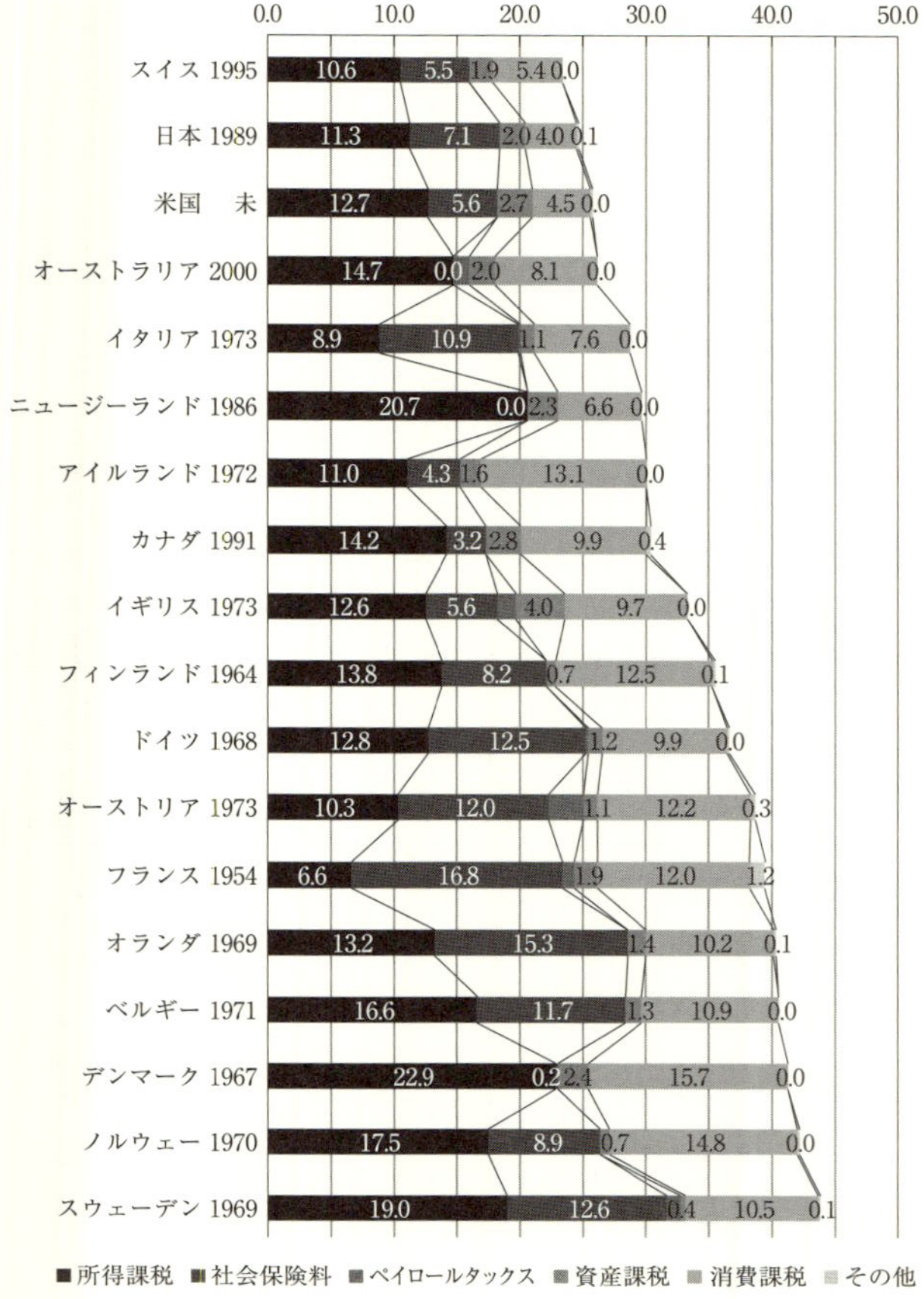

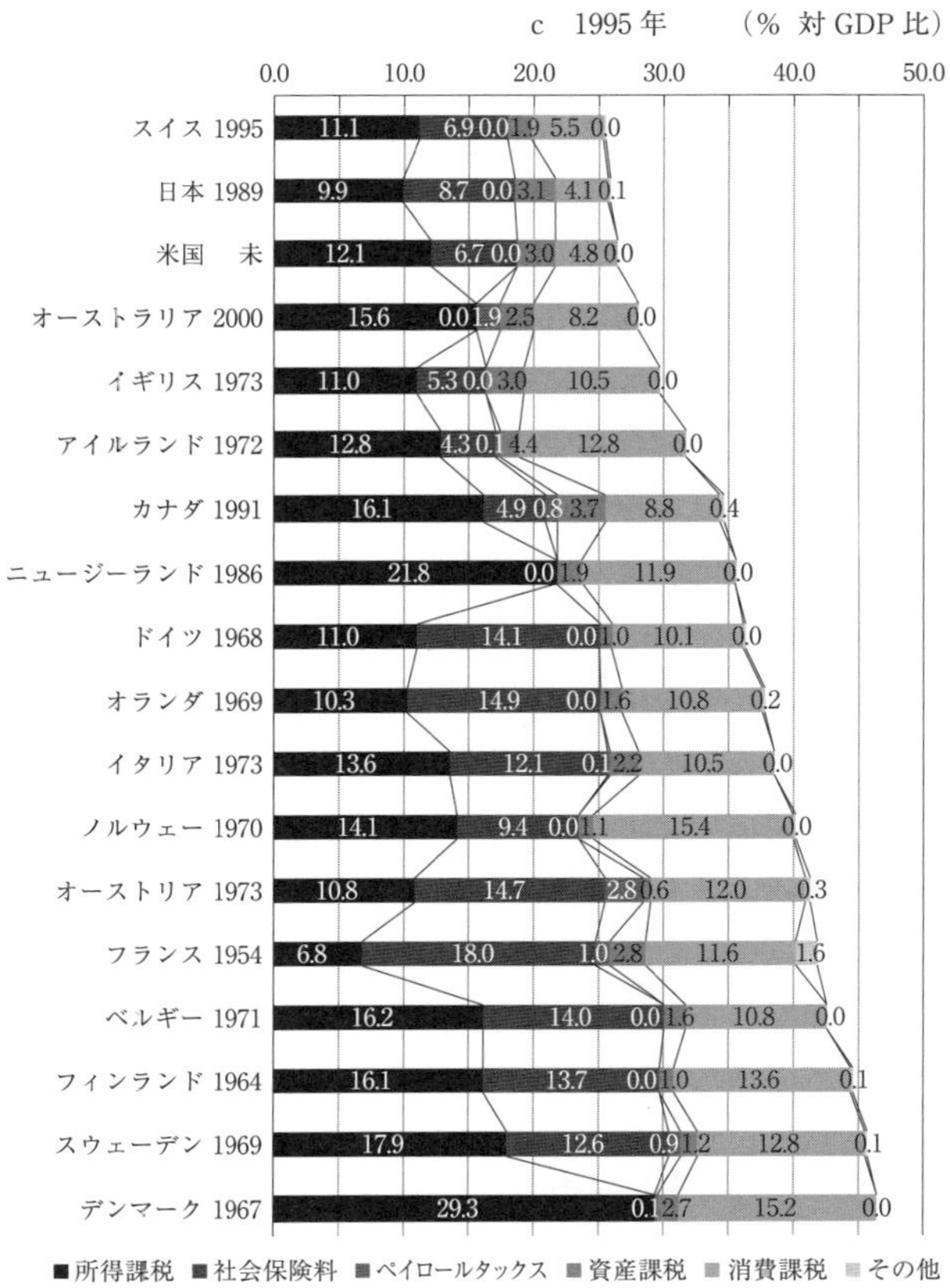
c　1995年　（% 対GDP比）
0.0 10.0 20.0 30.0 40.0 50.0
スイス 1995　11.1 6.9 0.0 1.9 5.5 0.0
日本 1989　9.9 8.7 0.0 3.1 4.1 0.1
米国　未　12.1 6.7 0.0 3.0 4.8 0.0
オーストラリア 2000　15.6 0.0 1.9 2.5 8.2 0.0
イギリス 1973　11.0 5.3 0.0 3.0 10.5 0.0
アイルランド 1972　12.8 4.3 0.1 4.4 12.8 0.0
カナダ 1991　16.1 4.9 0.8 3.7 8.8 0.4
ニュージーランド 1986　21.8 0.0 1.9 11.9 0.0
ドイツ 1968　11.0 14.1 0.0 1.0 10.1 0.0
オランダ 1969　10.3 14.9 0.0 1.6 10.8 0.2
イタリア 1973　13.6 12.1 0.1 2.2 10.5 0.0
ノルウェー 1970　14.1 9.4 0.0 1.1 15.4 0.0
オーストリア 1973　10.8 14.7 2.8 0.6 12.0 0.3
フランス 1954　6.8 18.0 1.0 2.8 11.6 1.6
ベルギー 1971　16.2 14.0 0.0 1.6 10.8 0.0
フィンランド 1964　16.1 13.7 0.0 1.0 13.6 0.1
スウェーデン 1969　17.9 12.6 0.9 1.2 12.8 0.1
デンマーク 1967　29.3 0.1 2.7 15.2 0.0
■所得課税 ■社会保険料 ■ペイロールタックス ■資産課税 ■消費課税 ■その他

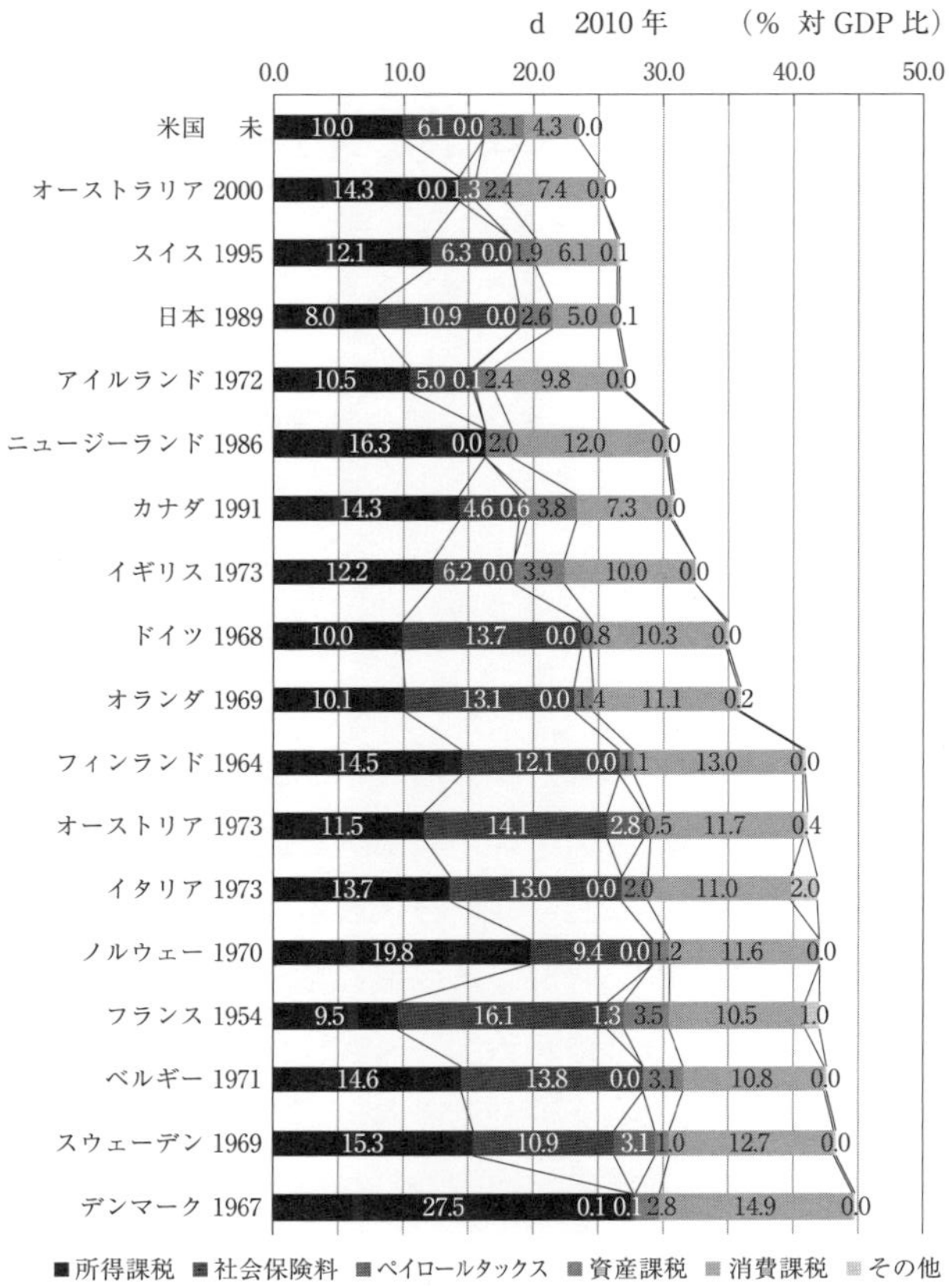
d　2010年　（% 対GDP比）
0.0 10.0 20.0 30.0 40.0 50.0
米国　未　10.0 6.1 0.0 3.1 4.3 0.0
オーストラリア 2000　14.3 0.0 1.3 2.4 7.4 0.0
スイス 1995　12.1 6.3 0.0 1.9 6.1 0.1
日本 1989　8.0 10.9 0.0 2.6 5.0 0.1
アイルランド 1972　10.5 5.0 0.1 2.4 9.8 0.0
ニュージーランド 1986　16.3 0.0 2.0 12.0 0.0
カナダ 1991　14.3 4.6 0.6 3.8 7.3 0.0
イギリス 1973　12.2 6.2 0.0 3.9 10.0 0.0
ドイツ 1968　10.0 13.7 0.0 0.8 10.3 0.0
オランダ 1969　10.1 13.1 0.0 1.4 11.1 0.2
フィンランド 1964　14.5 12.1 0.0 1.1 13.0 0.0
オーストリア 1973　11.5 14.1 2.8 0.5 11.7 0.4
イタリア 1973　13.7 13.0 0.0 2.0 11.0 2.0
ノルウェー 1970　19.8 9.4 0.0 1.2 11.6 0.0
フランス 1954　9.5 16.1 1.3 3.5 10.5 1.0
ベルギー 1971　14.6 13.8 0.0 3.1 10.8 0.0
スウェーデン 1969　15.3 10.9 3.1 1.0 12.7 0.0
デンマーク 1967　27.5 0.1 0.1 2.8 14.9 0.0
■所得課税 ■社会保険料 ■ペイロールタックス ■資産課税 ■消費課税 ■その他

出所：OECD Revenue Statistics を参照し，筆者作成(a～d).

図 8-1　OECD 各国の税収構造(対 GDP 比)

入したか後に導入したかで、高負担国と低負担国が分かれてしまう、すなわち、高度経済成長の終焉を決定的分岐点とする経路依存性が存在するように見受けられる。

これは何らかの交絡要因による擬似相関なのであろうか。その疑問に答えるため、別所で、付加価値税を代表とする逆進性を持つ消費課税収に対する依存度とＯＥＣＤ一八カ国の社会保障支出の関係を解明すべく、定量分析を行った。政府の党派性や安定性、ＥＵ加盟、連邦制の有無などの政治的要因、物価上昇率、経済成長や失業率、高齢化、財政赤字、輸出入依存度などの経済社会変数をコントロールしても、両者の関係は確認でき(Kato 2003: ch. 1)、かつ、ＥＵ加盟の有無、左翼政権、グローバリゼーションといった影響を与えそうな要因との有意な関係は認められない。

付加価値税の導入はＥＵ加盟国に義務づけられているため、ヨーロッパ諸国の早期導入はＥＵ加盟によるものと誤解されがちであるが、有意な関係は確認されない。例えば、スカンジナビア諸国における導入は早いがＥＵと無関係である(スウェーデンとフィンランドの加盟は一九九五年、ノルウェーは加盟国でない)。一方、これらスカンジナビア諸国に焦点を絞った場合、左翼政権とグローバリゼーションとの関係は、もう少し注意して見なければならない。なぜなら、社会民主労働党の長期政権が続き、経済の開放性が高いこれらの国では、コーポラティズムが発達し(Cameron 1978)、逆進的課税へ依存する福祉国家とコーポラティズムとの有意な関係は確認されているからである(Beramendi and Rueda 2007)。左翼政権の中でも、社会民主主義政権下でのみ、逆進的課税と福祉国家の関係が確認できることは、後述するスウェーデンとフランスの事例の対比からも明らかである。

比較事例研究から得られる興味深い知見は、早期導入国(英、仏、スウェーデン)、遅い導入国(オセアニア諸国、日本、カナダ)及び未導入国(米国)においては、有権者の側に増税に対して全く異なる期待が形成されたことである(Kato 2003)。この好対照をなす期待の形成は、高度経済成長の終焉の前か後かという導入のタイミングによる経路依存性を生み、福祉国家の財政基盤に影響を与えた(3)。早期導入国における、歳入の拡大が公共サービスとしてかえってくるという高度経済成長下の経験は、国民の福祉国家への期待を育んだ。その期待の形成のため、高度経済成長期のみならず、その終焉後も、増税に対する政治的抵抗が弱まり、逆進的課税への依存と総課税負担の増大が可能であった。それに対し、高度経済成長の終焉に伴う財政赤字下で、付加価値税による税収の確保を余儀なくされた遅い導入国では、全く異なる政治の論理が働く。財政赤字の下では政府が税収の確保を試みても、公共サービスの拡大としてかえってくるという国民の期待は形成されないからである。結果として、政治的反対により、逆進的課税への依存と総課税負担が抑制される。日本はその典型例の一つと考えることができる。以下、各国の事例を日本との対比を念頭に紹介する。

早期導入国――スウェーデン、イギリス、フランス

スウェーデンの付加価値税の導入は、一九三二年から七六年まで継続して政権の座にあった社会民主党の連立政権の下での福祉国家の形成と同時期に行われた。一九六〇年時点のスウェーデンの社会保障支出はイギリスと同水準で、フランスより低かった(Kato 2003: ch. 1)。累進的所得課税中心主義の福祉国家という見方も強いが、税収構造を見ると、付加価値税を含む、逆進的な消費課税への依存度も高くなっている(図8-1)。このような税収構造が形成された大きな要因は、公共セクターの拡大が進んだ一九五〇年代以降の租税政策にある。スウェーデンは、戦時財政で導入した小売売上税を、逆進性を持ち左派のイデオロギーに反するとして、一九四七年に一旦廃止している。にもかかわらず、一九六〇年にこれを再導入し、一九六七年に付加価値税に転化した。これは、社会民主党政権や支持基盤の労働組合の専門家が、消費一般にかかる課税に対する見方を改め、福祉国家の財政基盤としてふさわしいと認識するようになった結果であった(Kato 2003: ch. 2)。スウェーデンのEU加盟は、この二八年後の一九九五年であるから、統一市場参加を意識しての付加価値税導入ではない。

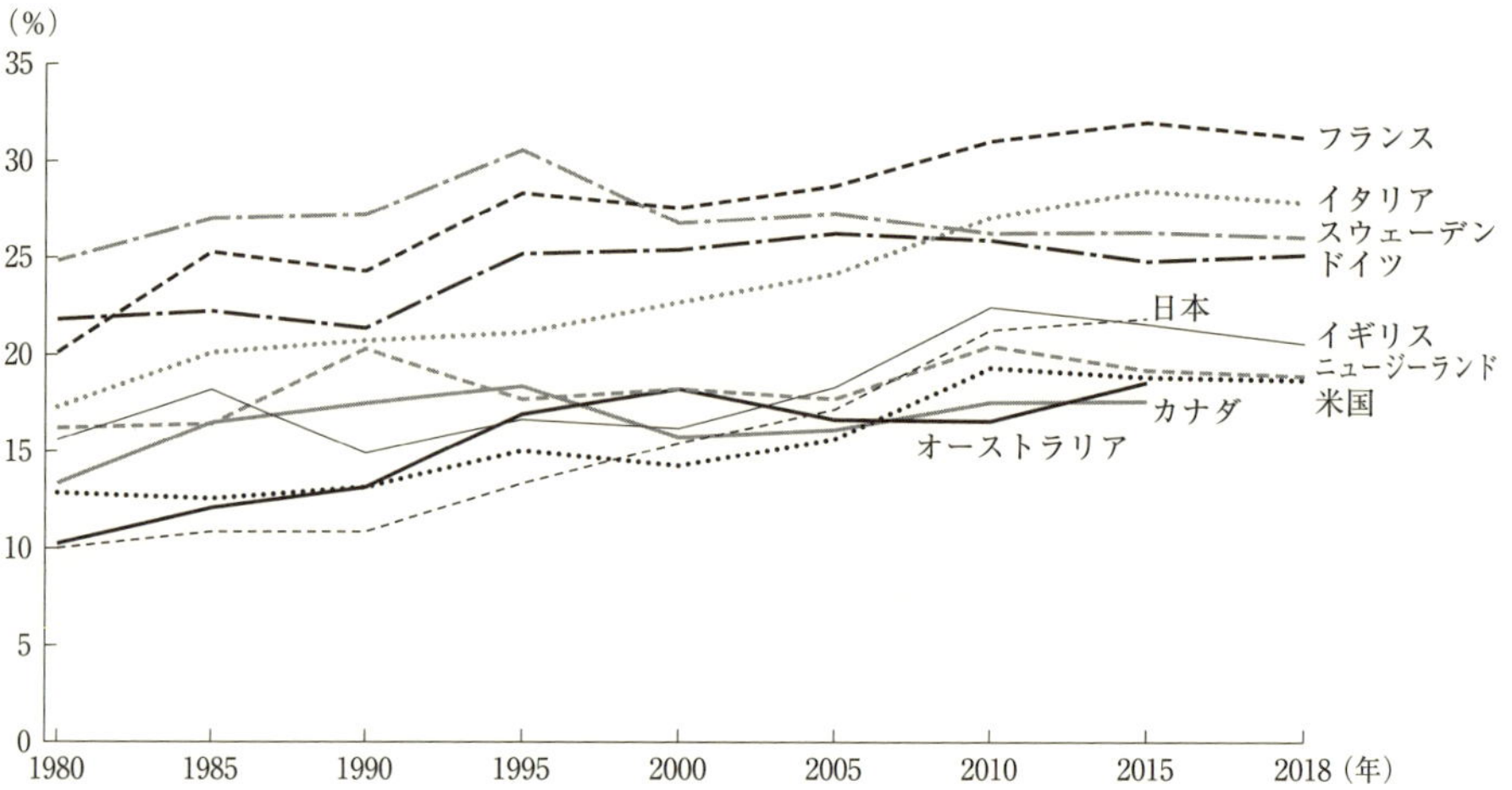

出所：OECD. Stat "social expenditure: Aggregated data (public) on 27 Mar 2019" を基に筆者作成.

図 8-2　各国の社会保障支出の GDP 比

「揺籠から墓場まで」のベヴァリッジ報告で知られるイギリスは、スウェーデンとは対極的な例である。社会保障支出の水準はスウェーデンと比較して低く（**図8－2**）、付加価値税の導入は、もっぱらEC加盟のためであった。また、政府の党派性の側面からも、安定した社会民主主義国家であるスウェーデンとは明らかに異なる。第二次世界大戦後の保守・労働二大政党間の政権交代から、一九八〇年代のサッチャー保守党政権下の新自由主義を経て、一九九七年に成立したブレア労働党政権下の改革（第三の道）により従来の社会民主主義から逸脱する経済効率性の重視の政策に転換した。その一方で、一旦導入された付加価値税収は、一九八〇年代以降の福祉国家縮減を経ても、イギリスの財政基盤の安定に貢献している（図8－1）。

フランスは、EU型付加価値税のモデルを作り上げ、初めて導入した国である。一九四〇―五〇年代の包括的所得課税主義の影響を受けなかった稀有の例で、間接税主義が強い。そのため、伝統的な一般消費税の代わりに、近代的課税としての付加価値税を生み出した（Kato 2003: ch. 2）。高度経済成長下、保守長期政権が続き、保守主義的福祉レジームとして知られている（Esping-Andersen 1990）。社会党政権の成立は一九八〇年代に入ってからであったが、フランスの左翼政党は、スウェーデンの社会民主主義政党と異なり、その逆進性を問題とし福祉国家に資するとは考えない。しかしながら、付加価値税が、国家の財政基盤の安定に寄与してきたことは、高い社会保障支出の水準からも(図８－２)、税収構造からも(図８－１)明らかである。

早期導入三カ国においては、それぞれの政治過程の相違は存在しつつも、付加価値税導入に際し政治的抵抗がなく、その後、順調に税収を得て、福祉国家の維持に貢献している点は共通していることがわかる。

慢性的赤字財政以降の導入――オセアニア、北米、日本

オセアニア、北米諸国と日本では、付加価値税が、先進諸国が慢性的な赤字財政に悩むようになった一九八〇年代以降に導入されている(図８－１の導入年参照)。前記ヨーロッパ三国と比較した場合、これらの国では、一貫して、所得とともに消費に対する課税が低く総課税負担が抑制され(図８－１)、社会保障支出水準は低い(図８－２)。ニュージーランドを除けば、付加価値税の税率も低く、それゆえ税収の伸びも鈍い。

高い税率で付加価値税から順調に税収を得ているニュージーランドは、遅い導入国の中では例外的に、付加価値税の導入への反対が少なかった。ニュージーランドでは、財政赤字と結び付けられずに、規制緩和改革の一環であるとして、付加価値税が提案されたためである。経済活動を阻害しない付加価値税の中立性が経済改革に資するという点が強調され、財政赤字のための導入としては政治問題化されなかったのである。そのため、当初から一〇％の税率で、品目の例外も少なく税率の軽減もなく導入され、強い反対にあった日本とは全く異なる。オーストラリアでも、日本同様に、付加価値税の導入は、二度にわたり(一九八〇年代中葉と一九九〇年代初頭)退けられたが、隣国ニュージーランドにおける経済政策としての成功が明らかになったため、二〇〇〇年に導入に至った。

カナダでも、付加価値税の導入は世論の反発を招き、経済運営の失敗もあり、与党の革新保守党は導入翌年の選挙

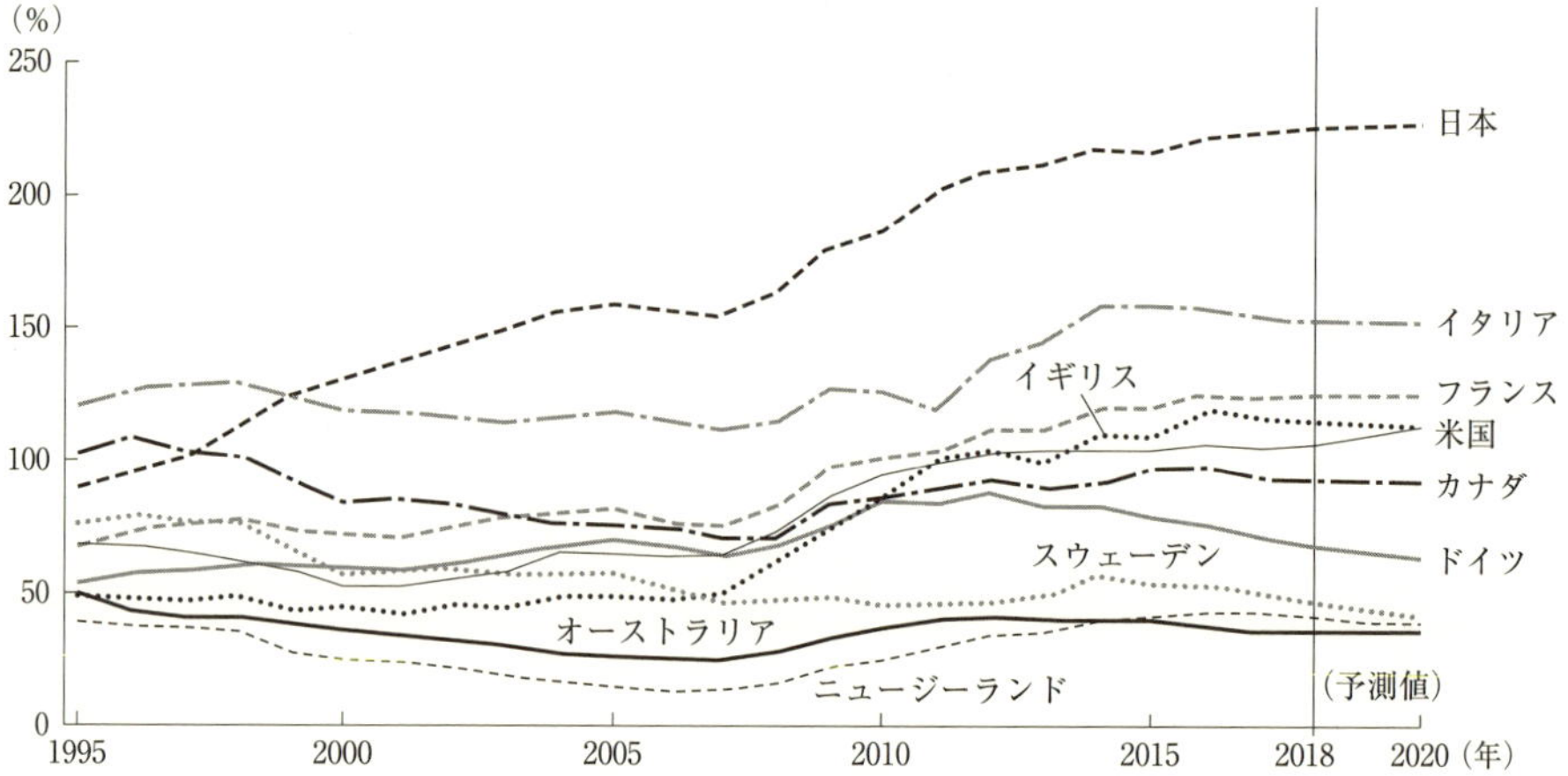

出所：OECD. Stat Economic Outlook No. 104 November 2018,"General government gross financial liabilities, % of nominal GDP, forecast on 27 Mar 2019"を基に筆者作成.

図 8-3 各国の政府累積債務残高の GDP 比

で惨敗した。カナダでは、連邦レベルの付加価値税の導入は、州レベルの小売売上税との制度的財政的調整を必要とし、日本と異なる事情もある。しかしながら、赤字財政下の安定財源としての提案が、負担増への反発を招いた点は、日本と酷似している。

これらの例は、赤字財政への対応としての付加価値税の提案が政治的反発を招くことを示す。日本における消費税（付加価値税）も、財政赤字後の導入の例であり、それが困難を極めたのも理解できる。一方で、付加価値税導入直後の一九九〇年代から、日本の政党政治は大きく変わった。政党政治の変化は、増税の難しさを変化させる可能性も考えられる。しかしながら、この間、日本の政府の累積債務残高は、一九九〇年代初頭のOECD平均のレベルから、GDP比二三〇―二四〇％という、先進諸国では突出して高い水準となった（**図8-3**）。そこで、次の二節では、日本の例に戻り、一党優位から連立政治という大きな政党政治の歴史的変化と租税をめぐる政策決定過程の関係を探る。

三　なぜ増税が難しかったのか？
――一党優位下の租税政策

日本で付加価値税の導入が図られたのは、一九七〇年代の保革伯仲期の終わりから一九八〇年代の自民党政権の安定期、赤字財政に悩む先進国で増税が重要な政治課題となった時期である。付加価値税を導入する試みは、日本においては、二度の失敗を経て三度目でようやく実現した。今日に至る、増税が難しい状況が生まれた時期でもある。一党優位下では、政権党が増税を提案しても政権を追われることはない一方で、政権担当の可能性がない野党は、減税により有権者の支持を得ようとする。これが付加価値税導入の試みのたびに、自民党政権の増税を野党が批判するという対立構図を形作った。本稿では、加藤（一九九七）に基づき、自民党一党優位下での増税をめぐる政治を概括する。

大平内閣の一般消費税の提案——保革伯仲から保守回帰へ

一九五四年にフランスで初めて導入された頃から、付加価値税の存在は知られていたが、日本での導入が本格的に検討されたのは一九七〇年代に入ってからである。一九七〇年代はまた、自民党が高度成長下の新しい政策課題である福祉政策や公害問題に対応できず、国政レベルでは、国会での自民党の安定多数を脅かされる保革伯仲の状況が続くとともに、地方レベルでは、革新系の首長が誕生する（革新自治体）という状況であった。一九七三年は、田中角栄政権の下、社会保障関係費を前年度より三〇％も増加する「社会福祉元年」であると同時に、「日本列島改造論」に基づいた積極財政を行ったが、同年一〇月の石油危機により、高度経済成長期は終わりを告げる。

一九七四年には消費者物価・卸売物価ともに急上昇するハイパーインフレーションと経済不況の下、田中内閣は退陣した。次の三木武夫内閣の下で、一九七五年度予算の歳入欠陥を補う特例公債の発行を決断した大蔵大臣が大平正芳である。元大蔵官僚でありながら、日本の赤字財政慢性化のきっかけとなる決定をした大平は、首相の座に着いた後、一九七九年一月、一般消費税と呼ばれる付加価値税の導入を閣議決定する。付加価値税は、一九七七年の政府税制調査会中期答申で、政策課題として初めて言及されたばかりであった。日本では全く馴染みのない新しい課税は、野党のみならず、自民党の支持基盤である中小企業者や流通業者の反対に遭遇する。納税を担うことになる事業者の反対に加え、無駄を省くことで財政再建ができるはずと考える世論の、増税への反発も大きかった。大平首相は、衆議院解散に踏み切るが、「公費天国」批判が起こったこともあり、一〇月七日の投票日が近づくにつれ、増税より無駄の解消を求める世論は勢いづいた。大平首相も選挙戦の中盤から、一般消費税の導入を撤回、挽回を図ったが、時すでに遅く、選挙直前に伝えられていた自民党支持の復調(保守回帰)にもかかわらず、前回の一九七六年総選挙と同じく選挙後に保守系議員の入党によりかろうじて過半数を保った。大平は、総選挙後の首相指名選挙では、福田をやぶり、二度目の組閣を決めたものの、主流派である大平・田中派と反主流派である福田・三木・中曽根派の派閥抗争の種はくすぶり続けた。

翌一九八〇年五月に社会党が提出した大平内閣不信任案の採決に、反主流派自民党議員の内六九人が欠席、不信任案は成立した。大平首相は内閣総辞職でなく解散を選び、二年続きの衆院選は、同年夏に予定されていた参院選と重なり、同日選となったが、大平首相は選挙戦の初日に入院、選挙一〇日前の六月一二日に死去した。選挙キャンペーン中の大平の予想外の死は、派閥抗争や税制改革問題から世論の関心をそらし、自民党内の一般消費税に端を発した派閥抗争の激化を休止させた。「弔い合戦」により、野党の政権批判を封じた自民党は、両院で勝利を納め、自民党支持の回復――保守回帰――が現実となった。

その後、自民党は、派閥抗争も一般消費税も封印し、安定政権の維持を図る。一九八〇年代前半には、鈴木善幸内閣、続いて中曽根内閣が、第二次臨時行政調査会下で「増税なき財政再建」のスローガンの下、歳出削減による財政の立て直しを図る行政改革にいそしむことになる。同時に、総裁派閥が主流派として執行体制を独占する派閥抗争も、総主流派体制による自民党人事の制度化による安定をもって終わりを告げる(川人一九九六a、一九九六b)。結果として、大平内閣の一般消費税提案は、保革伯仲から保守回帰、派閥抗争から総主流派体制への自民党内政治の変化の背景要因となっただけでなく、高度経済成長後の積極財政から緊縮財政路線への転換のきっかけを作ったのである。

中曽根内閣の売上税提案――自民党一党優位の安定下の失敗

行政改革路線の下でも、財政赤字が慢性的に継続することは、一九八〇年代中葉には明らかになった。同時に、諸外国の直接税改革の影響もあり、抜本的な税制改革の必要性を世論に説得しやすい状況が生じてきた。日本においてはシャウプ勧告による包括的所得課税の導入以来、税制の構造的改革はなされていなかった。中曽根康弘首相は、米国レーガン大統領が試みた「公平」「簡素」「中立」を重視した所得税改革と同じような、同額の減税と増税を組み合わせる改革を企図した。大蔵省は、それと一貫する形で、当時の先進国で行われていた最高税率を下げ累進税率構造を簡素化する所得税減税と、付加価値税の導入による増税を組み合わせた改革を考えた。これが、クロヨン(九・六・四)税制と呼ばれるサラリーマンの不公平税制の是正と所得税減税が組み合わされた、構造的改革の一環としての二度目の提案となる。付加価値税は売上税の呼称を与えられた。

しかしながら、所得税制の改革と減税の側面を強調したい中曽根首相と、直接税と間接税への依存度を変える改革の一環として売上税の導入を図る大蔵省の立場には距離があり、これが齟齬を生むこととなる。所得税減税の財源が曖昧なことを野党が批判し、それが一九八六年の衆参両院の同日選挙の争点となったことにより不協和音は表面化する。中曽根内閣で減税のみが行われ、増税が将来の負担として残されるという危惧に対し、中曽根首相は「国民と党が反対するような大型間接税と称するものは、やる考えがない」と公約する。同日選は自民党の大勝に終わったが、公約は「大型間接税」である売上税の導入を難しくする結果を生む。

一九八七年二月に国会に提出された税制改革法案は、参議院議員補欠選挙や統一地方選での敗北を喫することになる。一般消費税提案は、付加価値税の実態もわからないまま、単純に負担増として退けられたが、売上税提案においては、実際の付加価値税の納付など実質的な問題が事業者によって取り上げられ、新しい税制に対する不安と反発が広がった。自民党税制調査会の山中貞則らは、こうした制度設計の細部にも通暁し、組織利益との妥協を図った。しかしながら、先進国では例外的に、日本では一般消費にかかる税が全く存在していなかったため、事業者らの不安をなだめるには至らなかった。組織的利益の反対と、一連の選挙結果に勇気づけられた野党は、自民党が絶対多数を持つ国会でも「牛歩戦術」により対抗し、税制改革法案は廃案となる。所得税減税の一部はその後、与野党の妥協で実現するが、売上税は完全に葬りさられる結果となった。かくして、自民党安定政権の下でも、付加価値税の導入の試みは再び失敗に終わったのである。

竹下内閣での消費税の導入——自民党一党優位下の党内政治

二度の失敗を受けた三度目の導入の試みは、竹下登内閣下で「不公平税制の是正と高齢化社会に備えて」という目標で行われた。竹下首相は、中曽根首相と異なり、税制に詳しい族議員、いわゆる大蔵族の議員であり、直接税間接税の構造的改革の必要性と高齢化による社会保障支出を賄う財源の必要性についてよく理解していた。売上税が提案された際の論議により、自民党税制調査会と大蔵省が事業者への対応の経験を得たこと、さらには事業者が納税の実態についての理解を深めたことも、導入のための好条件となった。法人税への増税の集中を避けたい財界が、一体として付加価値税導入を支持し始めたのも追い風となった。帳簿を用いる控除方式の付加価値税を導入することで、納税事業者の組織利益と妥協し、当初は五％であった税率を三％に圧縮して、税を負担する消費者と妥協し、「消費税」と名付けられた付加価値税は、順調に導入されるかに見えた。しかしながら、法案の国会審議の最中に、リクルート社の公開前の株を内部情報で、竹下首相、宮沢喜一蔵相、中曽根元首相ら自民党政治家が入手し、利益を得たことが明らかになる。この問題は、キャピタルゲイン課税の不備の問題と絡み不公平税制の象徴として、世論の反発を呼ぶ。

消費税施行を一九八九年四月に控えて、リクルート関係者や官僚が収賄容疑で逮捕されるに至り、国会で法案の成立を支持した公明党／民社党も消費税反対に転じ、社会党と結んでリクルート事件の追及を求め、野党の反対連合が形成された。竹下内閣の支持率は急落、六月に退陣したものの、宇野宗佑内閣の下での七月の参院選で自民党は惨敗する。代わりに躍進したのは、一貫して消費税増税反対を掲げていた社会党であった。

その後、一九九三年に自民党は分裂し、新生党とさきがけが形成され、総選挙でもこれら離脱者分の議席を回復できなかった自民党は下野、三八年ぶりに非自民党政権である細川護煕連立政権が成立する。細川首相は一九九四年二月、消費税を廃止し、代わりに税率七％の国民福祉税を導入するという構想を未明に発表したが、撤回に追い込まれる。短命の羽田孜《つとむ》政権後、自民党が政権復帰し、社会党の村山富市が首相となった自・社・さきがけ政権の下で、一九九七年四月からの消費税率の五％への引上げが決まる。これは消費税導入時に、食品へのゼロ税率（税率ゼロの軽減税率）適用を避けるため税率を三％に圧縮したものを当初の導入予定の五％に戻したもので、新たに決定した増税ではなかった。しかしながら、この国際的に見れば低い税率への引上げも、同年に山一証券の破綻など金融危機、アジア通貨危機などが起こり景気後退を伴ったため、政権の責任が問われ、橋本龍太郎首相の退陣の遠因となった。景気後退が、消費税率引上げとは関係のない経済危機によるものか、消費税の引上げによるものかは専門家の間でも意見が分かれるが、消費税増税のマイナスイメージをさらに強めたことは確かである。

以上の過程から、自民党の一党優位は、政権党の政策専門性を高めるという点では、消費税の導入に貢献したが、政権を担う可能性がない野党が、減税で自民党に対抗できるという点では、増税を難しくした。もし、そうであるならば、連立政権が常態化し、政権交代が可能になるにつれ、増税をめぐる政治は変化する可能性が考えられる。二〇〇九年と二〇一二年の二度の政権交代を経験した政党政治の状況は、増税をめぐる政治にどのような影響を与えたのであろうか。

四　なぜ政党政治の変化にもかかわらず、増税は難しいままなのか？

自民党から民主党への政権交代

二〇〇〇年代前半の小泉純一郎政権では、構造改革が行われたが、消費税率引上げは見送られた。消費税増税が本格的に取り上げられたのは麻生太郎政権においてである。二〇〇七年一〇月に新総合経済対策を取りまとめる際、景気回復後という条件をつけながらも、首相自身が、社会保障の安定財源として消費税増税に言及、民主・社民・国民新党は批判で応じた。自民党内には、消費税増税が選挙の争点となることを恐れる声も上がったが、同年末までに、政府は税制の抜本改革のための「中期プログラム」を決定、早ければ二〇一一年度からの消費税増税の可能性について言及した。それに対し、民主党は、政権交代後の税制改正のための「税制抜本改革アクションプログラム」を税制調査会（会長藤井裕久）がまとめ、消費税を社会保障目的税とすること、逆進性緩和のための戻し税を導入することを決める一方、消費税の引上げ時期は白紙のままで「総選挙での国民の審判」によるとした。この両者の姿勢の違いは、そのまま二〇〇九年の総選挙のマニフェストに持ち込まれることになる。

自民党は消費税率引上げの時期や規模は明確にせず、景気回復後の増税を主張したが、民主・社民・国民新党は消費税率の据え置きを強調、民主党は「四年間は引き上げない」とし自民党との相違を明らかにした。民主党が「政権交代選挙」とした総選挙で消費税は争点となり、絶対安定多数を超える三〇八議席を獲得し圧勝を遂げた民主党に、自民党は政権の座を譲ることになる。一般消費税、売上税、消費税と、自民党一党優位の時代も明らかに不利な争点であった付加価値税であるが、ここに至って初めて、自民党が政権を失う理由となる。

政権党としての民主党と三党合意

民主・社民・国民新党の三党連立の合意は、現行の消費税五％の据え置きと政権担当期間中における歳出の見直しというマニフェストを踏襲したものであった。自民党の政策決定の不透明性を批判していた民主党は、党税調を廃止、政府税調を中心として政策の形成を行うこととした。二〇〇九年九月の鳩山由紀夫内閣成立後、当初は財界の働きかけなどがあっても、消費税増税に消極的であった民主党であるが、変化は意外に早く訪れた。二〇一〇年六月の参院選のマニフェストに、鳩山を継いで首相となった菅直人が、超党派合意を前提としながらも、次の衆院選後としていた消費税引上げを盛り込んだのである。しかも、自民党が言及していた一〇％という消費税率の上げ幅にも言及した。背景には二〇一〇年四月頃から党内で活発になっていた社会保障財源の問題があった。政権獲得後、一年も経たずして、民主党は野党時代の増税回避の姿勢を捨てるに至り、政権を得た衆院選から一転して、消費税率引上げに言及した参院選では、改選五四議席を大きく下回って四四議席にとどまり、国民新党も含めた与党の議席は過半数を割り込んだ。皮肉なことに増税という点では同じスタンスであったにもかかわらず、自民党は五一議席を獲得し、改選議席では第一党となり、再びねじれ国会となる。

参院選敗北後も、菅首相は消費税引上げの方針は変えなかった。二〇一一年の第二次改造内閣では、野田佳彦財務相が消費増税案作りに意欲を見せ、また経済財政担当相である与謝野馨が担当する「社会保障改革に関する集中検討会議」で消費税増税の具体案がまとめられた。財務省も消費税増税に方針転換した民主党に協力し、引上げ分の一定割合を財政赤字の解消でなく社会保障に回す案が作成された。六月には、社会保障改革検討本部で「二〇一〇年代半ばまでに段階的に消費税率を一〇％まで引き上げる」方針を決定した。当初二〇一五年までとしていた増税時期を曖昧にしたのは民主党内の反対に配慮したためである。(5)

二〇一一年九月、菅の後を受けて首相となったのは、民主党代表選でも消費税率引上げを主張した野田であり、既定方針を推し進めることとなった。一〇月には、社会保障と税の一体改革調査会と復活させた党税調との合同会議を開き、一二月中旬に具体案を決めることを決定、さらに一一月のG20サミットでは、二〇一〇年代半ばまでの消費税率一〇％への引上げが明言された。一二月には、民主党税調、政府税調で「二〇一四年四月に八％、二〇一五年一〇月に一〇％」で合意ができ、年明け二〇一二年一月には政府の方針として正式決定される。年末の段階では、自民党の谷垣禎一《さだかず》総裁も公明党の山口那津男代表も、民主党の消費税増税を公約違反として厳しく批判していた。が、年明けに野田首相が協議を求めだした頃から態度を軟化させる。民主党内で小沢一郎元代表らが反対を表明、また国民新党の亀井静香代表が批判を強めるのと裏腹に、民主党がまとめた増税案に、自民党は理解を示し始める。野田首相が谷垣総裁と極秘会談を行うだけでなく、(6)岡田克也副総理が、町村信孝元官房長官、野田毅税制調査会長ら、税制に詳しい議員と協議を行った。(7)民主党内の反対は強く、事前審査は難航したものの、国会に提出された消費税増税関連法案は「簡素な給付措置」などの修正も含み、自民・公明・民主の三党合意（消費税増税を含む社会保障と税の一体改革）が成立したが、民主党内の反対は続き、衆院では、消費増税関連八法案に、小沢一郎元代表、鳩山由紀夫元首相を含む五七人が反対、一六人が棄権した。八月一〇日参院可決をもって、消費増税関連八法案は成立するが、一二月の衆院選で、消費税増税を全て社会保障に、との公約にもかかわらず、民主党は惨敗し、自民党が政権を奪回、安倍内閣が成立する。民主党は、自民党が下野した時と全く同じ消費税増税を理由に、政権を追われることになったのである。

安倍政権下での増税回避

政権が再び交代したとはいえ、政権が交代しても消費税増税は行えるというのが超党派合意の趣旨であった。しかしながら、安倍首相は、首相秘書官や首相補佐官に経産省の官僚を起用、金融緩和・機動的財政政策・成長戦略からなるアベノミクスを推進した。これは、増税とは相容れないものであった。安倍首相は、三党合意をまとめた谷垣執行部とも党税調とも距離を置いており、政権担当直後から成長戦略の一環として、法人税の減税を推し進めた。二〇一三年の参院選前頃から、景気の腰折れを理由に、安倍首相は二〇一四年四月の消費税引上げに含みを持たせ始めた。参院選後、財務省の立場を代表する麻生財務相らが予定通りの引上げを主張するのに対し、アベノミクスの政策ブレーンが慎重論を唱えだし、政権内での対立が表面化する。八月中旬には、内閣府と財務省が一九九七年の消費税率引上げ後の深刻な不況は消費税が原因ではなかったとする資料を発表、月末には六日間五九人の有識者や関係者に引上げについての意見を聴取する集中点検会合が行われた。政府与党内では、内閣府が九月初めに発表した四―六月期の国内総生産改訂値が、前期比年率換算三・八％増と大きく伸びたこともあり、予定通りの引上げの声が強まった。(8)安倍首相は一〇月一日に二〇一四年四月の八％への引上げを正式に表明した。

八％への引上げは決定されたものの、翌二〇一四年に入ってすぐ、安倍首相は一〇％への引上げには慎重な姿勢を示し始めた。谷垣自民党幹事長ら党幹部や麻生財務相は引上げを主張したが、自民党内では増税慎重派が「デフレ・円高解消を確実にする会」を組織するなど、(9)意見が対立した。一一月に行われた有識者による集中点検会合でも、引上げの景気への影響をめぐって賛否が対立したが、自民・公明に続き、民主党も増税先送りを容認するに至った。一八日には、安倍首相が、二〇一五年一〇月の一〇％への引上げを一年半先送りして二〇一七年四月には確実に実施するとし、「国民の信を問う」として衆院解散を表明、(10)一二月の総選挙では、与党は現有議席を維持した。にもかかわらず、「リーマンショックや東日本大震災級の経済的に重要な状況が起きない限り予定通り実行する」とされていた二〇一七年四月の引上げは、一年も経たない二〇一六年五月に再び延期される。安倍首相は主要国首脳会議（伊勢志摩サミット）で、世界経済が危機に陥るとして財政出動を各国首脳に求め、同意は得られなかったものの、その直後に再延期を表明した。今回は、二〇一九年一〇月までの二年半の先送りであり、党税調も与党も完全に蚊帳の外に置かれた。(11)

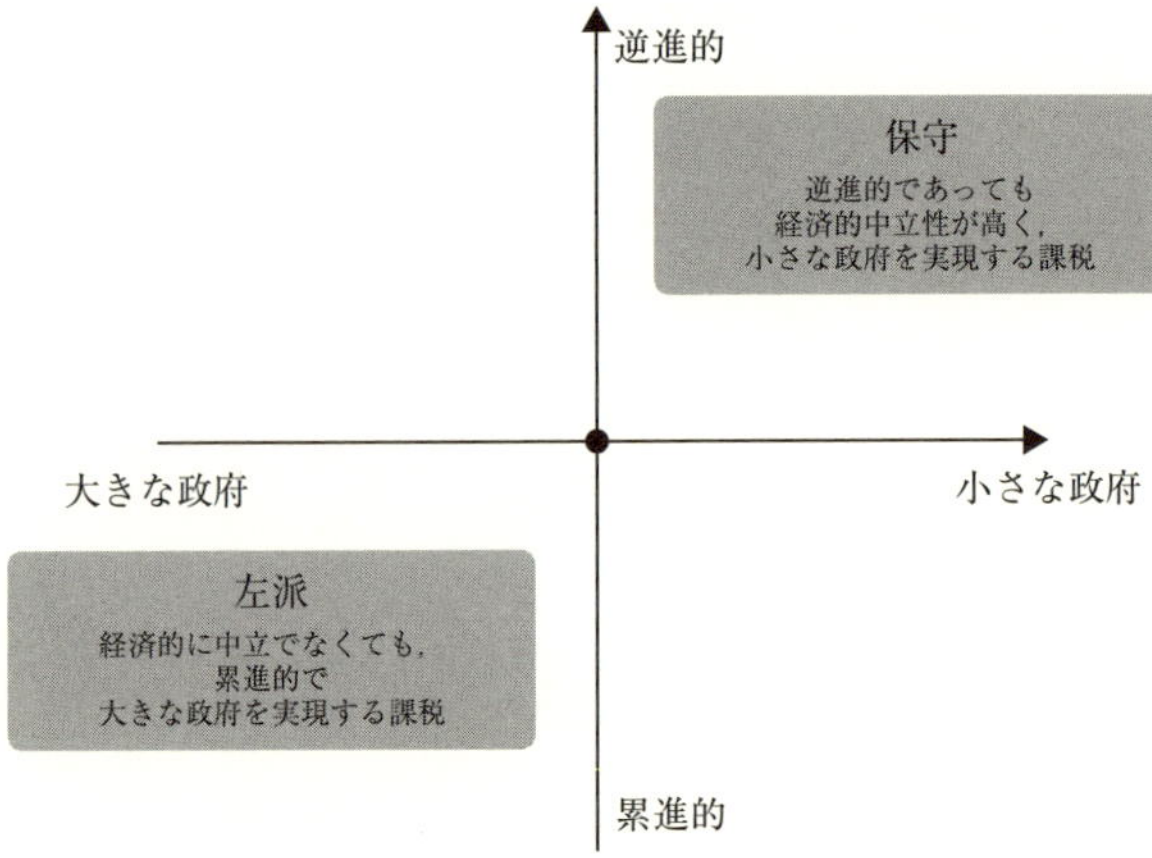

出所：筆者作成.

図 8-4　財政租税政策をめぐる党派対立

五　財政と租税をめぐる政策対立軸
——課税と福祉国家

政権党である自民党のみが増税を支持する一九八〇年代の状況と比較した場合、二〇一〇年代の連立政治の状況は大きく異なる。政権党となった民主党と下野した自民党及び公明党の超党派合意にもかかわらず、増税が行われなかったのはなぜだろうか。安倍政権に対する支持の高さを考えると、消費増税先送りは、連立政権下での増税の難しさを必ずしも示唆するものではなかろう。本節では、その原因を、財政、租税をめぐる政策の対立軸に求める。日本においては、自民党一党優位下で、政策対立軸が、政党間の競争を促す形で形成されなかっただけでなく、さらにそれが、連立政権下でも引き継がれた。日本の政策対立軸は、他の先進国と比較した場合、特殊な構造を持っている。本節では、まず、比較福祉国家研究における財政と税制の対立軸を整理する。

福祉国家はなぜ逆進的課税に依存するのか

福祉国家には、財政政策に関わる、大きな政府・小さな政府の対

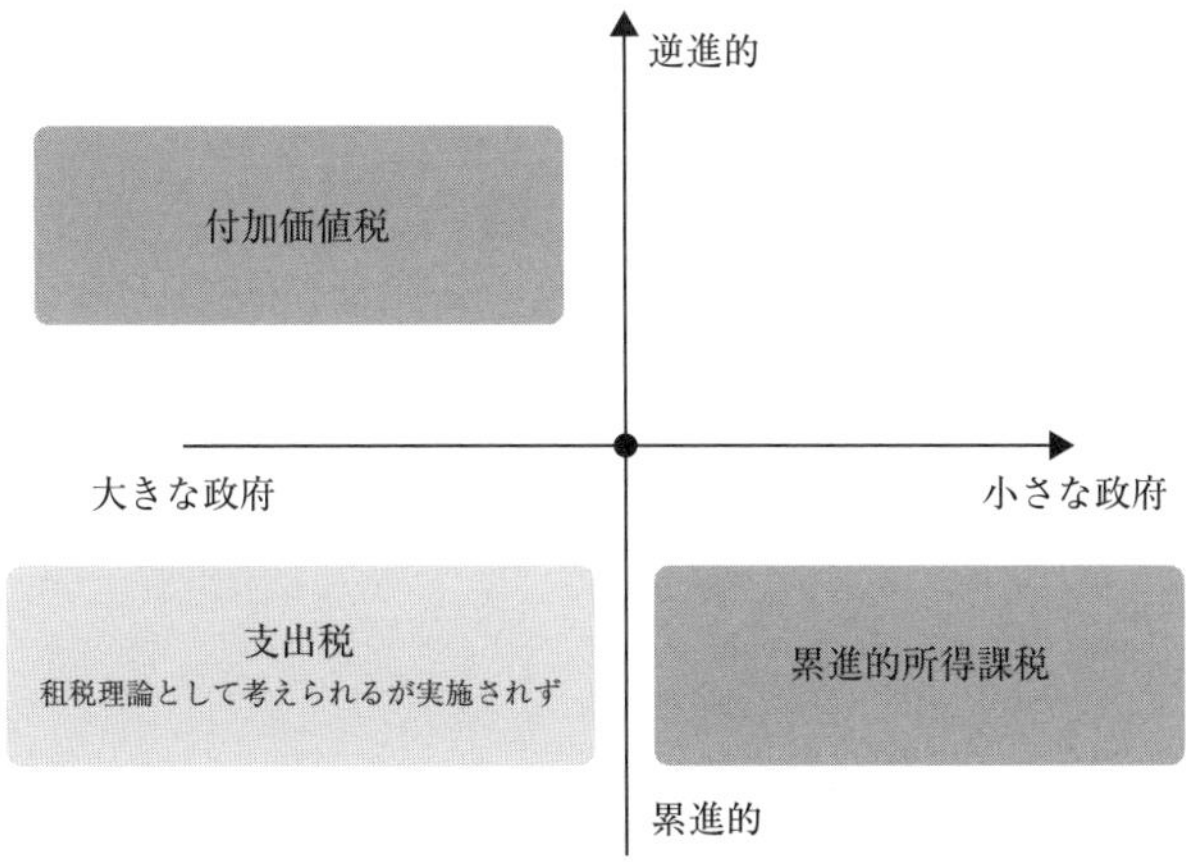

出所：筆者作成.

図8-5　現存の租税政策

立軸に加え、累進的課税と逆進的課税の税制に関わる対立軸が存在する。大きな政府と小さな政府、累進的課税と逆進的課税に関わる対立軸二次元に、左右の政党を位置づけると、**図8－4**のようになる。大きな政府と累進的課税を好むのが左派、小さな政府と逆進的課税を好むのが保守となる。

こうした党派対立から予測される位置づけに反し、所得分配の平等を求める福祉国家が逆進的課税に依存する傾向が強いことは、最初に述べたとおりである。これは、一体、なぜだろうか。それを理解するためには、現存する租税制度の制約を考えなければならない。**図8－5**は、同じ二次元の対立軸に、付加価値税と累進的所得課税を位置づけたものである。付加価値税は税収を確保する力が高いため、大きな政府にとって好ましい手段であるが、原則的に定率課税であり逆進的である。それに対し、所得課税は累進的であるが、税収を確保する点では劣るため、小さな政府と対応する。すなわち、両者とも、左右の位置づけから予測される最も望ましい課税手段とはちょうど逆になってしまうのである。もちろん、理論的には収税力が高く累進的な課税、例えば、一定期間の個人の消費に対し累進税率を課すことができる「支出税」も考えられるが、これはいまだにどこの国でも現実に運用されたことのない税金である。この租税

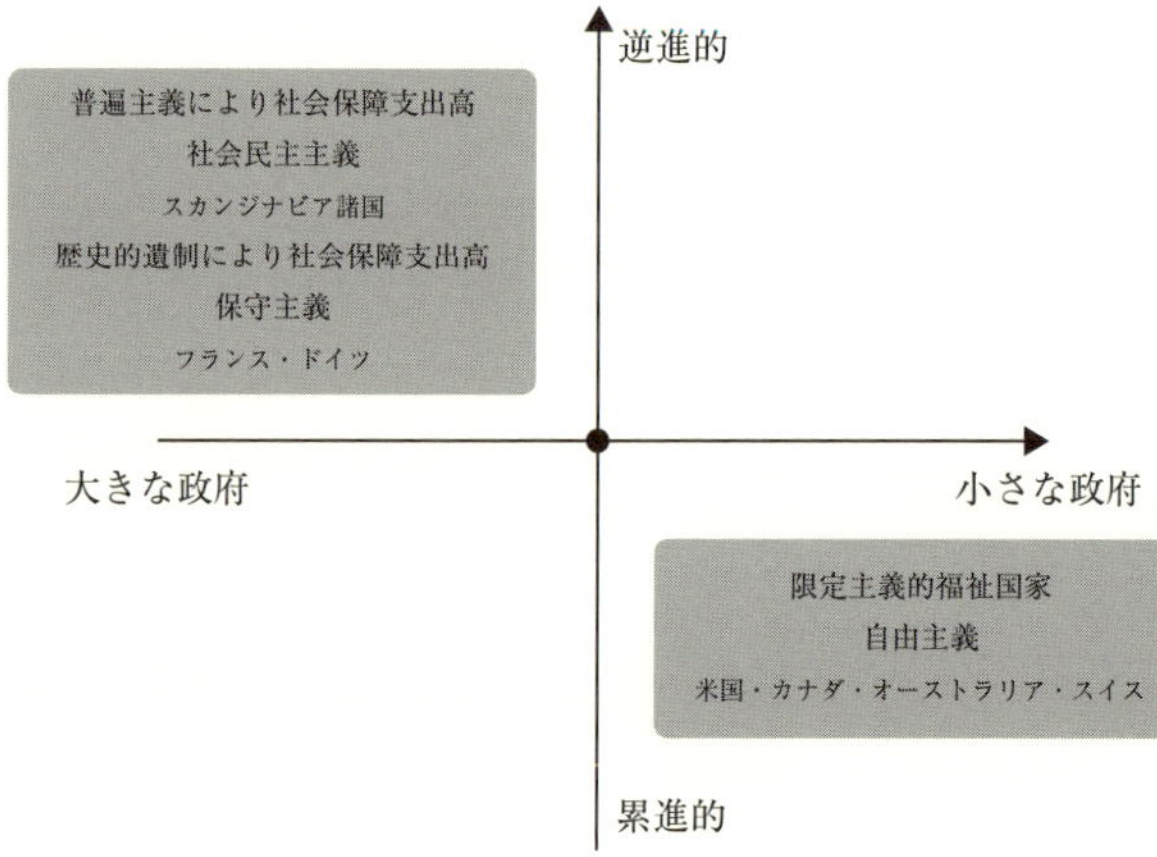

出所：筆者作成.

図 8-6　福祉国家の位置づけ

制度の制約下で、所得分配平等の度合が高い、社会民主主義的な福祉国家であるスカンジナビア諸国では、逆進性を持つ付加価値税のような課税への依存が高くなり、保守主義的な福祉国家がそれに続く（**図 8－6**。各国の税収構造については図8－1を参照されたい）。これは租税制度という歳入面の再分配より、確保した税収による歳出面で再分配に重点を置く考え方をとっているためである（Rothstein 2016）。それに対して、所得分配の平等が低い、限定主義的自由主義的福祉国家は、所得税中心主義で、大きな政府を実現する逆進的課税を退ける。その典型が、先進国で唯一、付加価値税を持たない米国である。米国においては、付加価値税はいまだ導入されていない。民主党が、その逆進性が所得分配の平等に反すると反対するのに対し、共和党は収税力が大きな政府に結びつくと批判し、二大政党とも全く異なる理由で導入を支持しないからである。結果として、米国では、累進的所得課税が税収源として重要な位置を占め、総課税負担は低いままである（図8－1）。

日本における財政政策をめぐる対立の特殊性

それでは、こうした政策対立軸の形成という観点から、日本の事例はどのように考えられるのであろうか。比較の観点から、日本の

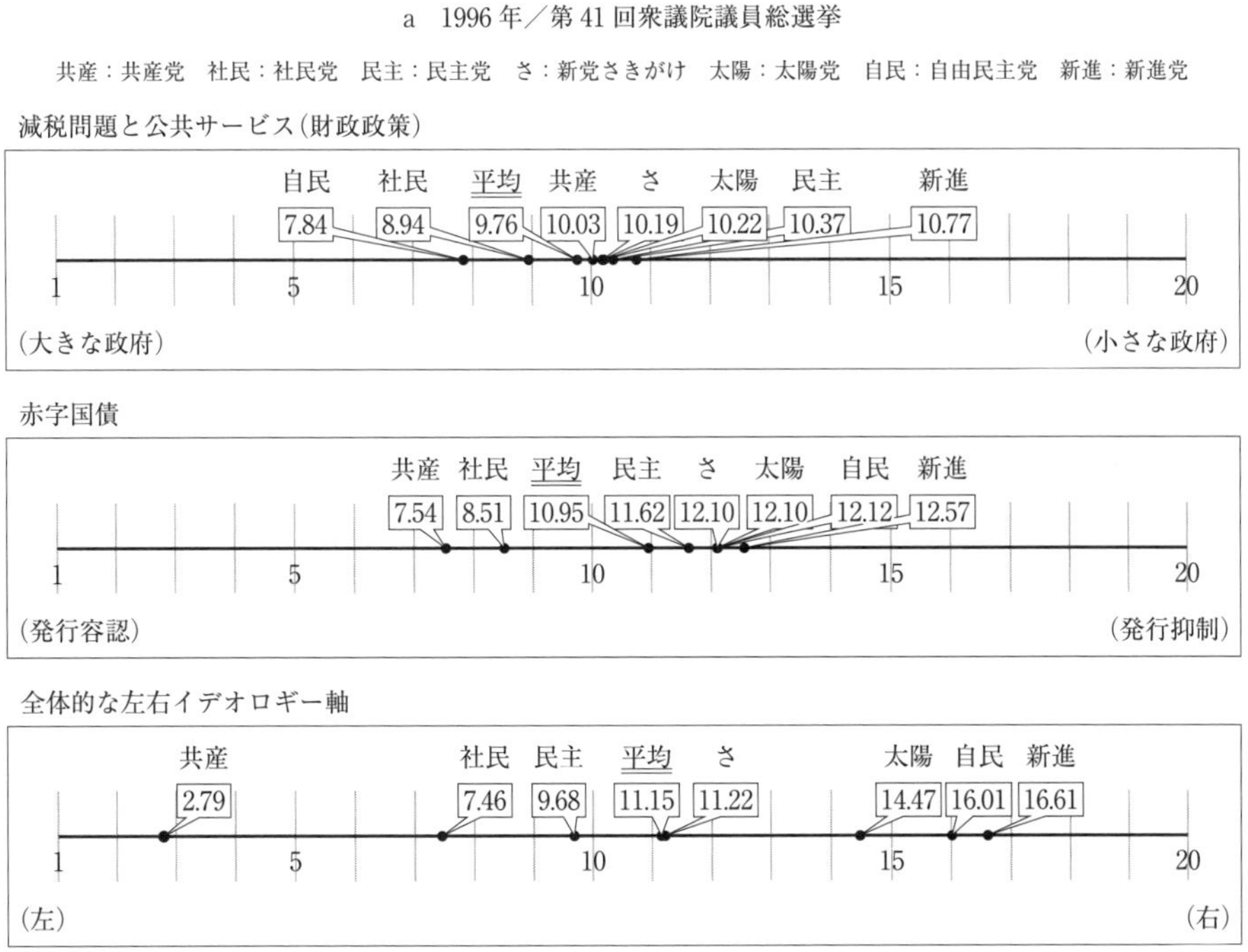

出所：筆者作成（a～c）（http://www. katoj. j. u-tokyo. ac. jp/HOME_files/HP_data_japanese2014. pdf）.

図8-7　日本の政党の政策位置

財政政策の対立軸を検証するには、政党の政策位置専門家調査が有用である。この各国の専門家（政治学者）による政党の政策位置に基づいた国際調査は、共通の政策対立軸で、民主主義国比較を行うことができる唯一のデータとなっている（Laver and Hunt 1992：Benoit and Laver 2006）。中でも、一九八〇年代から現在に至るまで、各国共通の質問項目として含まれている財政政策は、外交政策と並んで、より一貫して継続的に政党の立場を区別することが知られている。外交政策では「米国と緊密な関係を保持すること」に反対か賛成かが左右の立場を代表するのに対し、財政政策では「政府の公共サービスを増やす（あるいは維持する）ためには増税を支持する」、「減税のために政府の公共サービスを減らすことを支持する」がそれぞれ、左右対極の立場を代表する。

先進国において、左右の政策的立場を区別

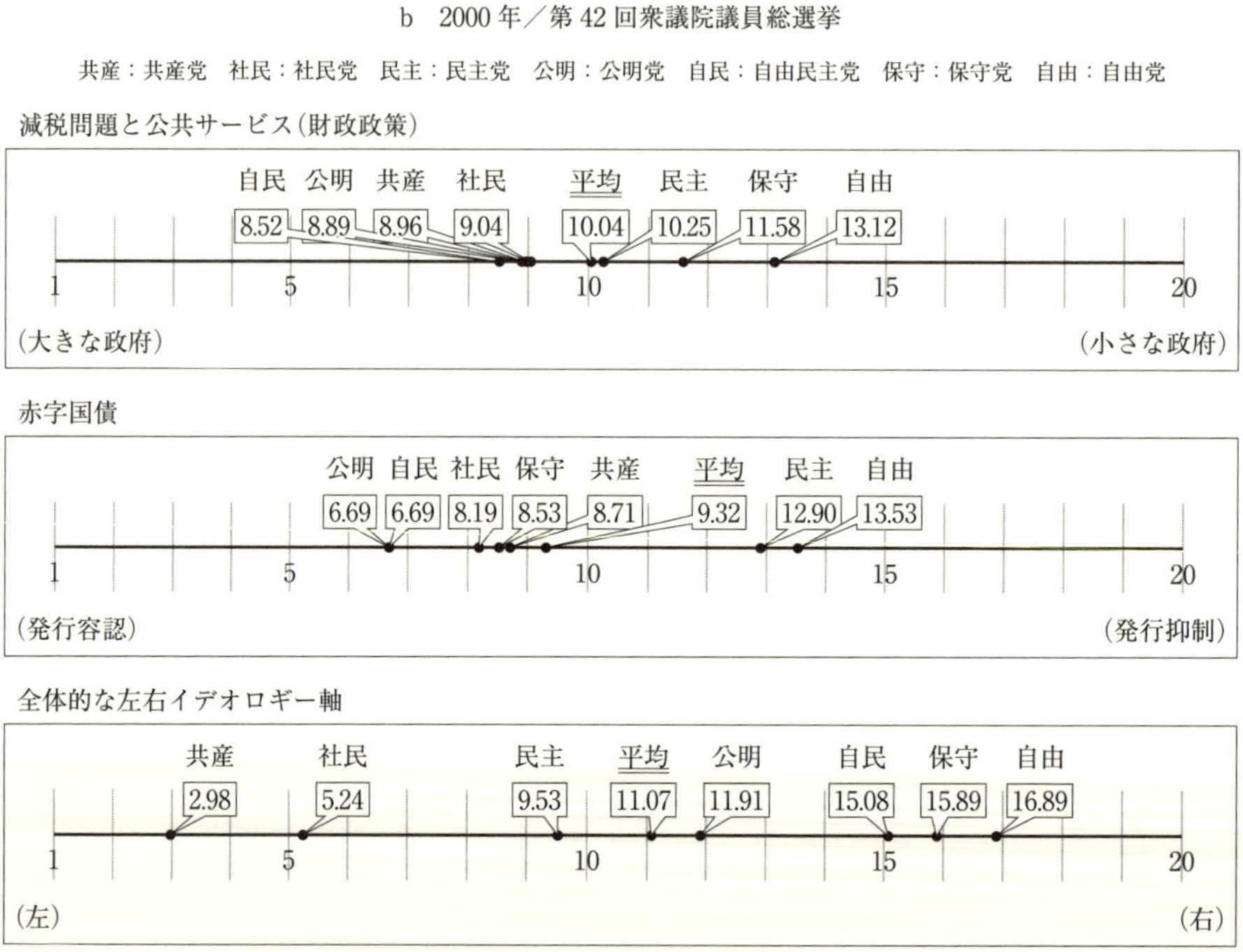

図8-7　日本の政党の政策位置

するのに重要な役割を果たしてきた、大きな政府・小さな政府の対立軸であるが、日本では、これが成立しない。専門家調査では、最も左寄りの立場＝大きな政府が1、最も右寄りの立場＝小さな政府が20となる。小選挙区比例代表並立制の下での最初の総選挙であった一九九六年の調査結果（**図8－7a**）を見ると、最も左に位置するのは自民党（7.84）であり、共産党（10.03）も社民党（8.94）も、それより右に位置する。これは全体的な左右イデオロギー軸における位置づけと全く逆である。この逆転はなぜ起こったのであろうか？　これは、一九五五年体制下では、増税を提案するのが必ず政権党の自民党であり、野党は自民党より本来左寄りの位置にありながらも必ず減税を主張していたためである。それに対し、財政保守主義について問う「赤字国債」では、イデオロギー位置から予測されるように、政党が位置づけられている。一九九六年の調査結果は、左寄りの位置である「増税よ

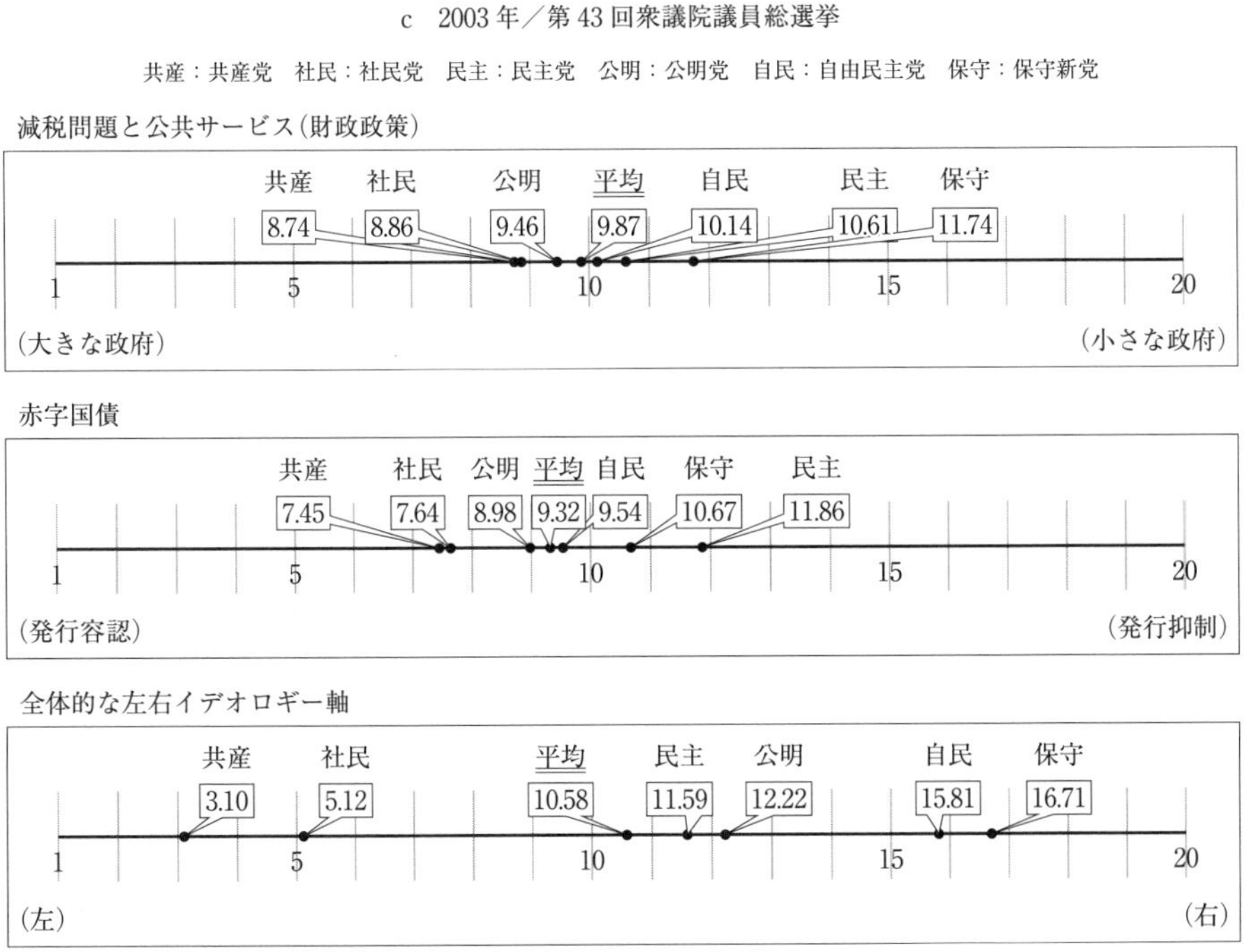

図 8-7　日本の政党の政策位置

りは赤字国債の発行を支持する」に共産党と社民党を含む六野党が、「赤字国債の発行をなるべく避けるために増税を支持する」の右寄りの位置に保守政党である自民党と、自民党を離脱した新進党が位置していた(Kato and Laver 1998a; Kato and Laver 1998b)。

これらの位置づけは、二〇〇〇年、二〇〇三年と、不況下で、自民党が減税と赤字国債発行に傾いてくるにつれ、変化していく(**図 8-7 b c**)。大きな政府と小さな政府の財政政策の対立軸では、二〇〇三年に政党の位置の入れ替わりが観察されるものの、同時に政党間の立場の収斂も進んだ。保守党を除く全政党の位置づけが収斂しており、この対立軸が政党の立場を区別しなくなってきたことがわかる。赤字国債に関わる対立軸でも、政党の立場の入れ替わりは観察される一方、政党の立場は収斂し区別し難くなっていくことがわかる。一九九六—二〇〇三年のデータを見る限り、この二つの対立軸を

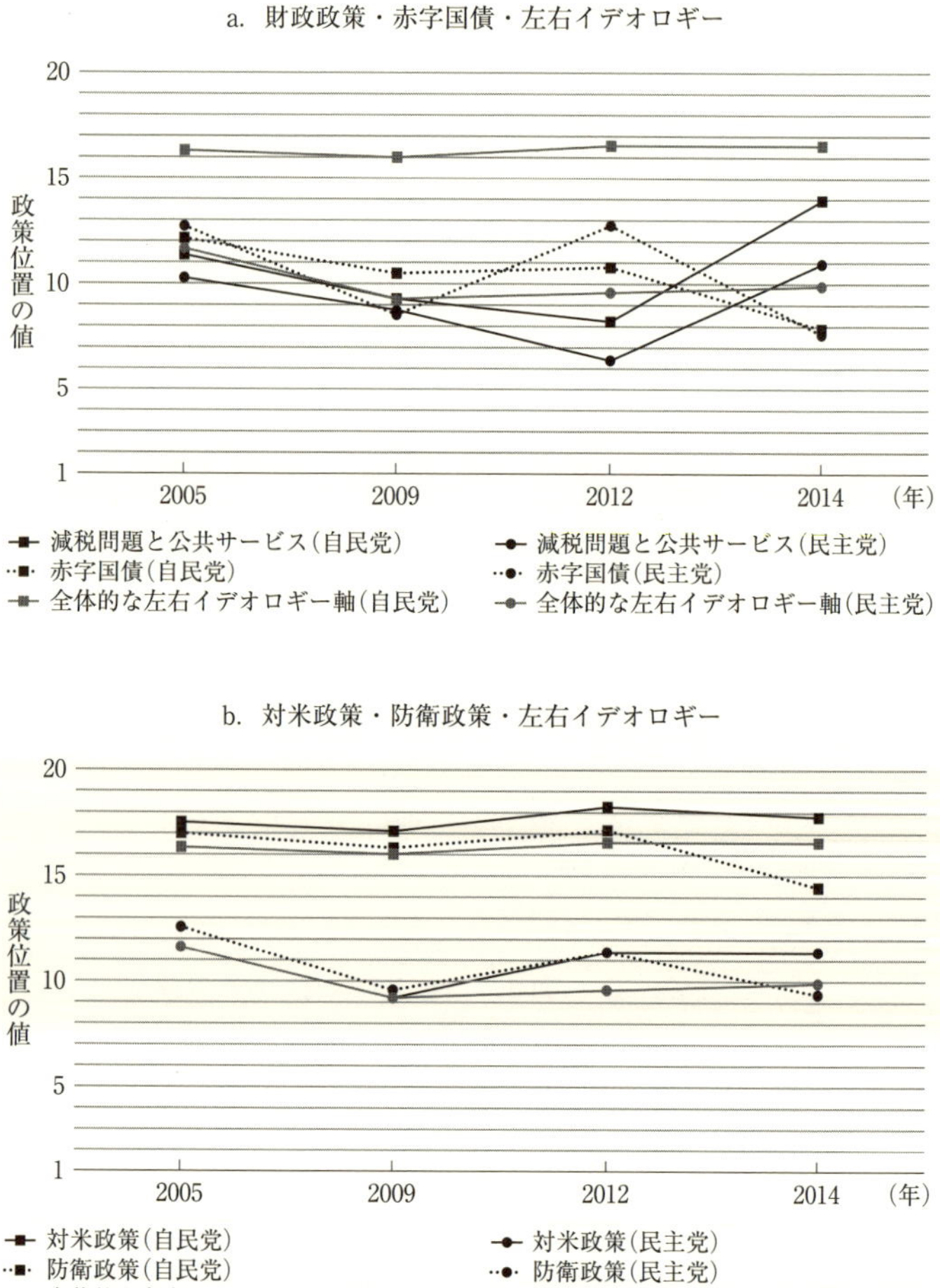

出所：筆者作成(http://www.katoj.j.u-tokyo.ac.jp/HOME_files/HP_data_japanese2014.pdf).

図 8-8　自民党と民主党の政策位置の推移

もってしても、財政政策が政党の位置を一貫して区別することはなかった。国際比較分析でも、同時期の日本における財政政策の対立軸が、政党の政策的立場を区別しないこと、それが比較対象とされた英仏独伊、米国、カナダ、オーストラリア、ニュージーランドの八カ国との大きな相違であることが報告されている(Kato and Kannon 2008: 加藤・

観音二〇〇八）。

この財政をめぐる対立軸は、二〇〇五年以降、二〇〇九年、二〇一二年の二回の政権交代を経て、どのように変化したのであろうか。**図８‐８a**は、二〇〇五年、二〇〇九年、二〇一二年、二〇一四年の総選挙後の、財政政策・赤字国債に関わる自民党と民主党の位置の変化を探ったものである。比較の対象として、**図８‐８b**では「米国と緊密な関係を保持することに反対する」「防衛予算減額を支持する」、「防衛予算増額を支持する」「賛成する」をそれぞれ左右両端の立場とする対米政策に加え、「防衛予算増額を支持する」を左右の立場とする防衛政策の位置の変化も提示する。両者を比較してすぐわかるのは、対米政策・防衛政策では、自民党、民主党共に政策的位置づけが左右イデオロギーの位置づけと合致し、両党の区別がはっきりしていることである。それに対して、財政政策・赤字国債では、自民党の立場が左右の位置づけより明らかに左寄りとなり、左右の位置と比較的近い民主党も政策の位置が不安定に変化している。二〇〇五年、二〇〇九年では、両党の政策位置は特に近くなっており、政策位置から考えても超党派合意が可能であったと考えてもよい。さらに二〇一二年、二〇一四年と両党の距離は開いているものの、政策位置の変化の方向は同じで、しかも赤字国債の発行には寛容になりながら小さな政府志向を強めるという矛盾も共有している。これは、自民党が増税を回避した場合でも、民主党がそれに抗議することがなかったことにも合致している。自民党が政権復帰後、増税を延期し続けたことは、アベノミクスのみならず主要野党であった民主党との政策における対立からも説明できるのである。

結　論

本稿では、自民党一党優位の観点と比較租税国家の観点から、総課税負担が低くかつ増税が難しい日本の事例を分析した。高度経済成長の終焉を決定的分岐点として、決定的分岐点以前に効率的な収税を可能とする逆進的課税を導入したか否かが、租税国家形成の経路依存性を生み、日本は導入の機会を逸し、総課税負担が低く増税が難しい国の典型にあたる。本稿では、この経路依存性と政策対立軸が、日本の自民党の一党優位から連立政治への変遷を経て、どのように変わったかを検証した。自民党長期政権が形成された五五年体制下では、政権党である自民党のみが増税を提案し、野党が減税で対抗したため、財政政策の対立軸では、保守党である自民党が大きな政府に、野党が小さな政府に位置づけられる逆転が起こった。そのため、小さな政府・大きな政府でなく、赤字国債の発行の賛否が、自民党の保守主義と野党の立ち位置を区別した。しかしながら、二〇〇九年、二〇一二年の二回の政権交代を経験し、政権担当可能政党が複数になっても、財政政策が政党の競争の対立軸とならない状況は変わらなかった。自民党と民主党の政策位置が、財政政策でも赤字国債でも、非常に近くなったことは、民主党政権下の超党派合意がなぜ可能であったかを説明する。しかしながら、両党とも中道のあたりで政策位置を不安定に変化させており、安定的な中道路線とは言い難い。これが、自民党が政権奪還後、超党派合意にもかかわらず増税を延期し続ける結果を生んだのである。

アベノミクスの積極財政路線は、安倍首相の強い意志によるものであったが、政権内に財政再建を求める声がありながらも、増税が回避されたのは、こうした政策対立軸の構造にも起因する。結果として、一党優位から連立政権へと政党政治が大きく変化したにもかかわらず、日本における増税の政治的困難さは変わらず、租税国家形成の経路依存性は温存されたのである。

注

（1）　事業者免税点、簡易課税方式などの観点から、実質的に付加価値税ではないのではという専門家の指摘は導入当初からあったが、その後の改革もあり付加価値税と考えて良い。

（2）デンマークの所得税への依存が高い理由は、消費課税より所得課税への依存が高いためでなく、社会保険料がなく税収により福祉支出をまかなっているためであることに注意されたい。

（3）次項以降述べる各国事例の詳細についてはKato(2003)参照。

（4）フランスの付加価値税が現在のような全ての取引をカバーする形になったのは一九六八年であるが、付加価値税の導入は一九五四年と多くの既存研究でみなされている。

（5）朝日新聞二〇一一年七月一日。

（6）朝日新聞二〇一二年三月二日「極秘会談、苦肉の接近　野田首相、増税への協力探る　谷垣氏、解散の担保求める」

（7）日本経済新聞二〇一二年三月四日「民主、自民と接触拡大、消費増税、岡田氏動く——町村・野田氏に協力要請」。

（8）日本経済新聞二〇一三年九月九日「実質GDP、年率三・八％増に上方修正　四—六月期」。

（9）日本経済新聞二〇一四年一〇月一一日「消費増税慎重派が二二日に会合　自民・山本幸三氏ら」。

（10）安倍首相は、財務省の増税支持の多数派工作に対抗するためと説明した。日本経済新聞二〇一四年一一月二一日「衆院解散、総選挙へ　一二月一四日投開票　「アベノミクス」問う」。

（11）二〇一五年には、財務省と党税調が支持する還付制度が、公明党の反対で頓挫、一〇％への引上げ時に軽減税率の導入が決まり、野田税調会長の更迭につながった。

引用文献

加藤淳子(一九九七)『税制改革と官僚制』東京大学出版会。

加藤淳子・観音悠人(二〇〇八)「日本の政党の競争空間の変化——政党再編期の専門家調査(一九九六—二〇〇五年)による分析」、城山英明・大串和雄 編『政治空間の変容と政策革新1』東京大学出版会。

川人貞史(一九九六a)「シニオリティ・ルールと派閥——自民党における人事配分の変化」『レヴァイアサン』臨時増刊・冬号。

——(一九九六b)「自民党における役職人事の制度化」『法学』五九巻六号。

Benoit, Kenneth and Michael Laver (2006) *Party Policy in Modern Democracies*, Routledge.

Beramendi, Pablo and David Rueda (2007) "Social Democracy Constrained: Indirect Taxation in Industrialized Democracies," *British Journal of Political Science*, 37(4).

Bird, Richard Miller and Pierre-Pascal Gendron (2007) *The VAT in Developing and Transitional Countries*, Cambridge

University Press.
Cameron, David R. (1978) "The Expansion of the Public Economy: A Comparative Analysis," *American Political Science Review*, 72 (December).
Esping-Andersen, Gøsta (1990) *The Three Worlds of Welfare Capitalism*, Polity Press（岡沢憲芙・宮本太郎『福祉資本主義の三つの世界――比較福祉国家の理論と動態』ミネルヴァ書房、二〇〇一年）.
Kato, Junko (2003) *Regressive Taxation and the Welfare State: Path Dependence and Policy Diffusion*, Cambridge University Press.
Kato, Junko and Michael Laver (1998a) "Theories of Government Formation and the 1996 General Election in Japan," *Party Politics*, 4(2).
――(1998b) "Party Policy and Cabinet Portfolios in Japan, 1996," *Party Politics*, 4(2).
Kato, Junko and Yuto Kannon (2008) "Coalition Governments, Party Switching, and the Rise and Decline of Parties: Changing Japanese Party Politics since 1993," *Japanese Journal of Political Science*, 9(3).
Laver, Michael and William Ben Hunt (1992) *Policy and Party Competition*, Routledge.
Pempel, T. J., ed. (1990) *Uncommon Democracies: The One-party Dominant Regimes*, Cornell University Press.
Rothstein, Bo (2016) "The Moral, Economic, and Political Logic of the Swedish Welfare State," in *The Oxford Handbook of Swedish Politics*, ed. J. Pierre, Oxford University Press.
Steinmo, Sven (1993) *Taxation and Democracy: Swedish, British and American Approaches to Financing the Modern State*, Yale University Press（塩崎潤・塩崎恭久訳『税制と民主主義』今日社、一九九六年）.

謝辞　本稿の執筆にあたり、西川弘子氏、吉川光汰氏に研究を補助していただいた。記して感謝する。

第９章

帝国議会と日本型議会システムの形成

成田憲彦

はじめに

国会で毎年一月から始まる翌年度の予算案審議では、基本的質疑と一般質疑のいずれにおいても、予算案の具体的内容が議論されることはない。その後二日間だけ開かれる分科会（参議院では委嘱審査）でも事情は同じで、そればかりか今では分科会では質疑終局後に討論も採決も行われず、分科会が終わると予算委員会での半日の締めくくり質疑と討論・採決を経て、予算案は即日本会議に緊急上程されて通常二時間足らずで議了となる。

だが一二〇年前の第一回帝国議会では、予算案の修正をめぐって政府と民党の間で激しい攻防が繰り広げられた。衆議院予算委員会は、七項目の査定方針を定めて山県有朋内閣の明治二四（一八九一）年度予算案の査定を行い、民力休養の地租軽減の財源の捻出のため官吏の俸給や手当の削減に必要な官制や規則等の改正案の立案まで行った。予算委員会は政府原案を一割近く減額して本会議に報告し、その後全院委員会と本会議での逐項審議と明治憲法第六七条（既定費等の削減についての政府の同意）の手続きをめぐる議論など多くの議論と政府との折衝に二カ月近くをかけてようやく予算案は衆議院を通過し、貴族院に送られた(帝国議会史・上：一五一一九、鳥海一九九一：八九—一〇一)。

憲法学では、帝国議会の立法と予算への権限は極めて制限されていたとされている(杉原・只野二〇〇七：九五—九六)。しかしその帝国議会がこれだけ予算案を綿密に審議して修正の実をあげ、「国権の最高機関」になった国会が、予算案を具体的にはまったく議論せず、修正もしない議会になってしまったのはなぜか。本論は、日本の議会がどのような経過を経て今日の姿に至ったのか、その一端を検証しようとするものである。

一　日本型議会システムの特徴

日本の国会は、世界の議会のなかでも特殊な部類に属する。特徴的な点としては、短い会期でかつ会期不継続を有する点[1]、議院内閣制ながら行政監督に必要な口頭質問や時事問題の討論などの制度を欠いている点[2]、議長主宰の議院運営機関が存在しない点[3]などのほか、運用面では極端に短い本会議の開会時間(大山一九九七：九四—九九)、首相や閣僚の国会審議への拘束時間の長さ(日本アカデメイア二〇一二)などが指摘されている。

しかしそれ以外で、国会を独特にしている重要なものが二つある。ひとつは与党の事前審査制である。これは、戦後の保守政党による政府と与党の政策調整の方式で、国会のルールではないが、国会の姿を大きく規定している。これにより与党は、政府の政策を事前に審査して政治的調整を行い、内閣は与党が了承の党議決定をしてから閣議決定を行う。従って議案が国会に提出されたとき、それは与党にとっては「後は通すだけ」のものでしかない。

一方蚊帳の外に置かれていた野党にとっては、国会こそが出番である。しかしそこで具体案を示して迫っても、党議決定済みの与党は同調しないから、野党は政治的な批判や政府のスキャンダル追及を重視することになる。

与党の事前審査制は、国会になってから成立したが、背景にあるのは「与党」という日本の政治システムに特徴的な仕組みで、その源流は帝国議会にある。このことは本論で触れるが、与党の事前審査制自体は多くの論者が論じており（村川一九八五、岩井一九八八：第八章、川人二〇〇五：二五一―二五四）、本格的な研究（奥二〇一四、奥・河野編二〇一五）もあるので、本論では主題的には扱わない。

もうひとつの国会独特のルールは、質疑中心の審議方式である。現在の国会のルールは、委員会では審査時間を各会派に配分し、会派が質疑者を立てて、質疑者は持ち時間をもって一問一答方式で質疑を行う。予算委員会では質疑者は何を聞いてもよい。一問一答方式は、質疑者がひとつ聞いて答弁者がひとつ答えるというもので、次にまたひとつ聞いてまたひとつ答えるという過程が無限に続く。その特徴は終わらないということである(4)。

この無限の過程を円満に終わらせるには、与野党が合意して終わりにする必要がある。終われば採決になるが、野党が更に追及したいときは「まだまだ」と言い、与党がどうしても終わらせたいときは多数の力を使って書かれた会議ルール（議事規則）に戻って質疑を終わらせ採決することになる。これが俗に言う強行採決である。

日本の質疑方式の独特さは、諸外国で一般的な読会制と比べてみれば分かる。読会制の具体的なやり方は様々だが、通常はまず総括審議を行い、次に逐条審議を行う(5)。逐条審議では条ごとに修正案を議論して可否を決め、最後に採択された修正案を取り込んだ全体を採決して終わる。このやり方は、質疑と答弁の往復ではなく、議案に即して条文をどう修正するかを議論する。条ごとに発言したい人が発言し、一つの条が終わると次に進む方式なので、持ち時間をもって一人がずっと発言するルールは当てはまらない。更に第一条から始めて最後まで行けば終わりで、引き続き全体の採決に移行するし、途中で全体を採決すれば手続きに瑕疵が生じ、「強行採決」は成り立たない。

このように読会制と一問一答方式では審議（審査）の仕方が大きく異なる。そして第一回帝国議会の予算審議は読会制で行われ、今日の国会の予算審議は一問一答方式で行われていることが、違いをもたらしている。明治憲法下の帝国議会は、諸外国をまねて読会制を採用し、初期議会では律義に読会制をまもって審議を行ったが、やがて一問一答の質疑方式に移行することによって独自の日本型議会システムが形成されていった。

二　帝国議会と審議ルール

憲法、議院法、衆議院規則

憲法学では、帝国議会は天皇統治の大原則の下で極めて制約された権限しか与えられていなかったとされる（百年史・制度編：二〇、芦部一九九六：三七三―三七四）。しかし帝国議会の日々の審議活動の直接の制約になった憲法規定は、実はそう多くない。衆議院にとっては対等な権限を持つ貴族院の存在は、法案を成立させるうえでは大きなハードルだったが、それを別にすれば、通常会の会期が三カ月で、議会が自ら延長できなかったことと、大臣と政府委員の議院への出席と発言が権利とされて、大臣に対しては議院の側からは求めることができなかった点が大きかった。

明治憲法で会期が三カ月しかなかったことはその最初の原案の井上毅の初稿から一貫していて、ヨーロッパ各国と比べても短かったが、枢密院でも問題にならなかった（稲田一九六二）。延長は勅命によるので、帝国議会自らはできず、衆議院は憲法改正によらずに会期の短さを補う方策として常置委員会の設置を悲願としたが、最後まで実現しなかった（百年史・制度編：九四―九八、村瀬一九九七：一二五―一三一）。

大臣等の出席について、明治憲法は「国務大臣及政府委員ハ何時タリトモ各議院ニ出席シ及発言スルコトヲ得」（第五四条）と規定していた。日本国憲法にも国務大臣の議院出席の規定があるが（第六三条）、違いは明治憲法では政府委員にも出席権と発言権を認めていたことと、日本国憲法にある国務大臣の答弁・説明のための出席義務がなかったことである。(6) 議院法では、委員会は議長を経由して政府委員の説明を求めることができたが、大臣に対してはできなかった。ただし、大臣に対しては別に質問制度があった。(7)

この憲法規定の意味は大きく、政府委員である官僚を帝国議会の重要なプレイヤーにするとともに、特に初期議会において大臣を議案の説明や答弁の役割から外し、帝国議会の初期の審議のあり方を規定した。

帝国議会のより具体的な制度は議院法で定められた。井上毅によるその初期の草案である議院法試草は、明治憲法の甲案、乙案とともに井上から伊藤博文の許に提出され、その後憲法と並行して検討が進み、枢密院の審議を経て、明治二二(一八八九)年に明治憲法の発布とともに公布された。

大石眞の詳細な研究(大石一九九〇、大石編著一九九一)によると、井上は起草にあたってオーストリアを中心にドイツとその領邦国家の議会を参照したようである。しかし伊藤らが加わって検討を重ねていくうちに、他のヨーロッパ諸国特にイギリスの制度が取り入れられた(8)。

次に規則類は、両議院の成立及開会規則は明治二三(一八九〇)年一〇月一一日勅令第二二〇号として制定され、各議院の規則は帝国議会召集後直ちに当該議院で検討されて、貴衆ともに一二月一日に成立した(衆議事録号外(M二三・一二・一)、大石編著一九九一：八三―八六)。しかしその案は政府が用意していた。憲法と議院法が制定された後、一年半後の帝国議会の開設の準備のため、明治二二年七月から金子堅太郎率いる欧米議院制度調査団が派遣され(翌年六月帰国)、また井上毅を総裁(法制局長官と兼任)とし書記官一〇人と試補三人の臨時帝国議会事務局が一〇月に発足して各種の規則を準備した。

井上総裁が翌明治二三年八月に山県有朋首相に提出した報告書(大石編著一九九一：四四〇―四四二)によれば、臨時帝国議会事務局では科を分かって調査せしめて初稿を得、三読会を経て第二次案とし、金子率いる調査団が持ち帰った意見を取って折衷斟酌して第三案(報告書添付案)を得たという(9)。また草案は英訳してロエスラーら三人に諮詢して提出された意見も参考にしたという。

事務局で議院規則の立案にあたった林田亀太郎は、議院法が取る「主義及規則」はフランス、ドイツ、オーストリアによるものもあるが、「骨髄」はイギリスによっており、自分が衆議院規則を調査したときもイギリスの例を案じてそれから各国の例を斟酌して作ったと述べている（林田一八九二：三）。しかし規則は書記官らが共同で作ったもので、内容的にもヨーロッパ各国のモデルが混在している（赤坂二〇〇二）。調査の際に参考とされた各国の例（翻訳）は、明治二三年一〇月に衆議院事務局から『各國衆議院規則』として刊行されたが、これはイギリス、アメリカ、フランス、ベルギー、イタリア、ドイツ、プロイセン、オーストリア、スウェーデンの議院規則や内規、議事規則、細則などを集めたものである。

このように帝国議会の議会法規は、オーストリアを中心とするドイツ語圏の議会を参照しながら、他の国特にイギリスの制度も取り入れつつ、全体としては多様な国の例から学んで作成された。それによって当時の世界の標準的な制度を備えた議会を構築したとも言えるが、それも紙の上でだけのことであり、切貼りの制度と言えた。

独自の審議ルールの模索と形成

混乱と制度化

帝国議会は、明治二三（一八九〇）年一一月二五日に召集されたが、衆議院の議長・副議長の選挙が午前一〇時から午後一〇時五〇分までかかったり（衆議事録号外（M二三・一一・二五））、会期初日の全院委員長の選挙が午後一時四〇分から七時五五分までかかる（衆議事録一―二）など、さっそく機能不全を露呈した。林田亀太郎は回顧して、議員が必要外の手続きを繰り返したり、紛擾を重ね長時間を無為に空費したりと「枚挙に遑《いとま》がない」混乱ぶりを伝えている（林田一九二七：三二六）。どんなに綿密に準備したところで、憲法、議院法、議院規則だけで円滑な議院運営が成り立つわけはない。やがて同じ字面のルールでヨーロッパとは異なる運用を定着させたり、明文の規定によるのとは別の方法を慣例化させたり、例外規定を常用したりして、独自の議会制度が形成されていった。

書かれたルールから想定される帝国議会を変えた第一のものは、政党化である（川人一九九二：一〇八―一一一、村瀬一九九七：四一―四七）。伊藤博文が帝国議会の設計にあたって民党勢力の影響力の遮断に腐心したことは間違いない。しかし一方で伊藤は、民意を代表する議会にドイツ皇帝やグナイストの忠告を超えて権限を与え、[10]政党は最初から帝国議会の重要なプレイヤーになった。

初期の政党化の制度的認知としては、議長による特別委員の指名にあたって会派を考慮するようにしたこと（第一二回議会）、各政党に所属議員数と幹部氏名を届けさせて、交渉事務に当たらせるようにしたこと（第一三回議会）、従来の部室を各派の議員控室にしたこと（第一五回議会）などがある。

しかし本格的な政党化は、第二〇回議会（明治三七（一九〇四）年三月一八日召集）以降に進展した。第二〇回議会は三月に日露戦争が始まった後の議会であるが、召集前の三月一五日に政府は政友会と憲政本党の領袖を首相官邸に招き、「予算内示の濫觴」（今西一九九一：三三二）を行った。次の第二一回（明治三七年一一月二八日召集）前の一一月にも政府は衆議院各派の領袖一九人に予算案を示して了解を求めた（今西一九九一：三三六―三三七）。また第二一回議会では、各派協議会（昭和一四（一九三九）年一月に各派交渉会に改称）が設置された（百年史・制度編：八六）。第二二回（明治三八（一九〇五）年一二月二五日召集）から議席は従来の抽選から議長の指定とされ、実際は会派別になった（議事解説：四五）。

もうひとつ広い意味での政党化ないし政治化として、大臣が本会議や委員会に出席して議案の説明や質疑への答弁をするようになったことがある。前述したように国務大臣の議院出席や発言は義務ではなく、政府の議案の説明（趣旨弁明を除く）や質疑に対する答弁は、政府委員の仕事だった。[11]第一回議会で山県首相は初めて施政方針演説をしたとされるが、会期四日目に簡単な演説をして質疑も受け付けずに帰った。続けて明治二四（一八九一）年度予算の大要について陳述した松方正義大蔵大臣に議員が更に詳細な説明を求めたが、松方は答弁を拒否した。予算委員会は、分科会も総会も政府委員と議員だけでのやり取りの場で、首相や蔵相、その他の閣僚は時々本会議の演壇に立ったが、質疑応答はなく本格的論戦にはならなかった。

第四回議会(明治二五(一八九二)年一一月二五日召集)では、衆議院で「内閣大臣ニ出院ヲ望ム件」が可決され、議長は政府に通牒したが、政府は拒絶した(衆議事録四―三：三二、四―六：八九)。第六回議会(明治二七(一八九四)年五月一二日召集)では衆議院での伊藤首相の施政方針演説に次々に質問要求が出たが、伊藤は「質問ニハ御答申シマセヌ」を繰返した(衆議事録六―一：八―九)。第一〇回議会(明治二九(一八九六)年一二月二二日召集)の重要法案の新聞紙条例中改正法律案(政府提出)の衆議院での審議に、議院の出席要求にもかかわらず樺山資紀内務大臣は一度も顔を出さなかった(衆議事録一〇―二：八―九)。

しかし徐々に首相や大臣が会議に顔を出すようになった。第一五回議会(明治三三(一九〇〇)年一二月二二日召集)の頃には予算委員会の各分科会に所管大臣は会期中一度は顔を出すようになり、第二三回議会(明治三九(一九〇六)年一二月二五日召集)ではほぼ毎回所管大臣が出席したが、説明や答弁はなお政府委員が中心だった。各大臣の中では軍部大臣の出席がよく、自分で説明や答弁にも立った。陸軍大臣は陸軍、海軍大臣は海軍の人間だから、それぞれの所管について答弁はお手のものだったろう。しかしやがて他の大臣も審議の中心に立つようになった。それとともに、後述するように、審議の仕方にも変化が生じた。

この時代はいわゆる桂園時代であり、政治史的にも議会史的にも大きな曲がり角であった。その時代に以上のような政党を前提とした制度が整備された。第一回帝国議会以来しばしばなされてきた衆議院規則の改正が、第二一回議会での第七次改正の後、大正九(一九二〇)年の第四三回議会までなかったのも、この時期で一応の制度的安定に達した証左と言えよう。

審議ルールの変容

帝国議会の変化は、議会活動の中枢の審議の仕方にも表れた。

議院法は法案の審議方式として三読会制を規定した（第二七条「法律ノ議案ハ三讀會ヲ經テ之ヲ議決スヘシ」）。帝国議会の三読会制はプロイセン、オーストリアに倣ったもので、第一読会で法案の趣旨弁明のほか質疑の要求があればこれを行い、政府又は貴族院提出法案は必ず委員会に付託し、議員提出法案は動議が可決された場合に委員会に付託する。そして委員長報告が「第一読会の続」で、ここで可決された場合に逐条的に審議するのが第二読会で、最後に法案全体の可否を問い、議決を確定させるのが第三読会であった（林田一八九二：一三〇－一三四）。

三読会制は今日でも主要国の法案審議の一般的な方法だが、その意義のひとつは逐条審議にある。帝国議会でも、衆議院規則で「第二讀會ニ於テハ議案ヲ逐條朗讀シテ之ヲ議決スヘシ」（第九二条）と定めていた。逐条審議では修正案は条ごとに議論される。従って発言も条ごとに多くの人が行い、一人ずつがまとまった時間を与えられて自由に自分の関心事について発言するのとは異なる審議形態になる。一方で、議院法は政府又は議員一〇人以上の要求により出席議員の三分の二以上の多数で可決した場合は、読会の省略が可能であるとも定めていた（第二七条）。

表９－１は帝国議会（明治期）の回次ごとに、衆議院通過法案で読会を実施したものと省略したものの件数を数えたものである。[12] これによると、初期議会では三読会制が比較的よく守られており、個々の審議を見ても、法案では逐条、予算案では逐項の審議が律義に行われていた。一方で、早い段階から読会省略もみられた。最初の例は、第三回議会での保安条例廃止案で[13]、この日は続く特別市制撤去法案と市制追加案でも読会省略が行われた。いずれも議員提出法案で、過去に衆議院を通過し、貴族院で廃案となったものを後会で再提出した事例である。

保安条例廃止案は、自由民権運動弾圧のために制定され、民党の怒りをかっていた明治二〇（一八八七）年の保安条例を廃止するもので、民党は政府と吏党の反対にかかわらず第一読会で討論終結の、続けて読会省略の動議を多数で押切って可決した（衆議事録三－一一：二二三－二二九）。この戦術は、議長の星亨も知らされていなかったようで、読会省略の動議を出されて、「三讀會ヲ凡テ廢スルノデスカ」と聞き返している。

表 9-1　帝国議会における読会省略（明治期）

回次	読会実施	読会省略
第 1 回（常）	9	0
2　（常）	7	0
3　（特）	11	7
4　（常）	25	1
5　（常）	6	3
6　（特）	20	8
7　（臨）	0	2
8　（常）	26	29
9　（常）	38	56
10　（常）	15	54
11　（常）	0	0
12　（特）	8	19
13（特常）	64	78
14　（常）	38	65
第 15 回（常）	25	26
16　（常）	41	33
17　（常）	0	0
18　（特）	11	6
19　（常）	0	0
20　（臨）	3	16
21　（常）	39	50
22　（常）	29	44
23　（常）	12	63
24　（常）	9	74
25　（常）	11	62
26　（常）	15	71
27　（常）	23	75
28　（常）	13	32

注：第二読会を開いたものを読会実施とした.
出所：衆議院議事速記録索引から筆者作成.

読会省略といっても法案の趣旨弁明と質疑のための第一読会は必ず開かれる。通常は委員会審査も行われるから、第一読会の続も開かれる。読会省略は、その後直ちに法案を確定（議了）させるもので、そのやり方としては第一読会の続で読会省略の動議を可決するのが一般的だったが、手続きが熟していない初期の段階では、第二読会を開くことを決めた後に読会省略の動議を可決したり（第二読会までは原則二日置かなければならないので、第二読会を開くことを決めただけでは実際に第二読会を開くことにはならない）、また読会の省略には触れずに原案や委員会報告案を確定議とする動議を可決（通常「異議なし」で）したりすることもあった。

それが第三五回帝国議会（大正三（一九一四）年一二月五日召集）で第一読会の続で「第二・第三読会を省略し、直ちに可決確定されんことを」という動議（表現には多少幅がある）を可決して確定議とする方式に統一された後、次の第三六回議会（大正四（一九一五）年五月一七日召集）から第一読会の続で第二読会を開くことを決めた後に「直ちに第二読会を開き第三読会を省略して可決確定されんことを」という動議を可決する方式が一般的になり、帝国議会の最後までこの方式で行われた（実際には動議の提出と可決の手続きを省略しながら、議事速記録索引ではそのような手続きで処理したかのように整理しているケースも見られる）。このやり方は表では読会省略とならないが[14]、実質的な読会省略で、帝国議会が建前としての三読会制を維持しながら実質的にそれを省略するという一種の到達点に至ったとも言えよう。

読会省略の実質は、逐条審議を省略するもので、初期の読会省略は、多くは簡単で異論のない法案、以前に衆議院を通過して貴族院で阻止された法案、至急に成立させる必要のある法案などに限られたが、次第に読会省略が普通のやり方になった。逐条審議を省略しても、第二読会が開かれる限り修正案は扱うことができるが、しかし読会省略の一般化とともに、修正案も逐条ではなく全部の修正部分を一本にして一回の採決で可否を決める方式に変わった。採決の対象も修正案そのものから委員会修正の是非を問うものになり、さらに現在のように委員長報告のとおり決するか否かになった。これにより第二七回帝国議会(明治四三(一九一〇)年一二月二〇日召集)以来逐条審議によったことはないとされる(議事解説：二一一)。

逐条審議が省略されるようになった理由については、種々の指摘がある。逐条審議は負担が重く、特に会期が三カ月で自ら延長できなかった帝国議会では大きな負担だったという点(岡本二〇〇一：三〇)はもっともであろう。しかし初期議会では律義にやって、諸外国は工夫しながら現在もやっているから、負担が重いからというだけでは正当性に欠けるのではないか。日本の改正法案の形式が溶け込み方式で、逐条審議になじまないという点(向大野二〇一八：一八三)もうなずけるが、しかし技術的な問題だから工夫のしようはあろう。また与野党の政争は委員会段階から始まり、その法案の目的とかデメリットとかが焦点となりがちだからという点(総括的ないし党派的な議論の方が優先されるという意味であろう)(向大野二〇一八：一八四)は、後に述べる本論の立場とある程度重なる。ただ、諸外国ではこれらの議論と条文の文言をめぐる議論が両立してともに活発になされているから、日本ではなぜそうならなかったのかについて解明を要することになろう。

以上の指摘はいずれも理由の一端と認められるが、本論の立場は、背景として法案審議のプロセスをのみ込む政治の構造的変化を仮定するものである。ひとつのヒントは、表で全体的に読会省略が増加するなかで、特に第九回、第一〇回、第一三回、第一四回、そして第二一回以降の議会に読会省略が多いことである。第九回の伊藤内閣と自由党の提携、第一〇回の松隈内閣、そして第二二回以降の西園寺内閣など政府と政党の提携が成立したり、政党を基礎とする内閣だという共通点がある。つまり、広い意味で与党を持つ内閣下の議会だということである。

更にヒントになるのは、その後現在と同様に帝国議会でも与党は質疑に立たないなどして発言を減少させていったことである。(15)諸外国では、多数党たる与党はむしろ逐条審議で積極的に修正を実現したり、野党の修正案に反論したりして劣らず発言するが、日本では帝国議会時代から与党は議会で発言しない行動を取っている。このことは、日本の議会システムあるいは日本政治の本質に関わる問題なので、最後にもういちど立ち返るが、あらかじめ述べておけば、帝国議会の姿を大きく変えていったのは、与党の登場であり、それによって法案の逐条審議で実現されていた具体的な政策論争の場としての初期帝国議会の姿は消えていったと考えられる。

本会議のマネジメント

帝国議会の開設直後は、当然ながら現在のような本会議前の各会派の協議による段取りはなく、議事進行係もいなかった。読会省略や第二・第三読会を直ちに開くことや、特別委員を選挙によらず議長指名とすることなどは、議長も独断ではできず、一定の可決要件により議院で可決して初めて可能だった。その動議は、最初は議場にいる議員たちが思い思いに提出し、可決されたり、否決されたりしていた。やがて動議を出す議員の顔ぶれが固定してきた。最初に半ば専任的な地位を獲得したのは吉本栄吉であった。(16)彼は当選後初めて臨んだ第六回帝国議会から議事進行動議の提出者に連なるが、最初は彼だけというわけではなかった。しかし議事速記録からは次第に吉本が提出することが期待され、本人もそれを意識するようになった様子がうかがえる(例えば衆議事録九―二〇：二七九)。この点からも彼の役割はボランティア的なものだったと思われる。

吉本は第五回総選挙で再選されなかったので、直後の第一二回帝国議会(明治三一(一八九八)年五月一四日召集)は特定の者はいなくなったが、その後長らくこの役を務めたのは恒松隆慶である[17]。第二二回以降は恒松と何人かが交代で務め、第二七回は菅原伝、第二八回(明治四四(一九一一)年一二月二三日召集)はまた恒松が務めている。その後松田源治、長晴登、中村啓次郎、荒川五郎などが務めているが、ほぼ一議会限りだった。

以上では荒川五郎が立憲同志会だったほかは、自由党ないし政友会で、いずれも大政党ながら衆議院で過半数を占めているとは限らず、また必ずしも与党的な立場にあったわけでもない。

吉本栄吉は、各党の賛否や本会議場の雰囲気を慎重に読み、またはじめは「是ハ皆モウ反対ノ議論モアリマセヌヤウデスカラ」(衆議事録九―二九：四二四)など、理由付けを工夫して読会省略の動議を提出していた[18]。それでも読会省略に反対の意見も時にはあった(例えば衆議事録一〇―一八：二七五)。恒松隆慶になっても、動議が反対を受けることもあり、まだ全党ないし議場の合意を得てのことではなかったことをうかがわせる(例えば衆議事録一四―七：七九―八〇)。

それでも動議提出者の存在によって、読会省略が進んだことは間違いない。それとともに前述の政党化の時期とほぼ重なって、本会議の審議が一定の事前調整を経ていると推測できるようになってくる[19]。例えば第二四回議会(明治四〇(一九〇七)年一二月二五日召集)の衆議院議員選挙法中改正法律案の第一読会の続で、委員長報告が委員会の審査を正確に伝えていないという異論が出て紛糾し、その日動議提出の役を務めていた長谷場純孝(政友会)が、「多少ノ行違ガ生ジマシタカラシテ」この日程を次回まで延期するとする緊急動議を提出したが、もめて、結局記名投票までして日程の延期が可決された。長谷場の「多少ノ行違」という言い方と延期という収拾策には、一定の事前調整の存在と、一方でそれが全会派間の合意にはなっていなかった状況を推察させる(衆議事録二四―一五：三一七―三一八)。

しかしこのような混乱はそう多くはなかった。また動議がすんなり決まらなくても、結局動議のとおり決まるようになっていったところに、帝国議会の組織化の進展がうかがわれる。

更に興味深いのは、第一読会の続で法案の賛否をめぐって紛糾しても、いったん第二読会を開くこと(実質的な可決)が決まると、あとは確定議まで抵抗なく異議なしで進んでしまうようになったことである。

例えば第二二回帝国議会の重要法案の国債整理基金特別会計法案の第一読会の続では、特別委員長(政友会)が委員会で賛成一八、反対一三で可決したことを報告したあと、討論では政友会一人(賛成)、憲政本党一人(反対)、政交倶楽部三人(賛成一人、反対二人)、大同倶楽部一人(賛成)が長広舌をふるった。その後特別委員長が既に各派の代表者が討論したのでと討論終結動議を提出し、議長が異議なし採決を行ったところ、議事速記録には「異議ナシ異議ナシ」と「異議アリ」の両方の声が記録されているものの、議長は「御異議ハナイト認メマス」として(「議長旨イゾ」の野次)、続けて第二読会を開くべきか否かに記名投票の要求が出ているとして、記名投票で可決二三〇、否決一一七となった(衆議事録二二—五：三五—四九)。

ところが、そこから直ちに第二読会を開く動議、更に第三読会を省略し原案を確定議とする動議が異議なし採決で何なく可決された。このように一旦第二読会を開くことが決まると、勝負は最初からそこまでだったように、あとは異議なしで一気に確定議に至るケースが多く見られる。

第二読会で逐条審議を重ねてきた帝国議会の政策各論への情熱とこだわりは、野党や反対派も含めて既に失われてしまった感がある。

質疑中心の審議へ

初期の帝国議会の非能率が改善し、逐条(逐項)審議も減ったので、本会議の開会時間は減少した。しかし代わりに増加し、帝国議会の審議の中心となったのは「質疑」で、それにつれ本会議の総時間もまた増加した。

初期議会では、既述のように目の前で質疑されても首相や大臣は答弁しないことがいくらでもあった。しかし、政党化の進展にともなって次第に変化が現れた。第二四回議会で西園寺首相、第二六回議会(明治四二(一九〇九)年一二月二二日召集)では桂首相(蔵相兼務)が施政方針演説に対する質疑に答え、本格的には明治最後の第二八回議会で西園寺首相と蔵相、外相の演説後、一日の議事の大半が質疑・答弁に充てられた(衆議事録二八―三：一―一二)。ただし、今日の代表質問と異なり、質疑者は会派を代表したわけでなく、政友会からの質疑者もいなかった。質疑は通告順で多くの通告があったが、実際に質疑したのは七人にとどまった。以後政府三演説と各党の質疑は恒例となり、第三五回議会では三日間をかけ、以後二日間か三日間行うことが慣例となった(衆先例T九：二三二)。

帝国議会で議事に関して用いられた特徴的な言葉のひとつに、「大体」がある。この語は、議院規則では例えば第一読会の続に関して「委員ノ報告ヲ待チ大體ニ付キ討論シタル後第二讀會ヲ開クヘキヤ否ヲ決スヘシ」(衆議院規則第九〇条)と規定され、先例彙纂では「豫算ハ大體議ヲ經テ逐項議ニ入ル」(衆先例M三二：一四五)、また委員会審査について「質問ハ大體ヨリ逐條ニ入リ又ハ同時ニ若ハ綱目ヲ定メテ之ヲ爲ス」(衆先例(委)M四一下：一六五)などとして用いられている。本会議や委員会の議事においても、「まず大体を私の方から」とか「午前は大体で、午後から逐条をやります」といったような言い方でごく普通に使われた[20]。

「大体」の由来に関して、既述の『各國衆議院規則』を見ると、プロイセン及びドイツの議事規則中に、第一会議(第一読会)は「其ノ原則ニ關スル大體ヲ議定スヘシ」(両国で字句に若干の異同があるが)という文言があり、またオーストリアの議事細則中に、第一読会の討議は「議案大躰ノ原則ニ係ル論議ニ限ルモノトス」という文言があるから、このあたりが出所であろう[21]。

「大体」は「全体を総括的に」の意味で用いられ、「質問ハ大體ヨリ逐條ニ入リ」という表現が示すように、帝国議会の議論は当初大体と逐条(逐項)の二つのパーツからなっていた。だから逐条が省略されると、議会での議論は大体だけになり[22]、結局「大体」の言葉も不要になって、先例彙纂では大正九(一九二〇)年版で「豫算案ハ全部ニ付討議ヲ爲シ逐項議ニ依ラサルヲ例トス」(衆先例T九：四五四)となり、委員会先例彙纂では昭和七(一九三二)年版から「質疑ハ議案全部ニ付キ之ヲ爲スヲ例トス」（衆委先例S七：一〇五）となった。議事中の用語としても第二八回議会前後から、「提案の趣意」とか「提案の理由」などの言葉が使われだし、大正期に入ると「大体」は見られなくなった。

逐条だと政府委員の助けが必要だったが、大体だけだと大臣が答弁できた。逐条審議の消滅は、上述した大臣が自ら答弁に立つ帝国議会の論戦構造の変化にも対応するものだった。

委員会審査

これまで述べたような変化が委員会、特に予算委員会でどのように表れたかを見てみよう。予算委員会は、国政の万般に関わる予算を扱うというほか、帝国議会において衆議院で四つだけ（後に五つ）設置された常任委員会という点に特色があった。

予算案は法案ではないから読会制は適用されず、提出後直ちに予算委員会に付託された（百年史・制度編：七二、議事解説：二二八）。当初はまず分科会（第一四回議会まで各科と言った）でそれぞれの所管省の予算案を審査し、その結果が出たところで予算委員会総会を開いたが、第五回議会（明治二六（一八九三）年一一月二五日召集）で各科の審査の前に行政整理について総会で質疑したことから、各科での審査と並行して総会で「大体」について質疑することが一般化し、首相が出席することもあった。

今日の予算委員会基本的質疑（二〇〇〇年一月以前は総括質疑）に相当する首相と全大臣出席の予算委員会総会は、第一次西園寺内閣の第二二回議会から始まった。この時はまだ首相の出席は初日の午前中のみだったが、「政府議会和衷協同」を掲げた第二次桂内閣の第二五回議会（明治四一（一九〇八）年一二月二三日召集）では、貴衆両院での施政方針演説の翌日から全大臣と大勢の政府委員出席のもとに六日間にわたって明治四二年度予算案の質疑が行われた。以後通常議会での施政方針演説に引き続いて、予算委員会で全大臣が出席して次年度予算案の総括的質疑を行うことが慣例化した。

更に委員会での質疑者の発言順序は、初期は逐条（逐項）審査だったから条（項）ごとにかわるがわる発言がなされたが、質疑の対象が「大体」になると同一人が自分の聞きたいことを聞き終わるまで続けるようになり、一問一答方式が始まった。順番は通告順とされたが、第二七回議会で予算委員長の原敬は、通告は会派ごとに一列に列記されているので、委員長の判断で賛成反対を入れ違えると述べて了承された[23]（衆予録二七—三：一六）。

質疑の時間についてはまだ制限がなく、長過ぎると他の委員から苦情が出ることもあった（衆予録二六—六：四八）。現在のような持ち時間制になったのは、国会になってからである[24]。

議論の中身も、予算案から外れて国政全般を議論するようになり、更に政党内閣の時代には、予算委員会の場が政争やスキャンダルの追及に使われるようになった。第四三回議会（大正九（一九二〇）年六月二九日召集）では、野党の憲政会や立憲国民党は尼港事件に関して、入れ代わり立ち代わり田中義一陸相の責任を追及した（衆予録四三—二：一〇—一一、三：二二—三一、六：五六—六〇、六五—七二、七：七三—八四）。第五二回議会（大正一五（一九二六）年一二月二四日召集）では、政府演説に対する本会議質疑で、政友会の小川平吉、浜田国松、三土忠造、鳩山一郎、政友本党の松田源治、中村啓次郎らは、朴《パクヨル・ぼくれつ》烈事件、松島遊郭移転問題などで、憲政会内閣の若槻首相らを激しく追及し（衆議事録五二—四、五）、続く予算委員会でも震災手形問題を追及して、片岡直温蔵相の「今日正午頃ニ於テ渡邊銀行ガ到頭破綻」の失言を引き出し、昭和金融恐慌の引き金を引かせた（衆予録五二—九：一九）。

田中義一内閣の第五六回議会（昭和三年（一九二八）一二月二四日召集）では、予算委員会総会で、冒頭に政友会の委員から予算案に関係のない質問は見合わせるよう発言があったものの、民政党の中野正剛は、張作霖爆殺事件をめぐり田中首相を追及し、首相は時々答弁を拒否し、議場が騒然となるなか中野は二時間余りの午前中の質疑を独占した（そのまま散会）（衆予録五六—二）。

藩閥政府の富国強兵路線に政費節減・民力休養の明確な政策ビジョンを掲げ、予算案に対する具体的な査定方針を決定して、制度変更の代案まで用意して政府と対峙した帝国議会は、こうして三〇年余りを経て政党間のスキャンダル合戦の舞台となったのだった。

三　帝国議会から国会へ

帝国議会は、その後も大正期から政党内閣の時代にかけて会派中心の運営を強めた。護憲三派内閣下の第五〇回帝国議会（大正一三（一九二四）年一二月二四日召集）では、本会議の流血の大乱闘をきっかけに、議場内交渉係を置いて会派による本会議運営を強化した。またこの議会では衆議院規則の初の全文改正も行われ、これを機に議長・副議長の党籍離脱が行われた。翌第五一回議会（大正一四（一九二五）年一二月二五日召集）では、質疑と討論の発言者の数及び順位を所属議員数の比率で会派に割り当てることが各派協議会で決定された（衆先例H六：二九六—二九七）。院内では会派中心が会派ないし政党の組織改革も進んだ[25]（川人一九九二：二〇五—二一〇、黒澤二〇一五：四九—五六）。院内では会派中心が進みながら、政党においては政務調査会各部会と省の結びつきなどから幹部統制に逆行する動きが見られたとされることは、戦後の保守政党の組織と活動を考えるうえでも興味深いが、本論では立ち入らず、最後にこれまで述べてきた日本型議会システムの要素がどのようにして国会につながり、またその性格を強めたかを述べておきたい。

一問一答と国会

国会の『衆議院先例集』では、各年版ともその例言で「旧議会における先例で重要と認められるもので、しかも新憲法と国会法の精神に反しないものは、これを集録した」と記載されている。議院の運営や議事手続きで国会が帝国議会から引き継いだものは多いが、更に帝国議会で生まれたもので、国会の制度的環境の方によりフィットして一層の発展を遂げたものもある。一問一答の審議方式は、その最たるものだった。

一問一答がフィットした国会の制度的環境としては、何よりも常任委員会中心主義があげられる。法案審議に関して帝国議会が本会議を重視し、従って委員会については特別委員会を採用していたのに対して、国会が常任委員会を中心とするようになったことは、帝国議会と国会の審議方式の最も重要な相違点である。そしてこの変化は、ＧＨＱ民政局の指示によってもたらされた。

民政局は議院法に代わる国会法案について、帝国議会に提出するのに先立ち四次にわたり日本側に修正指示を行ったが、その柱は常任委員会制度の整備だった。民政局は、明治憲法下の日本の統治システムの最大の問題点は官僚支配にあり、新たに創設する国会を有効に機能させるためには、国会に官僚機構に対抗できるだけの政策的専門性を持つ常任委員会を整備する必要があると考えた（国立国会図書館ＧＨＱ／ＳＣＡＰ文書 info:ndljp/pid/9895210, info:ndljp/pid/9895956）。そのため部門ごとに常任委員会をつくること、各常任委員会に専門スタッフを配置すること、常任委員は議員の任期中その任にとどまること、また提出された議案は本会議にかけることなく議長が適当な委員会に付託することなどを次々に指示して、執拗にアメリカ連邦議会をモデルにした常任委員会制度の整備を求めた[26]（西沢一九五四）。

議案を本会議にかけずに委員会に付託する新たな手続きについて、当時国会法立案の中心にいた衆議院書記官（議事課長）の西沢哲四郎は、それまで考えていたものと「審議手続が大きく変化した」（西沢一九五四：一二三）と述懐している。日本側は既に新聞発表で三読会制は廃止すると発表していたが、しかし名称はともかく帝国議会の第一読会は（当然第一読会の続きも）維持するつもりでいた。だが民政局のこの指示によって読会制は完全に廃止されることになった。西沢とともに当時衆議院書記官だった鈴木隆夫は、このような事情からして「従前の本会議中心主義に対して、新しい国会はその運営について正に委員会中心主義（他の個所では「常任委員会中心主義」の語も使用）を採用したものということができる」とした（鈴木一九五三：一〇―一二）。

一問一答の審議方式が、国会の常任委員会中心主義にフィットしたのは、常任委員会の持つ権限の強さと活動の自由度による。帝国議会でも予算委員会は常任委員会だったが、しかし委員は会期ごとに改選され、議案（本予算案、予算追加案等）がないのに調査のために開会することはできず、会期は短いうえに閉会中は開けず、多くの点で不十分な常任委員会だった。更に明治憲法で大臣は答弁義務を負わなかったから、中野正剛の追及に田中義一首相は何度も答弁拒否ができた。それが国会になって、憲法で答弁義務を課された首相らを相手に、これも憲法で付与された国政調査権を背景に、閉会中審査も可能な常任委員会の場で、任意のテーマで堂々と一問一答で迫ることが可能になったのである。与野党を問わず、議員たちが委員会での質疑こそ議会活動の中心であり本筋だと考えたであろうことは容易に推測できる。

結局、委員会中心主義が一問一答方式の質疑中心の審議を更に発達させ、首相はじめ閣僚は長時間委員会に拘束され、本会議は衰退することになった(27)。

日本政治と与党

質疑中心の審議とともに日本の議会システムを特徴づける与党の事前審査制については、国会になって成立したものでもあり本論では扱わなかったが、しかしその基礎的条件には帝国議会で成立したものもある。最も重要なものは「与党」で、それが国会になって事前審査制の成立の背景になったと考えられる。

「与党」は日本独特の概念である（飯尾二〇〇七：七八―八一、成田二〇一五：八〇）。諸外国で使われるのは「多数党（majority party）」、「政府党（government party）」、「支配党（ruling party）」などであるが、与党に対応する語は見出しがたい。日本語の「与党」はどういう意味を込めた言葉なのか。

辞典で「与」を調べると、幾つもの意味があるが、与国(同盟国)のように「くみする」、「なかまになる」の意味があり、「与党」もその意味によるとされている(大辞林、大辞泉他)。つまり政府のなかまの党という意味になる。新聞を調べてみると、政府側に立つ政党は、第一回帝国議会の明治二四(一八九一)年には「吏党」や「政府党」(読売一八九一年一二月一六日)と呼ばれ、「民党」、「反対党」に対比された。政府党はその後も一般的に使われている。第三次伊藤内閣で伊藤が新党結成の動きを見せると、「朝野」の対から「朝党」(国民一八九八年六月一五日)、「在朝党」(東京日日一八九八年六月一六日)と「野党」、「在野党」(国民一八九八年六月一四日)が用いられた。伊藤の新党はこの時は失敗するが、すぐ憲政党の結成と第一次大隈内閣の成立(一八九八年六月三〇日)があるから、「民党」は既に死語で、「朝党」はよいタイミングだったのかも知れない。野党は、その後も用いられ現在に至っている。そして第一次西園寺内閣の末から第二次桂内閣にかけて読売も朝日も「与党」を使い始める(読売一九〇八年五月二五日、一一月二五日、朝日一九〇八年七月一四日)。

読売の最初の記事は、第一〇回総選挙後の非政友各派の大同団結の動きに対して「政府与党の対抗画策」が注目されるというもので、次は第二次桂内閣の後藤新平逓信相の「電話問題」に「現閣の与党」も反対しているという記事である。朝日の記事は、第二次桂内閣の成立の日に、どの党が桂内閣の与党になるか不確かだと述べている。「与党」はこのように見ると、その初出の時期からして、第一次西園寺内閣の政友会を表すために作られた言葉のようである。

政友会総裁が内閣を組織した最初は、言うまでもなく第四次伊藤内閣だが、しかしこの時政友会は憲政党系と官僚系の対立、貴族院の敵対、スキャンダルなどで揺れ、内閣は七カ月で終わった。これに対して第一次西園寺内閣は二年半続き、この時政友会は衆議院で単独過半数は得ていなかったが、他派との提携等によって衆議院を支配して自らの総裁の内閣を支えた。こういう政党は、「吏党」と違うのはもちろん、首相以外大臣が二人しか出ていないことから「朝党」とも違い、それまで政府の肩を持つ党のイメージだった「政府党」とも異なり、内閣とは別物ながら内閣と対等の地位に立つ「なかま」としての「与党」になったものと思われる。

言葉としてはそういうことになろうが、その「与党」は日本政治のなかでどのような存在なのかを考えるために、しばしば指摘されていることだが、第二次伊藤内閣での伊藤と河野広中のやりとりに注目したい（大津一九二七：六一二―六一三、向大野二〇〇六：一四、黒澤二〇一五：三九―四〇）。

第九回帝国議会（明治二八（一八九五）年一二月二五日召集）を控えて、伊藤本人及びその周辺と自由党の間で提携の交渉がなされたとき、自由党の河野広中は条件として、伊藤に、①予算案は予め自由党に内示し、その同意を求めること、②議会に提出すべき重要なる法律案も、同一の手続きを執ること、③新なる政策を立てんとするときは、予め自由党と協議を遂げ、その同意を求むること、④政府は国民の与論を採用して各般の施策を遂行すること、⑤互いに宣言書を発表して、その出処進退を明白にすることの五項目を提示した[28]。

提携は成立し、第二次伊藤内閣は帝国議会で自由党の全面的な協力を得た。しかし、閉会から半年後に第二次伊藤内閣は退陣に追い込まれ、五項目はほとんど実現には至らなかった。

だが、この河野の要求には、日本の政治家が秘めている一種の本音が表れているように思われる。つまり他の政党とともに議会内にあって議会制度の諸装置に依拠して活動するよりも、与党になり政権の内部で権力の享受と政策実現を目指すことをよしとする本音である[29]。

諸外国では政権党も政府の政策に異論があれば、議会で政府案を修正したり、必要な法律を制定する。ドイツでもフランスでも、政府案は官僚主導で策定され、政治的調整は政党の役目だが、その調整は議会の手続きに従って議会内で行われる。

日本の与党は、議会での支配力によって政権を支えるが、しかしそのことを背景に議会外で影響力を行使することの方を通常の経路としている。これは根回しに走る官僚側のビヘイビアーも関係しているのだろう。こうして影響力を行使することによって、現在の日本において与党は憲法に書かれていない強力な権力機構になっている。

帝国議会史を通観すると、政権の与党となった政党は、議会手続きに従って政策を実現した初期とは別の道をたどり、読会省略などむしろ議会から身を引く「与党の退出」(本書第10章)の現象が観察できる。その分だけ議会は野党のものになったが、しかし議会の決定権を欠く野党は、「大体」中心の質疑で政府を攻撃することでその存在感の発揮に努めるようになった。河野広中が思い描いた与党の夢は国会になって花開き、その結果としての議会システムがいまわれわれの目の前にあるように思われる。

注

(1)　世界の議会は、会期がなく議員の任期を活動単位とするもの(ドイツ、イタリア)、会期はあるが会期不継続がないもの(フランス、アメリカ)、会期と会期不継続があるが、一会期が長いもの(イギリス)などである。

(2)　帝国議会にあった口頭質問は国会では文書質問を原則とするものになり、口頭による緊急質問は会派が行うもので、個人はできない。党首討論も党首に限られるうえに不定期で、議院内閣制の国では必ずある時事問題の討論時間の代わりにはならない。

(3)　帝国議会では議長が主宰する各派協議会ないし各派交渉会があったが、国会の議院運営機関は常任委員会の議院運営委員会で、議長は主宰しない。

(4)　国会審議の特徴として質疑中心をあげるものに白井(二〇一七、二〇一九)、向大野(二〇一八)。ただし、帝国議会の当初から委員会審査の大半は質疑だったのであり、本論は今日の国会の持ち時間制による一問一答型の質疑方式に日本型議会システムとしての特色があると考えている。

(5)　諸外国では予算案も法案なので予算案にも逐条審議が適用されるが、予算案が法案でなかった帝国議会では款項単位の逐項審議が行われた。

(6)　枢密院では、欧州各国では議院に大臣の出席を求める権利を与えているが弊害があって利益は見られないので、出席は政府・大臣の自由に任せるとの説明がなされ、異論は出なかった(稲田一九六二：四七)。

(7)　質問に対して、政府委員は国務大臣の代理としてのみ答弁できたが、第二六回議会から代理としてでなくても答弁できるようになった(田中二〇〇六：二〇四―二〇五)。
(8)　例としては大陸系の理事部(書記役、会計役等の業務を議員たちが務める)から非議員の「クラーク」を置く方式にしたこと、全院委員会を採用したこと、開院式を貴族院で行うように明記したこと、副議長を二人から一人にしたことなどがあげられる。
(9)　調査団から洩れた林田亀太郎は、調査団の帰国前に規則を仕上げ、井上から調査団の意見によって修正されたものはほとんどなかったと聞かされて、無念が晴れた心地がしたと書いている(林田一九二六：二二九―二三〇)。
(10)　従来、伊藤はヨーロッパでの憲法調査でプロイセン流の専制主義的な君主制を学んだとされてきたが、近年は、伊藤は民意の重要性や議会の意義も学んだことが指摘されている(鳥海一九八八：一八五―一九七、伊藤一九九九：一四、伊藤二〇一五：二〇九―二一三、瀧井二〇一〇：七七―八〇、久保田二〇一八：一二八―一二九)。また憲法制定の枢密院会議で、議会は諮詢機関で天皇はその意見を聞くだけでよいとする森有礼に対して、伊藤は、そもそも立憲政治は君主の権限を制限するもので、議会の同意が得られない立法は制定されないと主張した(稲田一九六二：五八八、五九三―五九四)。伊藤の意見は、後の美濃部達吉の天皇機関説そのものである。帝国議会の設計者の伊藤のこのような思想の理解なしには、帝国議会の運用は理解できないように思われる。
(11)　先例集では、大正四年版まで、政府提出案の趣旨弁明は国務大臣又は政府委員が行うが、その後の質疑は政府委員に対して行うものとされていた(衆委先例T四：二一〇―二一一)。
(12)　作成は議事速記録索引をベースに行ったが、初期の索引はかなり誤りが多く、判明した限りで訂正したが、直し切れていないものも含まれていると思われる。また読会の実施か省略か判別し難いものもあるが、第二読会を省略して確定議がなされたものを読会省略とした。
(13)　第一回議会では、同様の保安条例廃止法案について、第二読会に入ってから第二・第三読会を省略する動議が可決されてそのまま確定議となったが、第二読会に入った後だったので、本論では読会省略としなかった。なお、この法案は保安条例を廃止するという一条だけのもので、もともと逐条審議の必要性に乏しかった。
(14)　表は議事速記録索引をベースに作成したが、この索引では各読会の開会・省略の別しか分からないので、第二読会を開いたものは読会実施とした。明治期には第二読会を開けば逐条審議か、少なくとも具体的な修正の議論が行われるのが一般的だった。
(15)　向大野新治は、帝国議会及び国会の委員会と本会議での発言順位と発言時間のルールの変遷を詳細に検証している(向大野一九九四）。そのルールは複雑でかつ目まぐるしく変わっているが、第二三回議会以降の与党発言の減少（向大野一九九四：三―四）や、大会派が野党に譲る慣例（向大野一九九四：七）について触れている。

（16）Wikipedia は議事進行係について、明治二七（一八九四）年の帝国議会で吉本栄吉が紛糾する議場内を静めるために大声で叫んだのが始まりとされるとする（Wikipedia「議事進行係」）。この事実は、議事速記録では確認されないが、吉本を議事進行係の第一号とするのは本文で述べたことから首肯できる。

（17）同時代の評でも「議會に於ける進行博士の名海内に高し」（鷹居一九一二：一二九）とされた。

（18）この頃は厳格な党議がなかったばかりでなく、本会議の出席率は重要法案でない限り、五割を切ることも少なくなかったから、党派ごとの賛否方針のみで本会議での採決の行方を判断することはできなかった。

（19）第二一回帝国議会で設置された各派協議会は、当初は議席の決定、各部の組織、議員の身分関係、慶弔行事などを中心に扱い、議事運営には深く関わらなかったようである。

（20）白井誠は、第一読会に関する衆議院規則第八九条中、議案に疑義があるときは国務大臣、政府委員又は発議者に説明を求めることができるとする規定は、規則制定の際に民党により追加挿入された「大体の質疑応答規定」であり、この規定が、後の帝国議会審議の変革を決定的に方向付けることになったとする（白井二〇一七：六六―六七、二〇一九：一六―一七）。しかし政府法案をめぐる議論は委員会審査とその後の第一読会の続になって活性化するのが普通で、第一読会にこの規定が追加挿入された影響がそれ程大きかったようには思われない。

（21）その直接の原典は参照できていないが、日本語訳で同じ表現になる北ドイツ連邦（プロイセンを中心としドイツ帝国の母体となった連邦）の議事規則（Geschäfts=Ordnung für den Reichstag des Norddeutschen Bund（1867））では、「原則ニ關スル大體」の部分は、eine allgemeine Discussion über die Grundsätze で、「大體」は allgemeine Discussion のようである。なお、今日のドイツでは allgemeine Aussprache が使われている（Geschäftsordnung des Deutschen Bundestages, §79）。

（22）白石誠は、大体の質疑応答の全部化によって逐条審議が消失したとする（白井二〇一七：九二―九三、二〇一九：四三―四四）。これに対して本論では、逐条審議が省略されるようになった結果大体の議論が残ったと考えている。

（23）委員会先例彙纂では、大正九年版から予算委員会の質問は通告順により各派交互にこれを為すを例とするとされた（衆委先例T九：四六）。

（24）当初は「申し合わせの時間」などと言っていた。「持ち時間」の語の初出は、第四七回国会（臨時）の昭和三九（一九六四）年一一月二七日の予算委員長の「明日は午前十時から開会し、〔中略〕総括質疑者の持ち時間は、理事会の協議に基づき一人当たり二時間となっておりますから、さようご了承願います」ではないかと思われる。

(25)　党組織が会派の機関として整備されたことは、国会での与党審査成立のひとつの条件になった(成田一九八八)。
(26)　民政局は第二次指示で、日本側が目指していた常置委員会の取りやめを指示し、理由として閉会中に国会を開会中と同じような状態に置くことはガバメントが二つできる恐れがあると主張したという(西沢一九五四：一一二)。しかし民政局ジャスティン・ウィリアムズと大池眞衆議院書記官長らの会談記録(JW一一一―三八)を読むと、明らかに日本側は常置委員会がいかなるものかをウィリアムズに説明しきれておらず、ウィリアムズは常任委員会のほかに得体の知れない委員会を作ろうとしていると警戒し、右のような理屈を持ち出したと考えるのが素直な解釈であろう。
(27)　国会で本会議が衰退したのは、口頭質問が文書質問に変わり(前田一九九〇、大山一九九〇)、本会議のかなりの時間をとっていた建議制度が廃止され、また民政局の指示で導入された自由討議が活用されないまま一九五五年に廃止されるなど(松澤一九九〇：四一―四二、梶田二〇一七：一二一―一二六)、本会議の論戦の機会が大きく減った影響も当然大きい。
(28)　この時自由党は衆議院で過半数を持っていなかった。だから河野は政府に事前の同意を求めたが、過半数を持っていれば別の要求をし、日本の議会政治は変わったというのは、興味ある仮説になり得るかもしれない。
(29)　戦前に全面的な与党の事前審査制が成立しなかった理由のひとつとして、法案の提出が天皇の立法大権の一部で、政党が公然と事前審査を行うことはその干犯となる恐れがあったことも否定できないのではないか。なお、当時の議会文書から帝国議会でも一定の事前審査の存在を推定するものとして向大野(二〇〇六：一三―一四)。

参考文献

赤坂幸一(二〇〇二)「明治議院規則の制定過程――委員会規則を中心として(1)(2)」『議会政治研究』第六〇・六一号。

芦部信喜(一九九六)『人権と議会政』有斐閣。

飯尾潤(二〇〇七)『日本の統治構造　官僚内閣制から議院内閣制へ』中公新書。

伊藤之雄(一九九九)『立憲国家の確立と伊藤博文――内政と外交　一八八九―一八九八』吉川弘文館。

――(二〇一五)『伊藤博文　近代日本を創った男』講談社学術文庫。

稲田正次(一九六二)『明治憲法成立史』下巻、有斐閣。

今西一(一九九一)「日露戦争期の議会」、内田健三・金原左門・古屋哲夫編『日本議会史録』第一巻、第一法規出版。

岩井奉信(一九八八)『立法過程』(現代政治学叢書12)東京大学出版会。

宇野俊一(一九九一)「民党の転換と日清戦後経営」、内田健三・金原左門・古屋哲夫編『日本議会史録』第一巻、第一法規出版。

大石眞(一九九〇)『議院法制定史の研究――日本議会法伝統の形成』成文堂。

大石眞編著（一九九一）『議院法』（日本立法資料全集3）信山社。

大津淳一郎（一九二七）『大日本憲政史』第四巻、第五巻、第六巻（復刻版＝原書房、昭和四五年）。

大山礼子（一九九〇）「討論の場としての議会――口頭質問の盛衰をめぐって」『レファレンス』第四七八号。

――（一九九七）『国会学入門』三省堂。

岡本修（二〇〇二）「帝国議会の読会制」『議会政治研究』第五九号。

奥健太郎（二〇一四）「事前審査制の起点と定着に関する一考察――自民党結党前後の政務調査会」『法学研究』第八七巻一号。

奥健太郎・河野康子編（二〇一五）『自民党政治の源流　事前審査制の史的検証』吉田書店。

梶田秀（二〇一七）「占領政策としての帝国議会改革と国会の成立」（学術選書13）信山社。

金子堅太郎著・大淵和憲校注（二〇〇一）『欧米議院制度取調巡回記』（日本憲法史叢書6）信山社。

川人貞史（一九九二）『日本の政党政治一八九〇―一九三七――議会分析と選挙の数量分析』東京大学出版会。

――（二〇〇五）『日本の国会制度と政党政治』東京大学出版会。

久保田哲（二〇一八）『帝国議会――西洋の衝撃から誕生までの格闘』中公新書。

黒澤良（二〇一五）「議会審議と事前審査制の形成・発展――帝国議会から国会へ」、奥・河野編（二〇一五）。

国立国会図書館デジタルコレクション GHQ／SCAP文書 info:ndljp/pid/9895210, info:ndljp/pid/9895386.

白井誠（二〇一七）『政党政治の法構造――明治・大正期憲法改革の地下水脈』信山社。

――（二〇一九）『政党政治を考える――「議会制度化」と質疑応答』信山社。

杉原泰雄・只野雅人（二〇〇七）『憲法と議会制度』（現代憲法大系9）法律文化社。

鈴木隆夫（一九五三）『国会運営の理論』聯合出版社。

鷹居匡（一九一二）『第二十八議会衆議院議員写真列伝』経済時報社編輯局。

瀧井一博（二〇一〇）『伊藤博文　知の政治家』中公新書。

田中信一郎（二〇〇六）「帝国議会の質問制度――成立と変容」『政治学研究論集』第二三号。

鳥海靖（一九八八）『日本近代史講義――明治立憲政の形成とその理念』東京大学出版会。

――（一九九一）「藩閥対民党」、内田健三・金原左門・古屋哲夫編『日本議会史録』第一巻、第一法規出版。

成田憲彦（一九八八）「議会における会派とその役割――日本と諸外国」『レファレンス』第四五一号。

――（二〇一五）「主要国の政治システム改革の潮流と日本の位相」、佐々木毅編『二一世紀デモクラシーの課題』吉田書店。

西沢哲四郎（一九五四）『国会法立案過程におけるGHQとの関係　占領体制研究会』（憲法調査会版一九五九年）。

日本アカデメイア(二〇一二)「日本アカデメイア有志による国会改革に関する緊急提言について」日本アカデメイア。

林田亀太郎述(一八九二)『議院法講義(日本法律学校臨時科外講義)』日本法律学校。

林田亀太郎(一九二六)『明治大正政界側面史』大日本雄弁会。

——(一九二七)『日本政党史』上巻、大日本雄弁会。

古屋哲夫(一九九一)「帝国議会の成立——成立過程と制度の概要」、内田健三・金原左門・古屋哲夫編『日本議会史録』第一巻、第一法規出版。

前田英昭(一九九〇)「消えた口頭質問」『明治・大正・昭和　エピソードで綴る国会の一〇〇年』原書房。

松澤浩一(一九九〇)「国会法改正の史的概観(二)」『議会政治研究』第一六号。

向大野新治(一九九四)「衆議院の委員会・発言順位と時間」『議会政治研究』第三〇号。

——(二〇〇六)「議案事前審査制度の通説に誤りあり」『議会政治研究』第八〇号。

——(二〇一八)『議会学』吉田書店。

村川一郎(一九八五)『日本の政策決定過程』ぎょうせい。

村瀬信一(一九九七)『帝国議会改革論』吉川弘文館。

Justin Williams Papers(国立国会図書館所蔵マイクロフィルム版 JW 111-38).

文献略語一覧

帝国議会史・上　衆議院・参議院『議会制度七十年史　帝国議会史』上巻、一九六二年。
百年史・制度編　衆議院・参議院『議会制度百年史　議会制度編』一九九〇年。
衆議事録〇—×　第〇回帝国議会『衆議院議事速記録』第×号
衆予録〇—×　第〇回帝国議会『衆議院予算委員会議録(速記)』第×号
衆先例〇×　衆議院事務局『衆議院先例彙纂』〇(＝明治・大正・昭和、平成)×年改訂版
衆委先例〇×　衆議院事務局『衆議院委員会先例彙纂』〇(＝明治・大正・昭和)×年改訂版
議事解説　帝国議会衆議院事務局編『議事解説』信山社、二〇一一年。

第10章 戦後日本における国会合理化の起源とその帰結
――比較から見た国会政治とその変則性の解剖

野中尚人

はじめに――国会の変則性はどのように理解できるのか

本稿は、国際的な比較議会研究を参照しつつ、新たなデータを通じて日本の国会政治に関する理解を抜本的に修正し改善しようとするものである。

日本の国会は、学術・ジャーナリズムを含めて種々に議論されてきた。(1) しかしその実態や基本的な性質は、必ずしも適切に説明されていないのではないか。著者の見解では、全体を見通した比較の視点が欠如していることが大きな理由である。(2) 日本の国会研究では、比較的狭い意味での立法プロセスとそれに関わる数量的な側面の分析に比重が置かれてきたが、全体的には依然として不十分な面も多い。例えば、議事日程と議題設定といった面での政府の役割などである。(3) また、政府と議会との間の信任関係構造に加えて、議会内での政府の議題設定権能は、議院内閣制システムの下では重要な側面であるが、これまでほとんど議論されてこなかった。さらに、審議日程の管理運営が多数派と野党との間でのほとんど恒常的な協議を通じて行われているが、これについての比較理論的な位置づけはほとんど行われていない[4]。

他方、日本の国会では討論活動は極めて低調で、質疑というやや特殊な方式を除けば、ほぼ完全に消滅したとも言いうる状況である。なぜ、そしてどのような経緯でこうした実態に至ったかについて、比較実証的にはほとんど考察されていない[5]。

こうした課題状況を踏まえて、本稿では、戦後国会が独特のパターンで「合理化」された結果、日本の国会政治がどのような特質・変則性を持つようになったのかを論じる。本会議の極端な弱体化、委員会自体の機能の変容と本会議機能の代替、議員間の討論活動の極端なほどの低迷、そして与党議員の活動の量的・質的な衰弱状態などである。

なかでも、この最後の点を、本稿では与党の国会からの「退出」と呼ぶ。実は、日本の国会研究の難しさは、この最後の問題、つまり与党がなぜ国会から「退出」することになったのかをどう説明し理解するかに深く関係している。そして本稿では、この問題を「議会の合理化」という概念を用いて説明する。独特な合理化の結果、与党が国会から退出し、それが討論の衰退を始めとして様々な変則的状況を生み出したと理解することになる。

後述するように、日本の戦後国会での合理化を特徴づけるのは与党の退出にあり、裏返せば、自民党において与党事前審査制度が制度化されたことと表裏一体であった。そしてこれが、日本の国会政治と政党政治のあり方に決定的な特徴をもたらしたのである。国会審議の独特の形骸化、逆に与党事前審査のプロセスでの政調会と族議員の役割の拡大、各省官僚たちとの濃密な共棲体制の形成などである。

次節ではまず、四つの視点から国会の変則性を改めて提示する。他の議院内閣制諸国との基本的な比較でもある。

①本会議の極端な弱体化
②委員会の「本会議代替化」
③討論の欠如

④院内会派の党本部への「外装化」

続いて第二節では、戦後日本で独特の国会の合理化パターンが生じた要因について検討する。それらは大きく言えば以下の三つである。

①政府が国会内で制約ルールに関する権限をほぼ完全に有しないこと（政府権限の徹底的な排除）
②与党議員の政策選好が異質・多様で、しかも党内権力構造が分散的であること
③帝国議会からの制度的遺産

独特の合理化は、これらの要因が自民党の一党優位、つまり政権交代がほぼ想定されないような長期政権という環境の下で生じたと考えられる。第三節では、合理化のプロセスを跡づけ、最後に結論として全体の議論をまとめ直すとともにいくつかの理論的な知見を提示する。

一　日本の国会政治の特質

本会議の極端な弱体化

表10-1は、国会の変則性を端的に示すいくつかのデータを挙げている。衆議院における年間の本会議開催時間は、この一五年ほどの平均で約六四時間となっている。これは英仏の約一二〇〇時間や、イタリアの約九三〇時間などはもとより、委員会中心主義のドイツ連邦議会の約六〇〇時間などに比べても圧倒的に短い[(6)]。これは、日本の国会が本会議の機能を極端にそぎ落とし、最小限の時間だけを投入するように変形させたことを意味していよう。

表 10-1　日本・イギリス・フランスでの議会下院の活動概要

	日本	イギリス	フランス
本会議審議時間（1年あたり）	64(2001-14)	1147(2010-15)	1206(2012-16)
「討論」比率			
本会議	0.3%	34.2%(2001-14)	32.7%(2012-14)
委員会	0.5%	37.4%(2010-15)	26.7-51.3%(2007-14)
首相の委員会への出席時間(1年あたり)	140(2001-14)	リエゾン委員会のみ2回で合計3時間程度	ほぼ皆無
本会議議事日程の決定	与野党間協議	ウィップ(政府決定優位)プログラム動議	政府優位 多数派権限とルールベース

注：討論比率の対象委員会は，イギリスは全ての公法案委員会，フランスは国防(26.7%)と文化(51.3%)のみ．
出所：イギリスの本会議の審議時間は http://www. parliament. uk/business/publications/commons/sessional-returns/(最終閲覧日：2019 年 2 月 15 日)
フランスでの本会議の審議時間は http://www. assemblee-nationale. fr/static/14/statistiques/fiche56. pdf(最終閲覧日同上)
その他数字はウェブ上に公開されている公式記録に基づいて筆者が集計し計算したもの．

しかし、これはなぜ可能だったのだろうか。そしてどういう帰結をもたらしたのだろうか。先回りして言えば、これを可能にし、あるいは必要としたのは法案の国会提出前に政府と与党が必要な調整を済ませる与党事前審査制度である。この仕組みの下では、与党議員と政府にとっては、国会での審議は短ければ短いほど好都合となる。もう一つの重要なポイントは、次項で述べる委員会システムによる本会議機能の代替である。これらが複合的に作用し、本会議の活動と機能が極端に縮小したと考えられる。

委員会の変質と「本会議代替」化

一九四七年に新たに本格的に導入された常任委員会制度は、戦後国会のあり方に大きな影響を与えた。しかし、戦後国会での委員会システムの実態は、いかなる標準的な理論によっても説明できない(7)。端的に言えば、委員会制度はいくつかの主な機能の面で本会議を代替するものへと変容したからである。

日本の国会では、首相は、国会からの要請により非常に頻繁に委員会審査に参加する。過去一〇年間で、本会議への出席時間は年間平均三九時間であったが、委員会への出席は約一四〇時間に上っている(8)。しかも現在は、いわゆる「重要広範議案」の考え方が導入されており、この仕組みの下では、委員会審査の節目で、首相の出席が原則として予定されている。こうしたパターンは他のヨーロッパ諸国では見られない。首相の基本的な役割は委員会での作業に関わることではなく、政府の施政方針の表明や重要法案の骨格や立法趣旨をめぐる全体的な議論を主導することにあると考えられている。あるいは、党首討論を典型とするような舞台の上で、野党との間で討論・論戦を行うことである。結局首相の役割という点で、日本はかなり変則的になっていると見てよい(9)。

しかし、首相の出席という変則性は、実は戦後国会の委員会システムのより根本的な変容と一体のものとして理解すべきである。委員会制度の本来的な意義は、専門知識を持つ関与の意識の強い議員を集め、それらのメンバーの間で濃密な意見交換と調整を可能とし、それによって実質的な法案・議案の審査のレベルを向上させ、議院全体としての意思決定の下準備を行うことにある。ところが戦後国会は、これを根底から覆し、すべての国会議員がいつでも、またどの委員会にでも出席でき、また発言することを許容するルールを構築した(10)。確かに、ヨーロッパ諸国の議会でも一見同じタイプの運用ルールがある。しかし国会の場合、委員会メンバー以外のすべての議員に委員会審査へのほぼ自由な参加を認め、さらには、本来は本会議で行うべき党派的な論争を可能にしている。つまり、本会議の機能が委員会に取り込まれているのである。それらの結果、特に論争的・対立的な法案の審査について、野党のリーダーたちが政府を批判するために委員会に乗り込んでくることが起こっている。

例えば、「我が国及び国際社会の平和安全法制に関する特別委員会」(二〇一五年五月一九日設置)は四五名で構成されていたが、一二二日間の審査で延べ四二九名が交替していた。延べ出席人数のうち約半数である。しかも、野党の最高幹部というべきリーダー層が差し替えられて出席し、そのままその日の審査で中心的な役割を果たす例が見られる。例えば、安倍首相が出席した六月一日には、民主党側は前原代表、玄葉元外相(元政調会長)、細野政調会長が差し替えで出席のうえ、質疑を主導している。この時のやり取りは、諸外国での本会議での論戦と同様なものであった。

この委員会では、数度にわたって与野党間での対立のため一部野党の出席拒否という事態が発生し、最後は採決をめぐって物理的な暴力事態が起こった。こうした激しさの中で、本来の委員会のメンバーではない野党の幹部が積極的に出席し、討議へも参加していたのである。ところが、大乱闘が起こった委員会での採決が終了すると、翌日の本会議ではほとんど何もなかったかのようにわずか一時間五分の審議だけで最終議決に至っている。これが、典型的な本会議の形骸化であり、委員会が本会議の機能を代替した結果だと考えざるを得ないであろう。

討論と修正活動の欠如：与党の国会からの「退出」

日本の国会では、「討論」は極めて少ない。ここでは、討論を「国会議員間の直接的な意見交換」と定義し、いわゆる「質疑」と区別する。(11) こう定義すると、表10－1から分かるように、「討論」は国会の委員会審査の中でわずか〇・五%、本会議でも〇・三%を占めるに過ぎない。同じ定義を用いて算出すると、英仏の下院本会議での数字は約三〇%であり、その差は歴然としている。

この背景にあるのは与党の国会からの「退出」である。実際、議事録上の文字数で測定すると、与党議員の発言量は驚くほど少ない。**図10－1**に示したように、大雑把に言うと、与党の総発言量は野党の約五分の一である。その不活発さは特に本会議において顕著であるが、委員会審査でも大差はない。事前審査制度に寄りかかった与党議員は、国会プロセスにおいて極めて消極的なのである。

しかし、もう一つの重要な理由は、委員会において適用される審査ルールが極めて特殊なものになり、物理的に「討論」の可能性が著しく制限されていることである。先進国に共通な通常のパターンでは、「討論」(あるいは討議)は、主として法案についての逐条審査のプロセスで修正案が提出され、それをめぐる議員間の意見交換として行われる。しかし、日本の国会では、委員会審査において逐条審査を行わないことが基本ルールとなっているだけでなく、修正

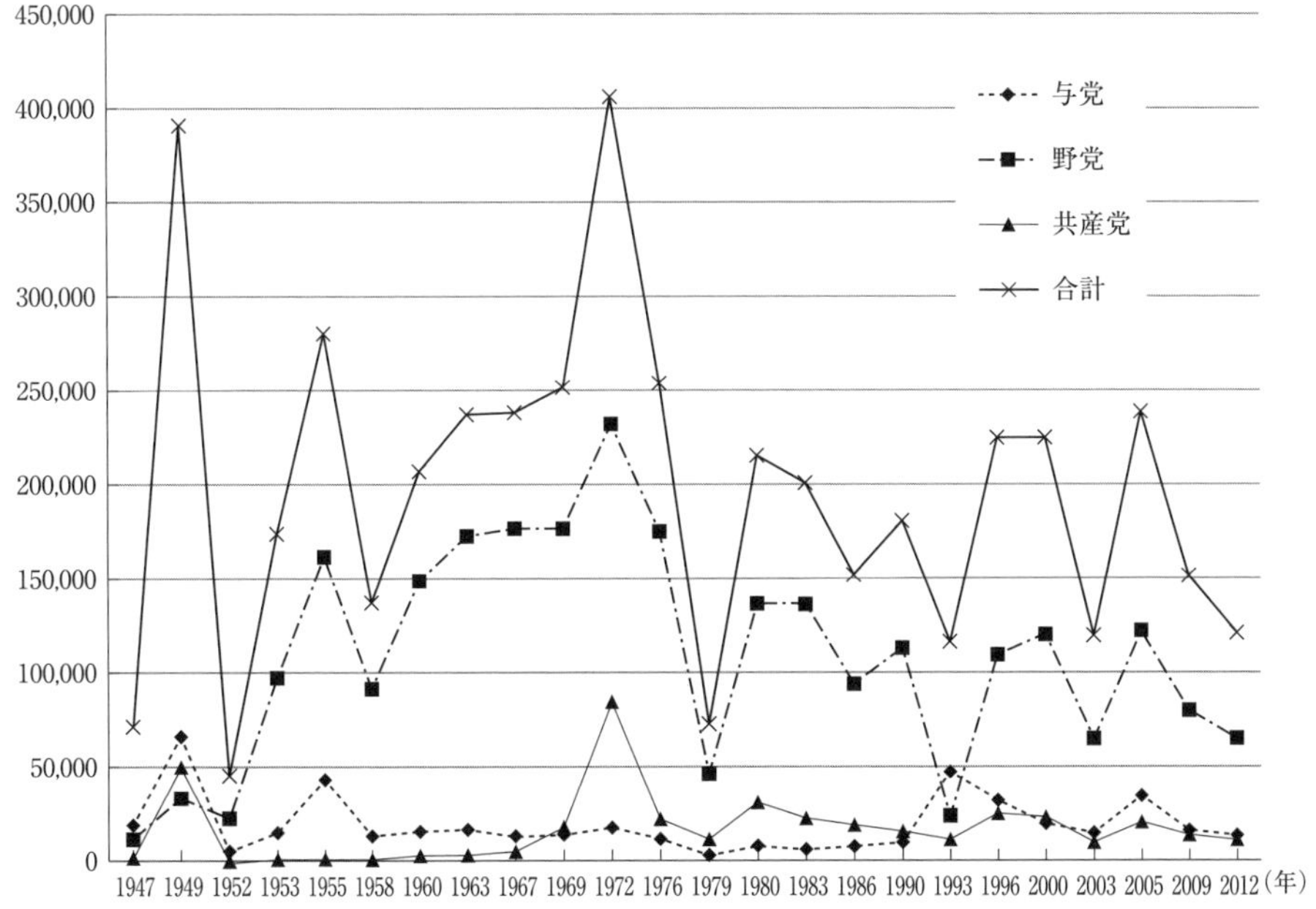

注：全委員会が集計対象で，合計は答弁を含めた総文字数である．各総選挙のインターバル期間ごとに集計．
出所：衆議院の会議録より各カテゴリーの議員の発言を筆者が集計．合計にはその他委員長などを含む．

図 10-1　委員会での発言活動の党派（与野党）ごとの推移

案には動議の方式が必要とされている。この結果、野党議員からさえ、修正案の提出は非常にまれである。[12] そして、圧倒的に多くの実質的な交渉と妥協は、非公式な形で行われるようになったと考えられるのである。

国会での委員会審査には一定の時間が費やされているが、ほぼすべての時間が質疑に使われており、議員間討論の形にはなっていない[13]。そして、大半の法案が政府から提出されるため、質疑とは、結局ほぼ野党議員と政府関係者の間でのやり取りを意味している。むろんこうした質疑は、野党が政府の活動をチェックする上で重要な道具である。しかし、この様な形で制度化された取り決めが、国会における討論の不活発さの原因の一つとなっている面も否定できない。

院内会派の党本部への「外装化」

日本の国会に関する四番目の変則性は、自民党の院内会派（Parliamentary Party Group：PPG）が実質的に自民党本部へと「外装化」されていることである。自民党議員が実質的に国会から退出した結果、国会の内部における議員グループの存在意義がほとんど失われたためである。実態として、ＰＰＧのすべての主要機能は自民党本部へと移管され、院内のＰＰＧが極小化される一方で、政調会を中心とした党本部の組織と機能は目をみはるほどに拡充されてきた。

確かに、国会には自民党の正式なＰＰＧが残存している。しかし今や、ほとんどすべての実質性を失い、最小限の役割しか果たしていない。その結果、自民党ＰＰＧには、組織の階層化や専門性に基づく機能的な差別化など、比較議会論的な見地からはほぼ当然と考えられる体制が全く形成されていない[14]。また、政策を検討し、議会の委員会と協力しながら調整を進めるための中間層組織も構築されていない。逆に、自民党の本部組織は、あらゆる意味で Extra-Parliamentary Organization（ＥＰＯ：議会外の党組織）ではなく、実質的にＰＰＧが国会の外へと移管されたものであることが分かる[15]。党本部の主要な常設的組織・機関がほぼ例外なく国会議員だけによって構成され、党員、活動家またはその代議員といったアクターがほぼ排除されていることからも、この点は極めて明白である。

つまり、立法プロセスは、外装化されたＰＰＧによる徹底的な事前調整たる与党事前審査の過程と、法案提出後の国会内プロセスとに分断され、いわば「二段階化」されている。このギャップを埋めるための仕組みが、いわゆる「国対」である。結局のところ、これらの点を十分に理解することが、政府立法の全体像を把握する上での根本的な出発点なのである[16]。

二　戦後国会における「合理化」の条件

政府立法のパラドクスと例外的な合理化

国会の実態に様々な変則性が見られることは確認できた。ところが、もう一つのデータ、つまり、戦後のほぼすべての時期で、政府立法の平均成立率は約八〇%だったことにも注意を払う必要がある。これは、ほぼ議院内閣制諸国での平均的な数字である。[17] それゆえ、日本の国会は、一つの「正常な顔」と、独特の変則性を同時に持っていることになる。以下の論述は、G・コックスによって提案された「議会の合理化」という考え方を援用しつつ、比較の観点から、これらの一見矛盾する側面について統合的な説明を試みたものである。

コックスによる「議会の合理化」は、「議会の自然状態」という考え方からスタートする（Cox 2006）。すべての国会議員は、原則として代表者として同等の権利を持ち、自らの選好に基づいて自由に行動できる存在であるため、いわゆる集合行為問題を発生させやすい。そのため、すべての議会が制限的な規則を導入する一方、立法過程をコントロールするために特別な権限を与えられた役職を設置することを進めてきたと論じている。

実は、日本の国会の合理化を比較論的に論じる場合の難しさは、それが国会の中で完結せず、ＰＰＧの外装化によって自民党の本部機構を巻き込んだ結果、与党による事前審査や族議員政治そして国対政治などを含んで、極めて例外的かつ複雑な形で決着するようになったことに起因している。国会の変則性や審議の形骸化がこの問題と直結しているのも当然である。従って以下の検討では、こうした例外的なまでに変則的な合理化パターンがなぜ生じたのかをしっかりと説明しなくてはならない。三つの基本的な条件に注目する。それは、国会における政府権限の徹底的な排除、与党自民党の分権的な権力構造と凝集力のない異質性、そして帝国議会から継承した制度遺産である。

⑴政府にとって利用可能な制約ルールの徹底的な欠如

戦後国会では、政府は立法プロセスの管理に関わる権限をほぼ何一つ与えられなかった。他国と比較すると、この点で日本政府に与えられた権限は、ごく小さい国を含むほぼすべての議院内閣制諸国の中で最も弱い。以下の主要な要素が指摘できる。①本会議の審議日程管理、②本会議議題の管理、③「最終修正案提出」の権限を含む修正に関わる権限、④緊急手続き、⑤特に政府信任手続きに関連づける本会議での議決ルールの管理[18]。

①②本会議の議事日程と議題設定

本会議の議事日程と議題設定に関して、政府にはほぼ何らの権限も与えられていない。これらは基本的に与党と野党との交渉を通じて運営されている。議題の骨格はほぼ与党が決めていると思われるが、日程については交渉の要素が相当に大きいと見てよい。政府は与党の裏側で一定の間接的な影響力を持っているが、これらの交渉には参加できない。また、交渉そのものも前例に基づく側面が強く、過去の合意に縛られるため、与党の力もむしろ制限されている。従って全体として、審議日程の管理に関わる政府の力は極めて強い制約を受けていると言って良い。

この点については、英仏両国では政府が強力な統制権限を駆使できる一方、ドイツなど一部の欧州の国でも、本会議の審議日程と議題の設定について、政府にはほとんど権限が与えられていない例が見られる。しかし、例えばドイツでは、これらの議題設定の規則は明確にルール化されている。従って、少数派のために留保されている部分がある一方で、多数党は多数派の権限として相応の決定をすることができる。つまり、多数派はルールベースの決定構造によって支えられたコントロール能力を持ち、政府はかなりの程度それに頼ることができる。

確かに、プログラム動議と呼ばれる非常に強力な手段を始め、様々な権限を持つイギリス政府はむしろ例外であるが、日本の場合逆の意味で例外的である。戦後日本の国会政治においては、戦前の帝国議会に対する政府支配の経験を反映してそこからの徹底的な脱却を目指した結果、政府権限の排除と国会の自律性が追求されたのである。

③修正に関する政府の権限

議院内閣制を採用しているほとんどの国では、政府が提出する法案に関して、それを修正する政府の権限は当然なものと見做されている。しかし日本ではそうではない。内閣提出法案であっても、その修正には当該の院からの許可が必要である[19]。政府が修正権限を持たないドイツなどの例もあるが、例えば、英仏伊、ベルギー、アイルランドを含む多くの国では、政府は「最終オファー」の権限を含んで、大きな権限を与えられている。この「最終オファー」の権限は、最終議決の直前・最終段階で、それ以前に採択されたすべての修正提案の効果を打ち消すことを可能にするものであり、政府にとって極めて強力な手段である。

また、修正審議のプロセスで政府がどの程度それをコントロールできるかという問題がある。英仏など一部の国では、大臣がすべての修正案の受け入れまたは却下を決定するほぼ独占的な権能を持っている。フランスでは、この権限は憲法において「一括投票」制度として正式に定められている（憲法第四四条三項）。イギリス下院では、既に確立された慣行として、委員会での審査中、大臣は修正案の受け入れをほぼ単独で決定する権能を与えられている。

④緊急手続き

議会にとって、時間は最も決定的に重要な稀少資源の一つであり、イギリスにおいてさえ、議会における政府の立法能力はこれによって強く制約されている。このため、ほとんどの国で審議を短縮し迅速に行うため、政府が用いることのできる何らかの形の緊急手続きが用意されている。しかし日本の国会では、少なくとも論争的・対立的な法案に関してはほぼ完全に不可能である。運営のための最も基本的な考え方として、与党と野党との間での交渉とそれに基づいて合意を得ることが重視されているからである。

しかし他方で、日本の国会では、政府法案の半分近くがほぼコンセンサスによって可決成立している。非論争的で実務的な法案が対象で、これらの場合は委員会段階の扱いも極めて簡略化され、本会議への報告もそれに続く本会議での議論もほとんどないに等しい。

つまり、日本の国会には、典型的に二つのタイプの審議パターンがあると言える。一つは、非論争的な法案のための極めて短く、簡略化されたパターンで、大部分が共産党をも含めたコンセンサスによって決定されている。第二のタイプは、論争的・対立的、または重要度の高い法案に関わるもので、野党の取り組みは非常に強く、また慣行によって制度化されたルールに基づき、与野党間の交渉をベースとして進められる。つまり、非公式の簡略化された審議パターンが広範に用いられる一方、重要法案に関わる明示的な緊急の審議促進手続きには大きな制約がかかっている。確かに、審議打ち切りや中間報告といったやり方もある。しかしこれらは政府の権限ではない。さらに、与党が行使する場合も、そこに至る交渉過程で多大な時間が使われた後である。時間を取引する日程闘争型の国対政治の特徴は極めて明瞭である。

⑤信任手続き

議院内閣制の場合、政府の存続に関しては信任手続きが決定的な重要性を持つため、立法プロセスの最終段階でこれが大きな役割を果たすことが多い。ほとんどの国で政府には、自らの法案の最終投票において信任を問う手続きを組み合わせる権限が与えられている。これは本質的に、政府を支える多数派に対して投票規律を求めることである。Huber (1996) によると、このメカニズムを持たない西ヨーロッパの唯一の国は人口が約三五万人のアイスランドである。日本はもう一つの例外である。

日独の政府立法の仕組みを比較する場合、この政府の信任手続きの問題は決定的である。議会内部での政府立法手続きに関して両国は多くの共通点を持っているが、ドイツ政府はこの信任手続きという極めて強力な武器を持っている。建設的な不信任のルールによって強く守られているドイツ政府にとって、この権限の持つ効果は大きい。従ってこの点で、日独間の違いは決定的である。

イタリアは、政府の信任手続きが立法プロセスにおいて極めて重要な役割を果たすもう一つの例である。イタリア政府は、マキシ・アメンドメントと呼ばれる方式の最終修正オファーを行った上で政府の信任を付け加える手続きによって政府立法を何とか行ってきた。

いずれにしても、A・キングのいう与党内モード(与党内部での政権幹部とバックベンチャーたちとの間の対立問題)を制御するためには(King 1976)、信任手続きは決定的な意味を持ちうる。特に与党議員たちがイデオロギー的な凝集力を欠いている場合にはそうである。この点は、一九六〇年代以降の日本での展開を考える上で極めて重要となる。

(2)与党の性質——分散した権力構造と政策選好の異質・多様性

自民党は、一九五五年にいくつかの保守派と自由主義グループの合併によって結成されたとき、既に派閥の連合体だった。しかしその派閥構造は、総裁公選が繰り返されながら政権が継続して行く過程で、中選挙区制の制度効果によって一層強められていった。

中選挙区制では、各選挙区からは三人ないし五人の議員が選出されるため、与党が過半数議席を維持しようとすれば同じ選挙区に複数の候補者を立てることが不可欠となる。この結果、政党のラベルだけではなく、個々の候補者が個人票の最大化を目指して支援組織を構築するようになった。個人後援会である。そしてこの仕組みが、党中央での派閥間の対立と競合に連動したのである。

大政党にはほぼ派閥はつきものであるが、自民党の派閥は、それ自体として「政党」としての基本的要素のほとんどを具有していた点で極めて特殊であった。事実上、小政党だったのである。各派閥は、自前の政治資金源と独立した事務所を持ち、派閥会長が派内メンバーに関する人事権を掌握していた。新加入者のリクルートと育成も自前で行っていた。従って自民党は、その内部に有力で結束力の強いいくつかの派閥を抱える一方、党全体としては分権的で、権力を共有し共存する体制となっていたのである(野中二〇〇八)。

他方、イデオロギーや政策選好の面で党全体の凝集性はかなり弱かった。派閥単位での雑居性に加えて、個々の議員の間の政策面での選好もむしろ雑多で異質だったからである。ここでも選挙制度は深く関係していた。各選挙区から三人ないし五人の議員を選出する仕組みの下で、自民党候補者は互いに競争しなければならなかった。そして個々の候補者たちは、一定の得票シェアを確保するために自ずと政策的な棲み分けを図る必要に迫られたのである。つまり、中選挙区制という与党内での同士討ちを必然とする選挙制度の下で、自民党候補者間での政策選好が異質さを強めたのである。その結果、党全体としては典型的な包括政党として権力を維持することに成功した一方で、議員間の政策選好の異質性は、いわば構造的に大きくなっていったのである[20]。

全体として、自民党はその内部に分権性と異質性を縦横に抱え込むことになった。当然、規律保持のための仕組みが構築されない限り、こうした状態は国会での造反行動を誘発する原因となる。実際一九六〇年代の前半には、こうした問題が深刻な事態をもたらすことになる。後段で検討するように、この点が国会合理化の上で重大な意味を持ったのである。

(3) 帝国議会の遺産——交渉重視の慣行

戦後国会の変容とその合理化のパターンは、帝国議会時代に形成され定着していたいくつかの慣行、特に与野党での先例に基づく交渉重視の慣行が戦後に継承されたことからも強い影響を受けた[21]。

例えば、本会議での審議時間が極めて短いことも戦前から継承された面がある。帝国議会では、会期日数が厳しく制限されていたため、本会議を効率的に運用することにはいわば物理的な必然性があった。その結果、英国式の三読会制は事実上の「単一読会制」へと変形させられた（白井二〇一七：一五七）。実際、本会議での第一読会の枠内で委員会での審査が行われた後、大部分の法案は、本会議での第二読会以降を省略するための特別な手続きを適用することによって、最終的な法案通過までが一挙に行われた[22]。戦後の国会では、会期についての厳しい制約が取り払われたにも拘わらず、極端に短縮・簡略化された戦前のパターンを少なくともベースとして使い続けたことは明らかである。むしろ、本会議については、戦前型の「一読会」システムによる時間短縮効果を一層強化してきたとも言いうるのである。

一方、戦前の帝国議会では、衆議院の運営全体において途中から「各派交渉会」という機関が大きな役割を果たしていた。各派交渉会は主要な議員グループの代表者によって構成され、多数決による決定を避け、交渉を通じた合意形成を重視する考え方の下、交渉を通じた院の運営が目指された(23)。つまり、既に帝国議会において与野党交渉の慣行が十分に根づき、また豊富な先例が蓄積されていたのである。

戦後の国会では、こうした先例と慣行を継承した結果、本会議審議日程などをめぐる院での重要な決定はほぼ常に交渉を通じて行われるようになった。言い換えれば、多数党の権力は比較的限られることになったのである。

実は、戦後国会の当初には、こうした「各派交渉会」による運営方式は、非公式かつ閉鎖的という理由でGHQによって否認された。しかし、公開の原理と議長のリーダーシップを基軸とした新しい仕組みを確立しようとする戦後初期の試みは頓挫した。結局、議長の権威は後退して次第に最後の調停者の立場へと退き、代わりに浮上したのは、院を運営するための常任委員会を活用する方式であったが、標準的な常任委員会は公開性を基本とするため、ここでも政党間の厳しい交渉を行うには不向きな面を残していた。そこで、比較的早い段階から非公式の形での理事懇談会が多用されるようになっていった。こうした展開を経て、結局は、実質的に戦前の「各派交渉会」に似たメカニズムが再構築され、交渉を通じた国会運営の原則と手続きが復活することになったのである(24)。

三　戦後国会の合理化

本節では、終戦直後から一九八〇年代半ばまでにわたる国会の合理化プロセスについてその主要な展開を跡づける。まず、新憲法体制下の当初の国会を「準自然状態」と捉える。そしてこの「準自然状態」から出発する特有の合理化プロセスには二つの段階があった。第一段階は、国会における会派の役割を強化するため、国会法に一連の改革措置を導入するものであった。個々の国会議員の権利に重大な制約を課しながら政党・会派による統制メカニズムを確立するための努力であった。第二の段階では、ＰＰＧが自民党の本部機構として「外装化」され、与党事前審査体制が強化されていった。自民党の分権性・議員たちの非凝集性が表面化するのに対して、与党である自民党が国会から「退出」するという解決策が採られたのである。

戦後最初の数年間の「準自然状態」

本稿では、コックスの概念を一部修正し、議会の「準自然状態」という考え方を導入する。第二次世界大戦後の議会は、日本を含む多くの国で既に数十年の経験を持っていた。従って、純粋な自然状態ではなく、既に蓄積された慣行と制度から大きな影響を受ける。つまり「準自然状態」は、過去の制度遺産という観点を取り込むことによって、合理化のパターンをより緻密に説明することを可能にするのである。

「準自然状態」の戦後初期の国会には、後の国会に見られる変則性はほとんど見られない。むしろ、実質的にほぼ反対のパターンが顕著であった。例えば、一九四七年から一九五二年の間、与党議員は委員会において野党議員よりも明らかに活発だった。また、議員提出法案の数は多く、しかも政府の支出を増大させるような内容を持つ修正案も含めて、その多くが成立している。つまり、戦後初期の国会は、後の時期に比べ、はるかに高い「変換能力」を発揮していたと言える。個々の議員が政府による統制から解放される一方、会派による統制が未だ成立していないという条件がもたらしたものであったと評価できよう。これが、戦後当初の「準自然状態」であった。

国会法の改正――会派規律による立法プロセス統制の試み

しかし、この「準自然状態」は、議院内閣制の運用という点ではむしろ課題を抱えていたと言える[25]。合理化が必要だったのである。第一の段階では、一九四七年に新たに導入されたばかりの国会法の改正が試みられ、それは大きく分けて一九四八年、一九五五年、一九五八年の三次にわたった[26]。

新しい国会法では、委員会制度の強化や議員活動についての自由主義的な考え方など、いくつかの重要な変更が導入された。個々の議員には法案や修正案を提出する自由な権限が与えられ、本会議には「自由討議の制度」が設けられた。

しかし、早くも一九四八年には国会法が改正された。この時の重要なテーマは委員会の管轄分野の再編成であったが、実は、議長に本会議での各議員の発言時間を制限する権限が与えられたことは極めて本質的な意味を持っていた。同時に、各議員が所属できる委員会の数の制限とともに、「自由討議」制度についてもその回数が制限されるようになった。つまり、一九四八年の改正は、立法プロセスにおける政府の対応を容易にすることに加えて、個々の国会議員の権限に対していくつかの制約を課すことが進められた。本会議のみならず委員会審査においても発言時間の制限が制度化されたため非常に重大な変更と言えるが、帝国議会以来の慣行への回帰という面もあって、激しい反対はなかったようである。いずれにしても、これは国会の合理化にとって重要な第一歩となった。

一九五五年一月には、国会法の第二の重要な改正があった。表立った理由は、いわゆる警職法問題などをめぐって物理的な暴力が起こった院内の秩序回復のためであったが、実際には政府立法の効率性を上げつつ立法プロセスの予測可能性を向上させるため、個々の議員の活動・イニシアティヴに対してより厳しい制約と規制を導入することを目指したと理解できる。この改正によって衆議院では、法案や修正案を提出するためには二〇名の賛成署名が必要となった。追加の政府支出または政府収入の減少の可能性がある場合には、その数が五〇名と規定された。他方、「自由討議」制度は廃止された。

またこの時に、主要政党間で合意が形成され、党の責任者が明示的に許可しない限り、他の党派の議員が提出した法案への賛成署名を行うことができなくなった。政党会派単位での統制の強化である。結局、相当数の議員を擁する会派だけが立法プロセスに効果的に影響を与えることができる体制へと移行させつつ、党派を超えた交渉や調整には決定的なハードルが設定されたのである。こうして、委員会レベルでも個々の議員のイニシアティヴは大きく制約されることになった。

一九五八年には、三度目の大きな改正が行われた。院内秩序の回復のため、議長権限を強化するいくつかの措置が導入された一方で、立法プロセスに関連するいくつかの変更もあった。第一に、常会に関わる会期の延長のルールが一回だけに制限されるようになった。つまり、野党にとってより有利なものとなった。二つ目は、本会議の議事日程と議題を決めるための機関と方式が議院運営委員会を基軸とする形で確立されたことである。そしてこれは、結局のところ、戦前の帝国議会において用いられていたもの、つまりは主要会派間の交渉をベースとする運営へと回帰したと捉えることができる。

従って、この一〇年ほどの三次にわたる国会法改正が目指していた基軸の一つは、立法活動に関して個々の国会議員の権限と自由を制限する一方で、政党・会派、特に一定の規模を持った会派の統制力を強化することであった。それは、政府の負担を軽減しながら、内閣提出の法案をめぐる立法プロセスに一定の安定性と「効率性」をもたらすことであった。[27]しかしながら、第三次の改正では野党の影響力を保全するような異なる意味合いも加わり、院の全体の運営についても、戦前以来の与野党交渉をベースとする仕組みにほぼ逆戻りしたと評価できる。非公開の理事会での協議・交渉や合意に基づく運営パターンは、現実にはその後も多くの困難と失敗、逸脱が生じてきたのは事実であるが、それにも拘わらず、この原則がその後次第に定着していったと見て良いであろう。

自民党の一党支配と事前審査制度の形成

こうした国会法の改正にも拘わらず、政府と与党自民党は、政府立法を促進し安定させるという主要な目標を達成できなかった。日米安全保障条約の改正などをめぐる大混乱もあるが、一九六〇年代の初めには、政府が提出したいくつかの重要法案が予期せぬ形で否決され成立しなかったのである。最も有名な例は、通産省から提出された「特定産業振興臨時措置法案」であった。同法案は通産省によって強く推進されたが、自民党内のバックベンチャーたちの反対によって結局成立が阻止された(28)。その他にも、いくつかの重要な政府法案が国会を通過できず廃案となった。わずか数年の間に状況は急速に変化し、今や、自民党による事前同意のない法案については、政府は国会審議において耐え難いほど困難な状況に直面するリスクを覚悟しなければならなくなったのである。

この点で重大な意味を持ったのが自民党の権力分散構造であり、個々の議員の間での政策選好の異質さである。つまり、自民党にはそれ自体として結束力を持ちうるような政策的・イデオロギー的な凝集性がなく、しかも規律を保持するための仕組みも手段も極めて不十分だったのである。さらに、「与党内モード」に対処する上で、国会の中で政府にできることは何もなかった。こうした条件こそが、最終的に与党の国会からの「退出」という全く異例な解決策へと向かわせる根本的な理由であった。政府、特に大蔵省を中心とする官僚機構にとって、法案を国会に提出する前に自民党との調整を済ませ、その了解を取りつけておくことが不可欠なものとなっていったのである。

他方自民党の側では、既に党内での政策形成のための仕組みが充実し始めていた。自民党の党本部機構では、一九五〇年代から七〇年代にかけて政調会を中心として組織整備が急速に進み、手続き面でも制度化が進展していた。おそらく当初は、官僚側の必要性と自民党側の要望をこの事前審査制度の枠組みの中で結びつける明確な意図はなかったであろう。しかし、両者間の事前協議の仕組みは両者の相互のニーズに完全に適合していたため、組織的に活用されるようになっていったのである。

事前審査制度を運用するルールは、ほとんどすべての他の自民党の機関と同じように、ボトムアップの手順とコンセンサスをベースとした意思決定の方式であった。また、各省庁の官僚は、管轄の政策領域の族議員と協力する体制を採ったが、それは彼ら官僚組織の縦割り構造とも平仄が合った。丁度、国会において各省に対応した形で委員会が設置されたのと同様である。こうして、自民党の組織運営方式に合致し、各省庁の内部調整システムとも整合的な相互調整のメカニズムが構築されていったのである。

一方、国会の内部では、政府とそれを支える与党のバックベンチャーとの間でさえ、柔軟な交渉や妥協を行うことが極めて困難になっていた。それは会派主導の統制強化が進められたことに対する論理的帰結と言ってよい。そしてその結果、個々の与党議員は、委員会審査の中で政府法案に対して実質的に影響を及ぼすことは最早できなくなっていた。これが、与党内の事前審査の段階における入念な調整作業の見返りであり負の裏面だったのである。

つまり、合理化プロセスには少なくとも二つの段階があったことが分かる。第一段階では、政府と与党指導者たちは国会内会派の役割を強化し、個々の議員の権限を制約することによって立法プロセスを制御しようとした。これらの努力は、およそ一九五〇年代の終わりまで続けられたが、結局は主として与党内モードの問題のために崩壊することとなった。自民党の分散した権力構造と所属議員の間での政策選好の異質さは、国会プロセスでの与党内調整と統制を極めて困難にしていたのである。しかも、衆議院の運営慣行が戦前型の交渉をベースとするものへと回帰して多数派の影響力が相対的に制約を受ける中で、野党からの厳しい批判に対峙しつつこうした与党内対立を調整し、あるいは政府と与党との間で柔軟に妥協を見出すことは至難の業となっていたのである。少なくとも、何ら権限を持たない政府にとって、この状況は耐え難いものだったことは疑い得ない。

そこで第二段階では、事前審査制度の構築を余儀なくされた。国会の外で、事前の調整協議を行うことによって初めて、与党内モードの問題は制御可能になったのである。そしてこれこそが、与党議員が国会から「退出」した決定的な理由なのである。政権の安定性、将来にわたって自民党政権が続くという想定が、こうした異例の対応を可能にした面があることは当然であろう。その意味で、これは五五年体制という一党優位体制の落とし子でもある。いずれにしても、与党の国会からの離脱を伴うこの事前審査制度によって、政府立法を最終的に安定させることが可能となったのである。

結　論　日本の国会合理化とその理論的含意

戦後日本の国会の合理化パターンは、戦後長期間にわたって自民党の政権が続いたということに加えて、概ね以下の三つの制度的要因によって説明できる。

①国会における政府権限のほぼ完全な排除
②与党自民党の権力分散構造と所属議員の政策選好の異質性に起因する凝集力と規律の欠如
③戦前の帝国議会から継承した交渉に基づく院の運営慣行

戦後合理化の出発点としては、一九四七－五二年頃に見られる、「準自然状態」を認識する必要がある。[29] そこでは、個々の議員のイニシアティヴが尊重される自由主義的な原則が中核となっていた。しかしこの状態から、大きく言えば二つの段階の合理化プロセスが始まった（**図10－2**）。

第一段階では、国会内の会派の権限と役割を強化し、逆に個々の国会議員の権限を縮小してそれを制約することによって、統制システムを確立することが目指された。しかしながら、この取り組みは十分な結果をもたらさなかった。その理由は、与党である自民党が分散した権力構造を持った上に凝集力を持たず、規律を維持するための仕組みも形成しなかったからである。

同時に、戦前型の交渉をベースとした合意重視の国会運営パターンが定着するにつれ、多数派の権能も相対的に弱

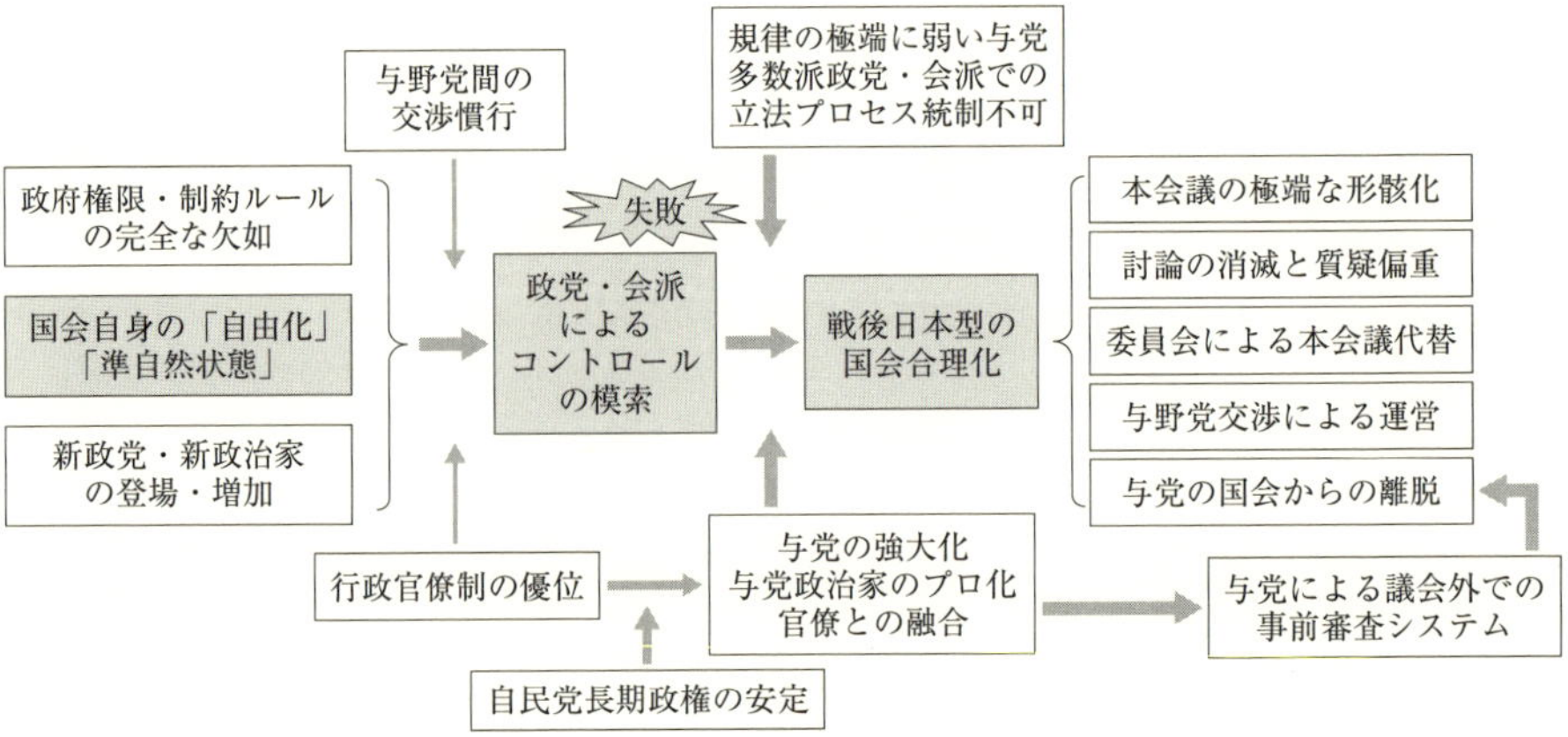

出所：筆者作成.

図 10-2　戦後国会の合理化のプロセス

められていった。また、国会での公式な権限が全く与えられていない政府の官僚機構は、戦前型の自律的・支配的な影響力の大半を失い、一九六〇年代には劇的に弱まり始めていた。このような状況の下、政府と自民党は、党本部機構を拡張充実させ、事前審査制度を構築することを選ぶほかはなかった。長期政権が可能にした選択ではあったが、それ以外に打開策を見出せなかったということもまた真実であろう。こうして自民党は国会から「退出」するという選択に逃げ込んだのである。国会の変則的な特徴をもたらした重大な要因は、結局のところこうした帰結にたどり着いた特有の合理化パターンであり、与党自民党の「退出」だったと言うことができる。

冒頭に示した四つの国会の変則性について、ここまで検討してきた合理化パターンがどのように関連し影響を与えているのかについてまとめておこう。

まず、本会議の極端な弱体化は戦前からの傾向を引き継いだ面を持っている。しかし、政府・与党間に事前審査と調整のメカニズムが構築され、与党が国会から退出した後では、党派的な論争を本会議というコストのかかる舞台で繰り広げることは政府にとってもまた与党にとっても全く利益にならない。実は、委員会システムによる本会議機能の代替という方式を前提として、野党側でさえ本会議というコストのかかる方式を避けるやり方を次第に受け容れてきたと見てよい。そして実は、これもまた、戦前の慣行への回帰という面を多分に持っていたのである。

本会議の形骸化は委員会のあり方と極めて密接に関連しており、委員会システムが本会議の機能の一部を代替し、本来の二層構造は限りなく一層化されてきたとも評価できる。ここでも、戦前からの慣行が継承された部分があるが、同時に、与党の退出も深く影響している。実態として、委員会の実質的な役割が野党による政府への質疑という面にほぼ限定され、本来は与党バックベンチ議員の役割が大きい提案や修正などの機能は極小化されてきた。しかし当然ながら、少数派である野党議員だけでは、いくら提案をしても、結果としての修正を実現することは難しい。修正が実現されるためには、委員会という仕組みに柔軟性が維持され、特に会派間で必要以上に厳格な統制(党議拘束)を課すのではなく、専門性に基づく実務的な交渉の余地が認められていることが必要である。その点で、合理化の第一段階で会派によるコントロールを強め過ぎた後、それを修正することなく固定化してしまったことが深刻に影響していると見てよい。

しかし、委員会の変容はそれには止まらなかった。本会議の機能を代替するためには、与野党幹部間の党派的論争の場面を演出する一方、本来の委員会メンバー以外の議員たちに対しても、事実上消滅した本会議における意見表明の機会を提供する必要が生じるからである。ほとんど無制限に委員の差し替えが認められ、さらに発言者の指定という面でも全く制約を置かないというルールはこうして発達してきたと考えられよう。

第三に、「討論」の消滅についても、一つの理由は戦前の帝国議会時代からのパターン継承である。しかし、ここでも与党の退出は決定的である。野党議員が討論をしようとしても、相手となるべき与党が実質的に国会の中にはいないからである。また、戦後の合理化が会派統制の過度の強調から与党の退出へとつながって行く中で、国会内部の審議手続きの改革に後ろ向きだったことも考えられる。これはおそらく、与党だけでなく、少数派としては比較的大きな影響力を行使できる立場に立つようになった野党の側にも原因がある。

最後に、院内会派の自民党本部への「外装化」は、まさに与党の国会からの退出という変則的な合理化の結果であり、それを可能にした仕組みともいえる。自民党本部機構の圧倒的とも言える拡充と整備は、事前審査制度の整備発展そのものである。そして、院内のＰＰＧが極度に弱体化した結果、「国対」政治というもう一つの仕組みが大きな役割を果たすようになった。国会内で生じる様々な問題がその内部の組織とルールで解決困難に陥った場合、国会政治の実質的な「本体」である党機関とのギャップを埋める仕組みが必要になるからである。それが院外の政党組織たる国対なのである。

さて、理論的な観点に戻って言えば、日本の経験は、政府が制約ルールに関わる権限を与えられず、同時に与党の凝集性・規律保持ができないという条件が重なると、議会では特殊な立法パターンを模索する必要が生じることを示している。おそらく、政府の権限が非常に弱い場合でも、与党の凝集性、あるいは規律保持の仕組みが確立している場合には、それによって政府立法を進めることが可能になる。それは基本的にドイツのパターンである。しかし、これらの重要な要素が両方ともに欠けていると、政府立法を安定的に進めることは極めて困難になる。この点で日本とイタリアは類似している。日本での与党事前審査制度とは異なるが、イタリアでも、政府は緊急政令の濫用やいわゆる「マキシ・アメンドメント」と信任投票の連結というきわどい方式を多用するなど、変則的で特殊な手段が用いられてきた。

また、議会の「準自然状態」という概念の有用性も指摘できよう。コックスによって提案された元の概念は、理念的には非常にシャープであり有用でもあるが、現代の議会について比較実証的に研究する上では必ずしも適切ではない。日本も含め、ほとんどの欧州の議会はすでに長い歴史を持っており、当然、それぞれに固有な前例や慣行・制度が蓄積されているからである。そして、これらの歴史的制度遺産は重要な役割を果たす。つまり「準自然状態」の概念は、歴史的制度遺産の要素を分析に組み込む一方で、コックスの元の概念が持つ理論的構造を有効に用いることを可能にすることで、今後の比較議会研究に大きな意味を持つと思われる。日本の場合、戦争が終わった時、明らかに歴史的な区切りが訪れた。そしてそれは、議会を自由主義的な原理に引き付けてリセットし、その結果疑似的な自然状態が一旦生み出された。しかし純粋なタイプではなかった。その時点ですでに、日本の国会は五〇年以上の歴史を持っていたからである。

本稿は、近年の比較議会研究の成果を取り入れつつ、実証的なデータを組み合わせて検討することによって、日本の国会政治、さらには政党政治の全体的なあり方に見られる種々の変則的な事態を、普遍的な理論的土俵に乗せながら議論するための第一歩とすることを企図したものである。

注

（1）　主要な研究を挙げると、福元（二〇〇〇、二〇〇七）、増山（二〇〇三）、大山（二〇〇三、二〇一一）、川人（一九九二、二〇〇五、二〇一五）、武蔵（二〇一六）。また、実務家の分析として、古賀・桐原・奥村（二〇一〇）、白井（二〇一三、二〇一七）、向大野（二〇〇二）、茅野（二〇一七）など。その他、歴史や法律の観点からの研究も多い。

（2）　英語その他の外国語での国会研究はごく限られている。例えば、Babb（2015：359）では、「奇妙なくらい欠落している」と指摘されている。日本を含む比較研究としては、例外的に、Köster-Riemann（2011）が挙げられる程度である。書籍としてはほぼ唯一、Baerwald（1974）が挙げられるが、内容的には極めて不十分であるだけでなく既に完全に古い。これらを含めた全般的な検討として、野中（二〇一五b）を参照。

（3）　福元（二〇〇七）は、政府―与党―野党との関係についての考え方を整理した上で、政府法案の提出までの手続きについて極めて詳細な検討をしているが、国会提出後については触れていない。

（4）川人（二〇〇五）が議院運営委員会についての詳細な検討を行っており、高く評価できるが、他の議院内閣制諸国と比較した場合、多数決主義の側面を強調する位置づけと解釈については疑問が残る。川人（二〇一五）ではこの点がさらに強調されている。

（5）これについてのほぼ唯一の本格的な研究は白井（二〇一七）である。なお、本書の第九章成田論文がこの問題に正面から取り組んでいる。

（6）大山（二〇〇三、二〇一一）なども参照。英仏に関するデータの典拠は表10－1に示した通り。また、ドイツ連邦議会とイタリア下院の数字も以下のホームページから採った。Bundestag: http://www.bundestag.de/dokumente/parlamentsdokumentation, Camera dei Deputati: http://www.camera.it/leg17/564?tiposezione=A&sezione=2&tabella=A_2_1（最終閲覧日：二〇一九年二月一五日）

（7）委員会がどのような基本的な機能を持つのか、またそもそも委員会システムを成立させる三つの見方としての分配理論、情報理論、党派的調整理論などについては以下の研究が重要である。Mattson and Strøm（1995）, Strøm（1998：24）, Martin（2014：352）.

（8）岸本（二〇一七）によると、二〇一六年で見ると、首相の衆議院本会議への出席は約二〇時間、予算委員会へは約九〇時間である。一方イギリス下院では、本会議四六時間に対して委員会分（リエゾン・コミッティーのみ）で約三・五時間である。本質的な検討としては、Strøm（1998：47–55）および Martin and Vanberg（2011：34–36）などを参照する必要がある。

（9）岸本（二〇一七）。フランスでも同様の傾向が確認できる。二〇一〇－一一年の会期で、フランスの首相は下院に六二回出席したが、委員会への出席はゼロである（野中二〇一五 a、b）。

（10）委員会での定足数と委員の差し替えについては、福元（二〇〇七）でも検討されている。野党が与党を締め付けるための政治的手段の意味合いが大きくなっていることが指摘されている。確かにそのとおりであり、その結果、与党にとっては採決要員の確保の面が大きい。本稿の主張は、概ね福元が検討した時期（一九六〇年代？）の後に発達したと考えられる。

（11）なお福元（二〇〇〇）は「討議型審議様式」の存在を主張している。重要な研究であるが、討議のレベルを委員会審査の回数で計測しており、本稿での問題設定とはかなりずれる。また、本来「討論」とはどのようなものを指すのかということについては様々な立場がある Bächtiger（2014）。討論についての数量的な研究としては、Slapin and Proksch（2014）, Proksch and Slapin（2015）, Back and Debus（2016）が挙げられる。

（12）修正案の数について、例えば日仏の比較は野中（二〇一五 a）を参照。

(13)　これについて、白井(二〇一七)は、帝国議会において既に形成された「大体の質疑応答」という慣行が非常に重要で、それが戦後国会に継承されたと述べている。本稿も基本的に同じ見解をとる。本書の第九章成田論文を参照。

(14)　PPGの機能や組織については、Heidar and Koole eds. (2000), Saalfeld and Strøm (2014), Heidar (2013) などが主要な検討を行っている。

(15)　管見の限り、この観点からの比較研究は Helms (2000) のみである。ただし Helms は、自民党本部機構が通常のEPOではないこととPPGの弱体さを、自民党の「極端な派閥主義」の結果と説明している。的外れという他はない。EPOとPPGに関する、理論面を含む全般的な検討としては、まずは Blondel and Cotta (1996) を参照するべきであろう。

(16)　自民党の政調会については非常に多くの研究が蓄積されてきたが、「外装化された」PPGという理解に基づいているものは皆無である。

(17)　Saiegh (2009: 1352)、また古賀・桐原・奥村(二〇一〇)では、一九四七年から二〇〇九年までの期間では八五・五%、逆に自民党が単独で安定した過半数議席を維持していた時期(一九五五―九六年)には、八〇―八二%ほどである。

(18)　特に、Döring ed. (1995), Döring and Hallerberg eds. (2004), Rasch and Tsebelis eds. (2011) が重要。イギリスについては Norton (2013), Griffith and Ryle (1989), ドイツについては Hönnige and Sieberer (2011), Schreiner and Linn (2006) などが基礎的な文献である。また、各議会の規則集なども適宜参照した。

(19)　ただし、法案が議題となる以前の時点では当該院からの許可なく修正が可能である。逆に先議院で既に可決されている場合は撤回も修正できない。

(20)　建林(二〇〇四)、Krauss and Pekkanen (2010) などを参照。ただし、両者の主張は微妙に異なっている。

(21)　白井(二〇一三、二〇一七)が最も包括的で洞察に富む。

(22)　具体的には、委員会審査が終わると第一読会の続会が開かれ、そこで委員長報告が行われる。報告の後、場合によっては簡単な「討論」が行われて採決となる。こうして可決されて第二読会が開かれることが決まると、その直後に動議が提出される。「直ちに本案の第二読会を開き、第三読会を省略して、委員長報告のとおり可決せられんことを望みます」。そして、議長がこの動議の可否を問い、ほとんど瞬時のうちに法案は最終的な可決へと至ったのである。

(23)　川人(二〇〇五)、白井(二〇一三)などを参照。川人(二〇〇五:一四四)では、断定を避けながらも、戦前の規程によれば、二五名以上の所属議員を持つ交渉団体から選出された交渉員で構成され、議事は全会一致で決定していたようだと述べている。

(24)　白井(二〇一三)、川人(二〇〇五)がこの間の経緯を解説している。両者の全体的な解釈はやや異なるが、川人も「戦前の本会議中心主義の帝国議会における各派交渉会方式が、戦後の委員会中心主義の国会における議院運営委員会方式へと移行したということである」と指摘している（川人二〇〇五：一五二）。

(25)　川人（二〇〇五）は、こうした問題を「国会中心主義」と議院内閣制との矛盾として把握し、次第に後者に移行していったとまとめている。

(26)　以下の国会法の変遷については、主として岡崎（二〇〇三、二〇〇五ａ、二〇〇五ｂ）による。

(27)　福元（二〇〇七）で極めて詳細に検討された政府法案の国会提出前の手続きの変遷は、一九六一年までかけて、政府内部での仕組みが形成・精緻化されたことを物語っている。しかし同時に、一九六〇年前後には、自民党の影響力がこの手続きにも表れるようになったと福元は指摘している。

(28)　これらについては、佐竹（一九九八）を参照。

(29)　本稿では論じないが、帝国議会においても合理化は当然生じていた。白井（二〇一七）はこの概念を用いてはいないが、実際にどのような合理化が生じたのかを論じているとも言える。

参考文献

大山礼子（二〇〇三）『比較議会政治論』岩波書店。

――（二〇一一）『日本の国会――審議する立法府へ』岩波新書。

岡崎加奈子（二〇〇三、二〇〇五ａ、二〇〇五ｂ）「国会法の変遷と委員会制度の展開⑴⑵⑶」『法学志林』第一〇一巻三号、第一〇二巻二号、第一〇二巻三、四号、一二七―一五六、六七―一〇〇、一三七―一七二頁。

茅野千江子（二〇一七）『議員立法の実際』第一法規。

川人貞史（一九九二）『日本の政党政治一八九〇―一九三七――議会分析と選挙の数量分析』東京大学出版会。

――（二〇〇五）『日本の国会制度と政党政治』東京大学出版会。

――（二〇一五）『議院内閣制』東京大学出版会。

岸本俊介（二〇一七）「「日本の総理」と「英国の総理」の議会出席時間」『論究』第一四号、五七―六八頁。

古賀豪・桐原康栄・奥村牧人（二〇一〇）「帝国議会および国会の立法統計――法案提出件数・成立件数・新規制定の議員立法」『レファレンス』一一月号。

佐竹五六（一九九八）『体験的官僚論』有斐閣。

白井誠（二〇一三）『国会法』信山社。

——（二〇一七）『政党政治の法構造』信山社。
建林正彦（二〇〇四）『議員行動の政治経済学』有斐閣。
野中尚人（一九九五）『自民党政権下の政治エリート』東京大学出版会。
——（二〇〇八）『自民党政治の終わり』ちくま新書。
——（二〇一五ａ）「日本の議会における時間リソースと審議パターン——国会・高知県議会とフランス国民議会の比較を通じて」『東洋文化研究』一七号。
——（二〇一五ｂ）「権力共有型の議院内閣制と日本型の議会合理化——比較から見た戦後日本の内閣と国会」二〇一五年度比較政治学会提出論文。
福元健太郎（二〇〇〇）『日本の国会政治——全政府立法の分析』東京大学出版会。
——（二〇〇七）『立法の制度と過程』木鐸社。
増山幹高（二〇〇三）『議会制度と日本政治——議事運営の計量政治学』木鐸社。
向大野新治（二〇〇二）『衆議院——そのシステムとメカニズム』東信堂。
武蔵勝宏（二〇一六）「国会審議の効率性と代表制」『北大法学論集』第六六巻五号、三〇一—三二六頁。
Babb, James (2015) “Political ‘Science’ and the Study of Japanese Politics,” in James Babb ed., *The Sage Handbook of Modern Japanese Studies,* Sage Publications.
Baerwald, Hans (1974) *Japan’s Parliament: An Introduction,* Cambridge University Press.
Bächtiger, André (2014) “Debate and Deliberation in Legislatures,” in S. Martin, T. Saalfeld, and K. Strøm eds., *The Oxford Handbook of Legislative Studies*, Oxford University Press.
Back, Hanna and Mark Debus (2016) *Political Parties, Parliaments and Legislative Speechmaking*, Palgrave Macmillan.
Blondel, Jean and Maurizio Cotta (1996) *Party and Government: An Inquiry into the Relationship between Governments and Supporting Parties in Liberal Democracies,* Macmillan Press and St. Martin’s Press.
Cox, Gary (2006) “The Organization of Democratic Legislatures,” in Barry R. Weingast and Donald A. Wittman eds., *The Oxford Handbook of Political Economy*, Oxford University Press.
Cox, Gary and Mathew McCubbins (1993) *Legislative Leviathan: Party Government in the House,* University of California Press.

——(2005) *Setting the Agenda: Responsible Party Government in the U.S. House of Representatives,* Cambridge University Press.

Döring, Herbert (2003), "Party Discipline and Government Imposition of Restrictive Rules," *The Journal of Legislative Studies*, 9(4), pp. 147–163.

Döring, Herbert ed. (1995) *Parliaments and the Majority Rule in Western Europe,* Campus Verlag and St. Martin's Press.

Döring, Herbert and Mark Hallerberg eds. (2004) *Patterns of Parliamentary Behavior: Passage of Legislation Across Western Europe,* Ashgate.

Griffith, J. A. G. and Michael Ryle (1989) *Parliament: Functions, Practice and Procedures*, Sweet and Maxwell.

Heidar, Knut (2013) "Parliamentary Party Groups: To Whom is the Midfield Accountable?" in Wolfgang C. Müller and H. M. Narud eds., *Party Government and Party Democracy,* Springer.

Heidar, Knut and R. Koole eds. (2000) *Parliamentary Party Groups in European Democracies: Political Parties Behind Closed Doors*, Routledge.

Huber, John (1996) "The Vote of Confidence in Parliamentary Democracies," *American Political Science Review*, 90(2), pp. 269–282.

Helms, Ludger (2000) "Parliamentary Party Groups and their Parties: A Comparative Assessment," *The Journal of Legislative Studies*, 6(2), pp. 104–120.

Hönnige, Christoph and Ulrich Sieberer (2011) "Germany: Limited Government Agenda Control and Strong Minority Rights," in Rasch and Tsebelis eds. (2011).

King, Anthony (1976) "Modes of Executive-Legislative Relations: Great Britain, France and West Germany," *Legislative Studies Quarterly,* 1(1), pp. 11–36.

Köster-Riemann, Silke (2011) "Japan: Decades of Partisan Advantages Impeding Cabinet's Agenda Setting Power," in Rasch and Tsebelis eds. (2011).

Krauss Ellis and Robert Pekkanen (2010) *The Rise and Fall of Japan's LDP: Political Party Organizations as Historical Institutions*, Cornell University Press.

Martin, Lanny W. and Georg Vanberg (2011) *Parliaments and Coalitions: The Role of Legislative Institutions in Multi-*

party Governance, Oxford University Press.

Martin, Shane (2014) "Committees," in Martin, Saalfeld and Strøm eds. (2014).

Martin, Shane, Thomas Saalfeld and Kaare Strøm eds. (2014) ***The Oxford Handbook of Legislative Studies,*** Oxford University Press.

Masuyama, M., G. W. Cox and M. D. McCubbins (2001) "Agenda Power in the Japanese House of Representatives," *Japanese Journal of Political Science*, 1, pp. 1–22.

Mattson, Ingvar and Kaare Strøm (1995) "Parliamentary Committees," in Döring ed. (1995).

Mattson, Ingvar and Kaare Strøm (2004) "Committee Effects on Legislation," in Döring and Hallerberg eds. (2004).

Norton, Philip (2013) ***Parliament in British Politics,*** Palgrave.

Proksch, Sven-Oliver and Jonathan Slapin (2015) *The Politics of Parliamentary Debate*, Cambridge University Press.

Rasch, Bjørn E. (2014) "Institutional Foundations of Legislative Agenda-Setting," in Martin, Saalfeld and Strøm eds. (2014).

Rasch Bjørn E. and George Tsebelis eds. (2011) *The Role of Governments in Legislative Agenda Setting*, Routledge.

Saalfeld, Thomas and Kaare Strøm (2014) "Political Parties and Legislators." in Martin, Saalfeld and Strøm eds. (2014).

Saiegh, Sebastian (2009) "Political Prowess or 'Lady Luck'? Evaluating Chief Executives' Legislative Success Rates," *The Journal of Politics,* 71(4), pp. 1342–1356.

Schreiner, Hermann J. and Susanne Linn (2006) ***The German Bundestag: Functions and Procedures,*** NDV.

Slapin, Jonathan and Sven-Oliver Proksch (2014) "Words as Data: Content Analysis in Legislative Studies," in Martin, Saalfeld and Strøm eds. (2014).

Strøm, Kaare (1998) "Parliamentary Committees in European Democracies," in Lawrence D. Longley and Roger H. Davidson eds., *The New Roles of Parliamentary Committees*, Frank Cass.

あとがき

本書は平成二六—三〇（二〇一四—一八）年度に実施された科学研究費助成事業（基盤研究（A）（一般）課題番号26245017）の研究成果を取りまとめたものである。取りまとめの過程においてはメンバー間で幾度となく議論を行い、見直しを行った。今般、序章の執筆に際し、改めて原稿全体を通して読む機会を得た。テーマは地味ではあるが、読者に満足していただけるだけの十分な内容を備えているとの確信を得た。各メンバーの積極的参加と速やかな執筆作業に対し、この場を借りて心から御礼を申し上げたい。特に、事務局長役を務めてくれた学習院大学の野中尚人教授の献身的な努力にはお礼の言葉もないほどである。

この研究助成事業が始まった頃、私は民主政の将来に漠然とした不安感を抱いていた。リーマンショックからユーロ危機へ、ギリシアの債務問題の広がりと政治化といった現象は、新自由主義と民主政との衝突という、一九七〇年代末以来の歴史的転換を示唆していたからである。二〇一五年の難民危機はEU各国政治の姿を一変させるような極右ポピュリズムの台頭を招いた。二〇一六年は英国のEU離脱投票とトランプ政権の誕生、二〇一七年は仏独の総選挙における既成の大政党の敗北ないし退潮といった具合であった。そしてこうした激動を横目にしながら海外に出かけ、ヒアリングをして歩いた経験は懐かしく、刺激に富むものであった。本研究会のメンバーを中心にして、『民主政とポピュリズム』（筑摩選書、二〇一八年）を刊行したのもその証であった。ポピュリズムの台頭はすでに政党システムや政党組織、政治的アジェンダなどに大きな変容をもたらしている。それが議院内閣制にどのような影響を及ぼすかは分からないが、これからも注視していきたいテーマである。

ヒアリングの思い出を一つ挙げて終わりにしよう。ドイツ連邦議会の政策スタッフへのヒアリングの中で、話が盛り上がり「選挙にどう関わるか」と聞いたところ、「選挙は党の担当で、われわれ政策スタッフの全くあずかり知らないところだ」と一言で切って捨てられた。彼らの意識では自分たちは議会という公的機関の構成員であり、党とは全く何の関わりもないと考えていることは極めて明らかであった。日本の政策秘書に同様な発言を期待することはできないということはともかく、こうした仕組みのズレにこそ大事な問題が潜んでいることを痛感した。一言で言えば、日本の政党政治にはなお新たな制度化を進める余地がたくさんあり、かつ必要があるということである。

最後に、この度は岩波書店のご厚意によってスムーズに出版に漕ぎつけることができたことは大きな喜びである。編集部の伊藤耕太郎さん、藤田紀子さんのご尽力に対して御礼を申し上げたい。

二〇一九年七月吉日

佐々木　毅

【執筆者】

佐々木毅（編者）
［序章，あとがき］

阪野智一（さかの ともかず）
1956年生．神戸大学教授．比較政治学，現代イギリス政治．『刷新する保守』（共編，弘文堂）他．［第**1**章］

安井宏樹（やすい ひろき）
1971年生．神戸大学教授．比較政治学，現代ドイツ政治．『現代ドイツ政治』（共著，ミネルヴァ書房）他．［第**2**章］

伊藤 武（いとう たけし）
1971年生．東京大学教授．イタリア政治．『イタリア現代史』（中公新書）他．［第**3**章］

野中尚人（のなか なおと）
1958年生．学習院大学教授．比較政治学，フランス政治，現代日本政治．『政策会議と討論なき国会』（共著，朝日選書）他．［第**4**，**10**章］

待鳥聡史（まちどり さとし）
1971年生．京都大学教授．比較政治学，現代アメリカ政治．『アメリカ大統領制の現在』（NHKブックス）他．［第**5**章］

谷口将紀（たにぐち まさき）
1970年生．東京大学教授．現代日本政治論．『政治とマスメディア』（東京大学出版会）他．［第**6**章］

平野 浩（ひらの ひろし）
1959年生．学習院大学教授．政治行動論，政治過程論．『有権者の選択』（木鐸社）他．［第**7**章］

加藤淳子（かとう じゅんこ）
1961年生．東京大学教授．政治学．『税制改革と官僚制』（東京大学出版会）他．［第**8**章］

成田憲彦（なりた のりひこ）
1946年生．駿河台大学名誉教授．比較政治学，現代日本政治．『21世紀デモクラシーの課題』（共著，吉田書店）他．［第**9**章］

佐々木毅
1942年生．東京大学名誉教授．同大学総長(第27代)．政治学史，政治学．『政治学講義』(東京大学出版会)，『民主政とポピュリズム』(編著，筑摩選書)他．

比較議院内閣制論
——政府立法・予算から見た先進民主国と日本

2019年9月25日　第1刷発行

編　者　佐々木毅《ささきたけし》

発行者　岡本　厚

発行所　株式会社 岩波書店
〒101-8002 東京都千代田区一ツ橋2-5-5
電話案内 03-5210-4000
https://www.iwanami.co.jp/

印刷・法令印刷　カバー・半七印刷　製本・牧製本

ISBN 978-4-00-024538-8　　Printed in Japan